Anneliese Sappl

# *Erde in meiner Hand*
Die Geschichte
eines rebellischen Lebens

Anneliese Sappl

# *Erde in meiner Hand*

Die Geschichte
eines rebellischen Lebens

List

3. Auflage 1999

Der List Verlag ist ein Unternehmen
der Econ & List Verlagsgruppe

ISBN: 3-471-78658-9


Satz: Franzis print & media GmbH, München
Druck und Bindung: Wiener Verlag, Himberg

# Inhalt

# Vorwort

## *»Bleibe im Lande, und wehre dich täglich!«*

Wer der Meinung ist, Sizilien liege in Italien, wird mit der Lektüre dieses Buches eines Besseren belehrt. Die Tölzer, allen voran die Kommunalpolitiker, eine den Bauern ach so wohlgesonnene Bank und natürlich nicht zu vergessen die Polizei als Handlanger, aber auch zahlreiche Mitbürger und Nachbarn, sie alle scheinen Musterschüler der Mafia gewesen zu sein. Das idyllische Bad Tölz, unser bayerisches Palermo?

Anneliese Sappl, die Zwickerhof-Bäuerin, gehört einer aussterbenden Rasse an. Nicht nur, daß sie sich ihren Kindern, sondern auch in ganz besonderem Maße ihren Vorfahren bis hin zu ihren keltischen Ursprüngen verpflichtet und verbunden fühlt.

Ihr geht es nicht um abstrakte Zahlen, die den Wert ihres Besitzes beziffern, ein paar Millionen mehr, ein paar Millionen weniger, was bedeuten die ihr schon? Sie, die mit jeder Faser ihres Herzens an der Erde hängt, die ihre Ahnen bereits bestellten, sie wird durchströmt von ihrer Liebe und Verantwortung dafür, für alle Tiere, Pflanzen und Menschen, die dort beheimatet sind, für ihren Teil der Schöpfung, den es zu schützen und zu verteidigen gilt.

Diese kleine zierliche, aber gleichzeitig unübersehbar zäh

wirkende Frau denkt, fühlt in anderen Dimensionen. Genau das ist es, was ihr die unglaubliche Kraft gibt, einem Komplott zu trotzen, das an die Hexenverfolgungen des Mittelalters denken läßt.

Bayern, Land der Bauern – so weit man die Geschichte zurückverfolgt, ist beides untrennbar miteinander verknüpft gewesen. Aber nicht nur Bayern, ganz Deutschland ist geprägt von Kulturlandschaften, die Bauerngeschlechter in ihrem oft harten und entbehrungsreichen Leben geformt haben.

Und nun, seit dem Anbruch des Industriezeitalters, wird ganz Deutschland bestimmt vom Wachstumsdenken. Wachse oder weiche, immer mehr, immer schneller, immer höher, nur noch Superlative zählen. Die Bauern werden dazu gezwungen, die Natur auszubeuten, statt das grundlegendste aller Naturgesetze zu befolgen: Geben *und* Nehmen. Jedoch steckt ein ausgeklügeltes System dahinter: Über die Entrechtung der Bauern, über Vorschriften und Gebote nimmt man ihnen ihr Selbstbewußtsein, man macht sie abhängig von Subventionen, Beiträgen und Verträgen, manipuliert sie willkürlich, bis der vielzitierte Bauernstolz, bis jeglicher Widerstand gebrochen ist.

Täglich gibt es Beispiele, daß dieses »entmenschlichte« System funktioniert. Nicht alle Bauern kämpfen so lange wie Anneliese Sappl einen scheinbar aussichtslosen Kampf. Sie ist nur *ein* Beispiel, wenn auch ein besonders krasses, das aber leider für unzählige andere steht.

Dieses Buch zeigt, daß wir, bevor wir mit Fingern auf korrupte ausländische Systeme zeigen, zuerst gründlich mit eisernem Besen vor unserer eigenen Haustür kehren sollten.

Es möchte aber auch allen Menschen, die ein ähnliches Schicksal erleiden, Mut machen, sich zu wehren, nicht einfach aufzugeben. Das Bewußtsein, nicht allein betroffen zu sein, eine(r) von vielen zu sein, denen das Wasser abgegraben wird, läßt hoffentlich die Initiatoren immer öfter auf Gegner wie die Zwickerhof-Bäuerin treffen. Gegner, mit denen sie zu rechnen haben.

Außerdem möchte das Buch auch nicht unmittelbar Betroffene zur Solidarität aufrufen, nicht wegzuschauen, wenn das vorsätzlich zerstört wird, worauf sich die Hochkulturen aller Jahrtausende gründen: die Landwirtschaft. Landwirtschaft, das ist kein anonymer Begriff, dabei handelt es sich um einzelne Menschen, denen wir zeigen können, daß wir sie schätzen, brauchen und unterstützen!

Johanna Glas,
Hirtin und Autorin

# 1.
# *Der Angriff*

An diesem Sommerabend bin ich müde, aber ich habe noch etwas zu erledigen. Die Kinder haben gegessen und sind schlafen gegangen. Morgen früh nach der Arbeit, bei der mir der ältere meiner Söhne, Martin, behilflich ist, fahre ich die Buben um etwa 7 Uhr in die Schule, Martin an den Bahnhof nach Wolfratshausen, dort kann er den Zug in die Hauptstadt erreichen, wo er in die 3. Klasse Gymnasium geht. Es ist jetzt 22.30 Uhr, und ich werfe einen Blick in das Zimmer der Buben im ersten Stock, dann gehe ich die Stiegen hinunter über die knarzenden Dielen des alten Hauses. Die eichene Haustüre ist fest verschlossen und sieht wie eine zuverlässige dunkle Wand aus. Aus dem Stall dringen leise Geräusche der schlafenden Rinder. Es gibt kein Zeichen von Unruhe, kein Fremder scheint in der Nähe, niemand schleicht ums Haus, das würde ich spüren.

Ich gehe in das Eßzimmer zu den Fenstern auf die Weide. Draußen hoch oben unter den Bäumen sehe ich die Herde meiner Pferde. Dort, wo sie am liebsten stehen, wenn es tagsüber heiß ist und sie Schatten brauchen. Dort bleiben sie auch in der Nacht. Ich gehe zurück, am Tisch vorbei, auf dem die alte Zither liegt, auf der sogar ich manchmal gespielt habe, und vorbei an den Ahnenbildern meiner Urgroßeltern und meiner Großmutter. Ich schaue mir die Fotos auf der Kommode von meiner Mutter an, die vor drei Jahren gestorben ist nach einem langen arbeitsreichen und aufopfernden Leben für den Hof. Auch das Bild meiner Patentante, die ich im letzten Jahr beerdigen mußte. Daneben Bilder meiner Buben, auf der Kommode vor dem Fenster das Bild meines Vaters, den ich nach langen Jahren ausfindig machen konnte, und schließlich das meines Lebensgefährten Georg, den mir ein grausamer Unfall entriß. Hier unten fühle ich mich nie allein. Es ist, als ob die Toten, wenn ich sie rufe, auftauchten aus der Vergangenheit, als träten sie hier ins Zimmer, und alles würde sich wiederholen. Sie helfen mir.

Mein Blick geht nach Südosten, wo unser Hof weit oben an den Faistweg grenzt. Dahinter stehen Villen, und ich sehe auch noch ein paar Lichter. Familien, die dort ihre Häuser haben, meist wohlgestallte Ärzte, Anwälte, Kaufleute. Sie haben nicht meine Sorgen. Für sie ist es schönes Wohnen, angenehmes Leben auf teuer erkauftem Grund.

Von der fernen Straße, die unten am Tölzer Friedhof entlangführt, hört man noch das Vorbeirauschen einzelner Autos herauf, ein langgezogenes Hupen des Fernbusses, aber dann ist es still.

Mein Blick geht jetzt zurück zu der großen Bauernwohnstube mit dem alten Kachelofen, dem riesigen Eichentisch, an dem Generationen gesessen haben. Bauern und Gesinde zum täglichen Abendessen und zu den Erzählungen der Alten an den langen Winterabenden. Es ist, als würde ich heute Abschied nehmen, aber in Wirklichkeit, auch nach langen Jahren zermürbenden Kampfes gegen Banken, Anwälte, Stadträte, Nachbarn, Gerichte, Spekulanten ist es eher das Gefühl neuer Kraft. Ich werde diesen Hof nie verlassen und werde weiter kämpfen für das Land und meine Söhne und deren Kinder, für mein Stück

Boden, solange ich lebe. Ich bin nicht uneinsichtig, wie manche behauptet haben. Ich bin weder aggressiv von Natur noch ein Menschenfeind. Mir liegt eher das Lachen als das Streiten, glauben Sie mir. Aber wenn man mich zwingen will, mich kleinkriegen oder aufs Kreuz legen, für dumm verkaufen, dann mobilisiere ich alle meine Kräfte, und bis jetzt bin ich meinen Gegnern gewachsen, so viel Geheimpläne, Hinterlist oder grobe Gewalt auch gegen mich antritt.

Ich hatte Angst die letzten Jahre, aber auch die Angst gibt Kraft, daran glaube ich, und ich war nicht nur Angriffen ausgesetzt, sondern habe auch Zuspruch und Anerkennung erfahren. Viele Unbekannte schrieben mir oder an die Zeitungen: Weiter so Zwickerbäuerin, halt aus! Die Presse und das Fernsehen sind auf meinen Kampf aufmerksam geworden und haben verstanden, worum es ging: Eine Stadt hat ein Agrarland im Visier, das sie erwerben will, angeblich, um den Hof zu erhalten, aber in Wahrheit möchten sie Vorratsland für Siedlungen, wie sie es nennen. Und da der Hof in Kreditschulden steht, die ständig wachsen, kann es bis zur Versteigerung durch die Bank nicht mehr weit sein; deshalb lehnt man alle Bauland-Erschließungsanträge der Landwirtin ab, die ihr ja leicht helfen könnten, und sagt, das sei kein Bauland, das darf keins werden. Aber die Versteigerung will man herankommen lassen und sich dann an ihr beteiligen. Durch alle Widerstände hindurch habe ich die fremden Pläne bisher durchkreuzen können – durch Einstellungsanträge, durch Beschwerden, durch Gegenattacken und auch durch die Öffentlichkeit.

In den Schubladen der alten Anrichte neben dem großen Wohnzimmer und auf dem Sofa und im Regal daneben befinden sich die meisten Dokumente. Schriftsätze, Korrespondenz und Zeitungsausschnitte, Bilder über meinen

Fall. Der Fall »Anneliese Sappl gegen Staat und Bank oder diverse«. Einiges andere liegt, teilweise noch sehr ungeordnet, im Schrank meiner verstorbenen Mutter. Ich hole Briefe der Stadtbehörde, meiner Anwälte, der Gegner, des Vollstreckungsgerichts aus der Schublade und lege sie zusammen auf den Tisch. Ich werde nachdenken und Ordnung in alles hineinbringen, in dieses Papier, und zeigen, wie alles systematisch und logisch zusammenhängt. Heute und an den kommenden Abenden beginne ich zu schreiben. Es ist jetzt 23 Uhr. Viele Details, Erinnerungen, ferne und nahe Ereignisse kommen in mir hoch. Zwei Stunden werde ich mir nehmen, denn morgen ist ein arbeitsreicher Tag. Von der Straße her vom südlichen Hang wird man das Licht sehen in meinem Hof. Das einzige vielleicht, das in dieser Nacht noch brennt.

Ich habe schon oft überlegt, wo ich in der Darstellung der Ereignisse beginnen soll, und mir wurde klar, daß ich am besten dort anfange, wo ich zum ersten Mal die wahren Zusammenhänge, das Zusammenspiel der verschiedenen Mächte, das Komplott, wenn Sie wollen, entdeckte und plötzlich wußte, es geht nicht um irgendein einzelnes Interesse, sondern um die Verfolgung des gemeinsamen Zieles meiner Gegner: mich kleinzukriegen und gefügig zu machen, mir die wirtschaftliche Basis zu nehmen. Da ich mit anderen Worten erkannte, daß es für mich keinerlei Schutz gab, außer dem meiner Hofhunde und vielleicht Gottes Hilfe und der Bewahrung meines eigenen Mutes. Denn alle, Stadtverwaltung, Banken und Bankanwälte, Versteigerungsgerichte, Ordnungsämter, Stadtbauämter, Landratsamt und vor allem die Polizei selbst, standen gegen mich.

Von diesem bestimmten Tag an wußte ich, daß ich allein stehe und es nicht nur um meine Bankschulden geht, sondern um mein gesamtes Eigentum, mein Land. Man wollte mein Land, und zum ersten Mal erkannte ich diese Schlinge, die sich langsam um mich zuzuziehen begann, scheinbar ohne Entkommen.

Es war ein trüber Herbsttag 1992, das Jahr, als meine Mutter gestorben war. Die Bank hatte ihrer Drohung entsprechend im Juni das Darlehen gekündigt. Der Antrag auf Zwangsversteigerung war eingeleitet, daneben auch ein Antrag auf Zwangsverwaltung, dem ich in meiner Naivität zunächst keine Bedeutung beimaß. Manchmal brechen Ereignisse ohne jede Vorwarnung über einen herein. Beugsame werden gebändigt, aber für manche entsteht plötzlich ein Stück Erkenntnis, daß man ihnen trotz allen Schreckens weiterhilft, weiter als die Gegner geglaubt haben.

Herr Wolfsteiner, Leiter des Amts für öffentliche Ordnung in Bad Tölz, bemühte sich zu dieser Zeit, mir ständig neue Verfahren wegen meiner Hofhunde anzulasten. Immerhin hatte er durch eifriges Sammeln von Zeugen, die er teilweise selbst zur Anzeige animierte, und ärztlicher Atteste über Blutergüsse schon mehrere Verfahren wegen fahrlässiger Körperverletzung erreicht. Es waren meist Touristen, jene Kuhstallromantiker, die in Unkenntnis landwirtschaftlicher Gebotenheit einfach querfeldein über Sträucher und Zäune steigen, um die »Ursprünge der Natur« zu bewundern, die sie sonst zu ramponieren gewohnt sind. Auch Schilder »Vorsicht Wachhunde!« und »Privatbesitz« oder vergitterte Eingänge, Stacheldrähte und anderes halten sie davon kaum ab. Durchschnittene Drähte, weggeworfene Dosen, Zigaretten, Picknickreste, sogar Exkremente zeugen von der Leichtfertigkeit dieser Naturfreunde. Sie kennen die Gefahr nicht, daß ein Weideland Weideland ist, Stiere reizbar sind und auch Hofhunde nicht die Aufgabe haben, Butterbrotpapiere einzusammeln und ihre Pfote zu geben. Und dann wundern sie sich, daß sie plötzlich vor einem Rudel Hunde stehen, die dazu erzogen sind, die Weide vor Eindringlingen zu schützen.

Meine Schweizer Sennhunde, die ich heute nicht mehr besitze, waren wie sachliche Arbeiter, erzogen, von Natur schon darauf gerichtet, Schutz für die Familie, insbesondere für Kinder zu bieten. Sie sind treu, zutraulich, ein bißchen tolpatschig und liebenswert im Innenbereich. Nach außen sind sie nicht bösartig, sondern sie erfüllen einfach ihre Funktion. Und im Rudel sehen sie manchmal gefährlich aus.

Freilich, wenn jemand weitergeht, eindringt in den familiären Bereich, knurren sie, fletschen die Zähne und zwicken auch zu. Niemals aber beißen sie richtig. Die Opfer würden dann kaum mit kleinen Blutergüssen davon kommen. Denn der Schweizer Sennhund ist groß, gehorsam und von Natur aus sanftmütig. Ich hatte einen Rüden wie einen Bären und eine Hündin, Vreni, mit einem Wurf junger Hunde, die immer mitliefen und genau das machten, was die erwachsenen Hunde auch taten.

Unter den Gruppen der genannten Naturfreunde sind es dann meist die dort vorangehenden Wanderleiter, Familienfreunde, die ihre Unerschrockenheit zur Schau stellen wollen oder ihr Gefühl für Tiere »mit Hunden kann ich umgehen«. Aber auf Rufe wie »Aus der Bahn«, »Pfui«, »Kusch« oder dergleichen regiert ein Schweizer Sennhund mit keiner Wimper. Und dies waren genau die Situationen, auf die der erwähnte Herr Wolfsteiner gewartet hatte. Heute vermute ich, daß er Kurgäste zum Wandern absichtlich in meine Region schickte, und unter den »Verletzten« gab es sogar gebürtige Tölzer, die eigentlich genau Bescheid wußten. Oft sah ich Wolfsteiner damals mit dem Fahrrad meine Zäune entlangfahren. Manchmal stand er auf der

Anhöhe mit einem Fernglas in der Hand, und kaum kam es zu den genannten Szenen, war am nächsten Tag bereits eine Anzeige bei ihm, die er an die Staatsanwaltschaft weiterleitete mit der Behauptung, ich hetze meine Hunde wohl vorsätzlich auf die Wanderer.

Etwa 500 Meter nördlich vom Gehöftgebäude liegt meine Jungvieh-Alm auf dem Ried. Täglich mache ich auf meinem Kontrollgang dorthin einen Abstecher. Ich muß das selbst tun, weil ich keine Hilfskräfte habe und sie auch gar nicht bezahlen könnte. Von der Jungvieh-Alm kommend, wo alles in Ordnung war, ging ich südwärts den Hügel hinunter auf dem alten Saumpfad zum Gehöft zurück.

Ich war allein. Oft begleitet mich einer meiner Söhne, meist aber sind meine treuen Sennhunde Vreni und Benny dabei, die ich an diesem Tag zur Bewachung zu Hause gelassen hatte, da mein kleiner Sohn Hans mit Grippe im Bett lag und meine Patentante aufgrund eines Oberschenkelbruchs ebenfalls das Bett hüten mußte.

Es war ein unfreundliches Wetter. Graue Wolken hingen tief am Himmel und sahen aus wie aus einem Holzschnitt, es wehte kaum ein Wind. Als ich mich dem Gehöft näherte, fiel mir auf, daß keiner der Hunde sich rührte, nicht einmal als ich an die Stelle kam, wo die Meute mir sonst regelmäßig freudig entgegenspringt. Totenstille lag über dem Gehöft. Nichts rührte sich, als ob ich fremdes Land beträte. Auch mein Rufen und Pfeifen blieb ohne Erfolg. Als ich die Haustüre erreichte, wich meine Beklemmung einer unbestimmten Angst. Irgend etwas Feindliches war in der Nähe, lauerte. Gott sei Dank fand ich die Haustür verschlossen vor. Mein Blick ging in Richtung südlicher Hofeinfahrt. Dort stand ein Mann. Er war dunkel gekleidet, ein paar Riemen hingen ihm über die Schulter. Seine Lederkleidung glänzte, fast als hätte er sie eingeölt. Er stand nur da, scheinbar teilnahmslos, und schaute in meine Richtung. Irgendwo hinter ihm entdeckte ich die Umrisse eines dunklen Fahrzeuges.

Der Mann mochte 45 Jahre sein, hatte dunkle Haare und ein unfreundliches Gesicht. Als ich ihn anrief, was er wolle, antwortete er nicht. Dann wandte er sich zur Seite hinter dem Haus, wo die Ställe beginnen, als verständige er sich mit einem Komplizen.

In panischer Angst schloß ich zitternd die Haustür auf und machte sie sofort hinter mir zu. Auch im Haus war kein Hund zu sehen. Kein Laut zu hören. Ich ging ans Fenster im Wohnzimmer und verschloß die Läden, versicherte mich, daß die rückwärtige Tür zum Stall verriegelt war.

Jetzt hörte ich Schritte draußen auf dem Kies.

Die Klinke wurde heruntergedrückt, aber wieder keine Frage, kein Laut. Was immer diese fremden Menschen wollten, offiziell oder nicht, es war gegen mich und meine Familie gerichtet und, wie es aussah, ohne jedes Recht. Ich überlegte fieberhaft, wie ich mir Hilfe verschaffen könnte. Die örtliche Polizei anzurufen und selbst um Schutz zu bitten, damit hatte ich schlechte Erfahrungen gemacht. Die meisten waren Gefolgsleute meines Feindes Wolfsteiner oder Freunde und Trinkbrüder der Elbacher Bauern, von denen selbst einige einen scheelen Blick auf meinen Hof warfen. Für viele in der Gegend, Pächter oder Kleingrundbesitzer, war ich die hochmütige Landkönigin mit dem größten Hof, eine Frau zumal, der dieses Erbe in ihren Augen vielleicht nicht zustand.

Da fiel mir die Familie des Stadtrates Schreiner ein, eines aufgeschlossenen Mannes, den ich vor einem halben Jahr kennengelernt und in meine Probleme eingeweiht hatte. Wenn er die Polizei verständigte, hätte das mehr Gewicht. Denn was ich zu melden hatte, war in meinen Augen ein bevorstehender Einbruch, mindestens eine Bedrohung, und was mit meinen Hunden passiert war, konnte ich mir kaum vorstellen. Vielleicht waren sie beseitigt oder getötet.

Zitternd, während ich die Schritte draußen näher kommen hörte, wählte ich die Nummer, und Gott sei Dank erreichte ich Herrn Schreiner selbst am Telefon. Der Stadtrat spürte sofort den Ernst der Situation, als ich ihm erzählte, daß fremde Männer mein Gehöft umstellt hätten, nicht einmal mit mir reden wollten und versuchten, ins Haus zu kommen. »Etwas ist im Gange gegen mich und meine Familie«, sagte ich, »vielleicht sind es Mitglieder einer organisierten Bande, die Einödhöfe überfallen, vielleicht auch Amtspersonen, die mich arretieren wollen, ohne mir bekannten Grund, und sich nicht ausweisen.« Ich hatte Angst um Leib und Leben.

Herr Schreiner ist Geschäftsmann. Er führt einen Laden für Elektrogeräte, und es war Geschäftszeit. Meiner Bitte, selbst zu kommen, konnte er nicht entsprechen, er werde aber die Polizei selbst verständigen, deren Pflicht es bei einem solchen Vorfall ja wohl sei, zumindest zum Ort des Geschehens zu fahren und Übergriffe zu verhindern. Meine Bedenken zerstreute er.

Währenddessen sah ich draußen auf dem Hof einen weiteren Wagen vorfahren. Es muß der dunkle Mercedes gewesen sein, der meinem Sohn Martin schon mehrfach aufgefallen war. Der Mann stellte den dunklen Wagen ab, der inmitten der Viehherde wirkte wie ein düsteres Teufelswerk. Gewichtig, langsam wie der Anführer eines Rollkommandos, auf den alles gewartet hat, damit es losgeht, kam er neben dem anderen Schatten auf das Haus zu.

»Sie wollen jetzt hier herein«, schrie ich ins Telefon zu dem Stadtrat. »Ich weiß, wer die sind, und meine Hunde sind fort.« Herr Schreiner sagte, er werde unbedingt die Polizei benachrichtigen, aber dann hatte er noch eine andere Idee. »Warten Sie, sagte er, ich verbinde das Telefon mit einem meiner Tonbandgeräte, dann können wir alles aufnehmen. Ich habe es jetzt direkt neben mir. Für alles, was jetzt kommt, haben Sie einen akustischen Beweis und mich als Zeugen. Legen Sie einfach den Hörer neben das Telefon.«

Ich sah, wie der große Hagere in der dunklen Kluft mit seinem Gehilfen das Schloß am Haupteingang aufzubrechen versuchte. Das gelang ihm nicht, ich merkte es an ein paar ärgerlichen leisen Flüchen. Die beiden Gestalten gingen zum Wagen zurück und öffneten den Kofferraum. Dann erschienen sie wieder. Der große Hagere jetzt mit einer riesigen Brechstange und der mit den Hundeleinen, mit einer gewaltigen Zange in der Hand.

Ich rief ihnen zu: »Wer sind Sie, was wollen Sie denn, die Polizei ist verständigt.« Aber sie gaben nicht die geringste Antwort, kamen durch den leisen Regen auf mein Haus zu, unbeirrbar. Es waren Leute, denen man anmerkte, daß ihnen ihre Überlegenheit auch Genugtuung gab.

Ich merkte, daß sie jetzt einen anderen Weg nahmen, den durch den Stall und die hintere Haustür. Ich hörte die Schritte, und mir war voll bewußt, daß ich die beiden Kerle binnen kurzer Zeit im Haus hätte und nicht mehr aufhalten könnte, was immer sie dann vorhatten.

Angsterfüllt beschrieb ich das Geschehen in den Telefonhörer, daß sie Einbruchswerkzeuge hatten und daß sie meine Türen zerstörten. Was sie vorhatten, konnte nicht rechtmäßig sein.

Wenn sie irgendeine amtliche Funktion oder Erlaubnis hätten, hätten sie das doch jetzt sagen können. Herr Schreiner beruhigte mich, so gut er konnte, und sagte, seine Frau habe gerade die Polizei verständigt. »Haben Sie keine Angst.«

Währenddessen verrichteten die beiden draußen im Stall weiter ihr Werk. Ich rief ihnen noch einmal zu, sie sollten sagen, was sie wollten, aber sie gaben keine Antwort. Ich hörte das schwere Schlagen an die Türe, Holz splittern, Krachen und sah die Tür bereits wanken. Ich war völlig wehrlos, hatte keine Waffe, bis auf das alte Jagdgewehr meines Großvaters im Speicher. Keine Schreckschußpistole und vor allem nicht meine Wachhunde, dafür ein krankes Kind und eine 90jährige Tante im Haus, die ich beschützen mußte.

Das Tonband wenigstens zeichnete weiter über das Telefon alles auf, auch meine ängstlichen Fragen. Man solle doch sagen, worum es gehe, was man vorhabe. Aber als Antwort kamen nur die brutalen Schläge an die Stalltür der Küche. Auch mein Gesprächspartner am Telefon hörte die Schläge und das Brechen der Tür. Das Band wurde später als Beweis für den brutalen Einbruch im ZDF in der Sendung »Frontal« widergegeben.

Ich hörte schließlich, wie die Türe den Tritten nachgab, splitterte und herausbrach. Und plötzlich bekam ich eine eisige Ruhe und Wut zugleich. Schon aus der Entschlossenheit, diesen beiden Kerlen, aus welcher Hölle sie auch immer kommen mochten, keine Spur von Angst zu zeigen, so als wären sie gar nicht real, ein Hirngespinst, in der Steigerung ihrer Unglaubwürdigkeit.

Ich erlebte etwas an mir, was schon ein paarmal zuvor und auch später wieder geschah: eine merkwürdige Flucht nach vorn und die Wendung der Angst in Gefaßtheit und Zorn.

Die beiden kamen durch die zerstörte Tür auf mich zu. Der eine, wohl der Anführer in dem dunklen Anzug und dem Umhang, hatte das Brecheisen noch in der Hand. Er hatte eine Narbe um den Mundwinkel, die ihm etwas Schiefmäuliges gab. Der andere, etwas kleiner, in seinem Lederdreß, die Hundeleinen über der Schulter, hatte die Zange wohl irgendwo abgelegt. Seine Hände hingen lose an ihm herab, als trüge er wie ein Westernheld zwei Colts an der Seite. Offenbar hatte er zu viele Django-Filme gesehen. Ich stellte mich ihnen entgegen und sagte mit fester Stimme und hörte, wie sie durchs ganze Haus schallte: »Ich möchte jetzt endlich von Ihnen wissen, wer Sie sind und mit welchem Recht Sie gewaltsam in mein Haus eindringen.«

»Ihr Haus«, sagte der mit dem schiefen Mund, »sind Sie sicher? »Ja«, sagte ich, »das ist unser Haus seit 400 Jahren, wenn Sie es genau wissen wollen, und Hausrecht steht in der Verfassung«. »Da steht viel,« meinte der Django.

»Ich bin immer noch die Eigentümerin des Hofes und habe mein Recht auf Hausfrieden und Familie und Unversehrtheit, falls Sie mal was davon gehört haben sollten. Und Sie sind für mich nichts anderes als Einbrecher, und die Polizei wird gleich dasein.«

»Wir wollen Sie ja nur besuchen, Frau Sappl,« meinte der mit dem schiefen Mund. »Ach so«, sagte ich, »machen Sie Ihre Besuche immer mit dem Brecheisen? Sie könnten doch läuten und warten, bis man aufmacht.«

»Die Polizei stört uns nicht«, meinte der andere. Er lispelte etwas, und ich sah jetzt, daß er eine Zahnlücke hatte, aber ich merkte den beiden Helden an, daß ich etwas Respekt bei ihnen weckte. Ein Hauch von Unsicherheit, der eintritt, wenn das vermeintliche Opfer an der Ecke steht und ein paar Stacheln aufrichtet. »Wir haben hier eine Erlaubnis, Sie zu besuchen«, sagte der Kleinere. »Dann zeigen Sie sie mir«, sagte ich. Aber er gab keine Antwort. »Auch eine Besuchsgenehmigung ist nicht zum Türeinschlagen da, oder?« meinte ich. »Ich habe alles auf Tonband aufgenommen.«

Kaum hatte ich das gesagt, bemerkte der Django-Typ das Telefon, ging hin und riß das Kabel heraus. »Das ist eine weitere Sachbeschädigung«, protestierte ich wütend.

Plötzlich sagte der Hagere: »Ihnen gehört sowieso nichts mehr in diesem Haus.« »Und was wollen Sie denn eigentlich hier?« fragte ich zum letzten Mal. Die beiden schauten sich an, dann meinte der Anführer: »Wir suchen nach Ihren Hunden.«

»Wie Sie feststellen werden, sind meine Hunde nicht da. Die hätten Sie längst in Schach gehalten.«

»Ihre Hunde sind ja auch weitläufig bekannt, nicht wahr?«

»Sagen Sie uns doch, wo Sie sie versteckt haben,« lispelte der mit der Hundeleine. »Meine Hunde sind viel zu groß, wo sollte ich sie verstecken? Im Küchenschrank vielleicht?«

Wieder wechselten die beiden einen Blick, und der Schiefmäulige sagte: »Wir müssen das Haus durchsuchen.«

Später erst merkte ich den Sinn dieser Hinterlist. Meine Hunde hatten die zwei Leute schon längst vorher, als ich auf meinem Rundgang war, auf den sie gelauert hatten, betäubt, wie Kadaver in den Kofferraum geworfen und ins Tierheim geschafft. Dieses ganze Theater nach dem Motto »Wo sind denn nur die Hunde?« war nur der Vorwand, sich in aller Ruhe im Haus umsehen zu können. Auf diesen Trick wäre ich nicht gekommen.

»Was ist da oben«, fragte der Hagere jetzt. »Der erste Stock, was denn sonst.« Die beiden gingen einfach an mir vorbei, die Treppe hinauf und auf den oberen Gang. »Das sind unsere Schlafräume, mein Sohn ist krank. Machen Sie keinen Lärm.«

Sie kamen jetzt zum Zimmer meiner Tante, und ich wollte sie zurückhalten, aber sie hatten die Tür schon eingetreten. Meine Tante mußte den Lärm schon gehört haben. Sie lag stocksteif da und stellte sich schlafend, selbst als einer der beiden sie am Arm berührte. »Jetzt gehen Sie endlich, und lassen Sie die Frau in Ruhe, wurde ich wieder wütend.

Sie schauten noch unters Bett, dann gingen sie weiter auf den Flur. Ich stellte mich vor die Tür meines kranken jüngeren Sohnes. »Da liegt ein krankes Kind«, sagte ich. Lassen Sie ihn wenigstens in Ruhe.«

Aber der Untersetzte schob mich beiseite, und die beiden drangen in den Raum ein. Mein Sohn hatte sich ängstlich aufgesetzt und die Bettdecke an sich gedrückt. Das Kind war zu Tode erschreckt. »Auch hier ist kein Hund, das sehen Sie doch. Benehmen Sie sich doch wie zivilisierte Leute.«

Ich wußte, daß ich sie weder aufhalten noch etwas ändern konnte, aber ich wollte ihnen wenigstens meine Meinung sagen.

Die beiden taten weiter, als würden sie Hunde suchen. Sie durchstöberten alle Schränke, kamen zurück nach unten in die Küche ins Wohnzimmer, und ich stand wütend, wenn auch äußerlich ruhig, daneben. Ich weiß, warum meine Ruhe sie störte: Sie hatten das Gegenteil erwartet.

Das war noch nicht alles an diesem späten Nachmittag, was ich erleben mußte. Die beiden durchschritten die Wirtschaftsräume, schauten unter die Öfen und spielten ihr Theater.

Mehrere Autos fuhren jetzt gleichzeitig auf dem Hof vor. Ich hörte Funkgeräte, Türen schlagen, Schritte. Die Beamten der Polizeiinspektion waren gekommen. Wieder kein Läuten, keine Fragen, nur schweres Schlagen und dann Fußtritte gegen die Türe.

Ich wollte aufmachen und rief: »Sie kommen doch zu meiner Hilfe?«

Bevor ich weiterreden konnte, rief der mit der Hundeleine dazwischen: »Sie können zur Hintertür herein, die haben wir nämlich schon geöffnet.«

Und durch die Hintertür kamen sie auch. Vier Beamte drangen in meine Wohnung. Allen voran der mir längst bekannte Polizeiobermeister Heiland, der vor Gericht selbst angegeben hatte, er und ein Kollege seien vom Ordnungsamt, Herrn Wolfsteiner, schon seit langem beauftragt, das Geschehen auf meinem Hof zu beobachten. Also Wolfsteiner ein Beobachter und der Beamte ein Beobachter des Beobachters. Nur mir fehlte ein Beobachter für diese Beobachter. Dazu hatte ich weder Zeit noch Mittel.

Ich dachte, daß die beiden Einbrecher nach ihrer Funktion befragt würden, aber die Herren schienen sich zu kennen. »Ich glaube nicht, daß Sie Hilfe brauchen, Frau Sappl«, sagte Polizeiobermeister Heiland, und sein Kollege wandte sich zu den beiden Einbrechern: »Hat die Frau Ihnen Schwierigkeiten gemacht?« »Na ja«, sagte der Hundefänger, »wir mußten eben gewaltsam öffnen«. »Das ist nicht wahr«, protestierte ich, aber der Beamte wiegelte ab. »Man kennt ja Ihre Art, Frau Sappl, sich hermetisch abzuschließen und ihre Hunde zu hetzen, nicht wahr?«

Inzwischen waren mindestens sechs oder sieben Beamte in meiner Wohnung und im Stall verteilt. Auch sie gingen umher, nahmen Akten und Möbel in Augenschein. Herr Heiland zeigte Interesse für die Familienfotos, nahm die Bilder meiner Söhne Martin und Johannes vom Schreibtischsekretär, zeigte sie seinen Kollegen und grinste, dann sagte er: »Arme Kinder, wirklich arme Kinder.«

Ich nahm die Bilder weg: »Stellen Sie das sofort zurück. Meine Kinder gehen Sie überhaupt nichts an.« Aber ich beherrschte mich. Wieder beschlich mich das Gefühl, daß man nur auf irgendeine aggressive Reaktion von meiner Seite wartete, ein hysterisches Geschrei, Beleidigungen und dergleichen.

Irgendeinen Sinn mußte dieser Großeinsatz ja wohl gehabt haben, und bestimmt nicht den, mir zur Seite zu stehen. Das merkte ich jetzt, denn das Vorurteil dieser Leute stand zu deutlich im Raum.

Dann plötzlich hörte man von draußen aus den Lautsprechern eine schnarrende Stimme der Zentrale. Heiland sprach in sein Funkgerät und sagte: »Der Einsatz ist beendet.« Wie auf einen Schlag war alles vorbei. Irgend etwas war passiert. Wortlos zogen die Beamten sich aus der Wohnung zurück, zuletzt der hagere Einbrecher mit seinem Gehilfen. »Wir kommen wieder«, sagte er. »Sie kennen uns ja jetzt.« Und dann war der Spuk vorbei.

Ich habe Ihnen nicht durchs Fenster nachgesehen, ich habe mich auf den Stuhl gesetzt und angefangen zu heulen. Auch vor Erleichterung. Als ich aufschaute, stand ein freundlicher Mann vor mir, von dem ich erst im zweiten Moment merkte, daß es ein Bekannter war. Er legte mir die Hand auf die Schulter und sagte: »Kann ich Ihnen helfen, was ist denn hier los? Das war wohl ein Großeinsatz, aber weshalb?« »Nur gegen mich«, sagte ich. »Eigentlich ging es um meine Hunde, aber sie sind nicht mehr da.«

Der junge Mann war Journalist und von Schreiner informiert worden. Er war mit seinem Wagen auf das Gehöft gefahren, hatte seine Kamera umgehängt, und sein Kommen war offenbar der Grund für den plötzlichen Abbruch gewesen.

Um etwa zwanzig vor sechs abends kam mein Sohn Martin vom Tölzer Bahnhof aus München. Er hat mich so vorgefunden. Wir haben gemeinsam versucht, die Stalltür wieder einzurenken, was uns mühsam gelang. Der jüngere Sohn Johannes war noch tagelang völlig verstört und konnte nur das Notwendigste reden. Meine Patentante erzählte eine Zeitlang nur vom Weltuntergang und einem Überfall radikaler Terroristen. Erst als sie wieder klar bei Verstand war, sagte sie mir, daß sie knapp nach meinem Weggang an jenem Nachmittag vom Balkon hinuntergeschaut habe. Sie habe dort gesehen, wie zwei Männer, zu denen die Beschreibung paßte, einen Hund nach dem anderen völlig leblos in ein Auto getragen hätten und fortgefahren waren. Sie habe aber Angst gehabt und sich wieder ins Bett gelegt.

Am Tag nach dem Vorfall erst entdeckte Martin im Vorhof nahe dem Eingang einen umgestülpten Topf, in dem sich Reste eines Reismischfutters fanden. Ich ließ das Zeug untersuchen, und es wurde ein starkes Betäubungsmittel darin entdeckt. Das Gift war so stark, daß kleinere Tiere daran sterben, deshalb fehlten auch alle meine kleinen Katzen. Auch anderes Getier in der nahen Umgebung, einen Igel, einen kleinen Iltis und meine Hühner, fanden wir leblos. Mein Sohn hat dann die toten Kleintiere und ich habe mein Vertrauen in den polizeilichen Beistand begraben, wenigstens für längere Zeit. Aber als ich meine Sinne und Gedanken wieder geordnet hatte, wurde mir immer mehr bewußt, daß die Mächte, die gegen mich antraten, einen großen Fehler gemacht hatten. Sie waren plötzlich durchschaubar geworden, ihr Zusammenwirken, ihr gemeinsames Ziel. Und das war folgendes: Eine Bank läßt über ein Jahrzehnt großzügig Zinsen anwachsen und gibt ungeprüft neue Kredite, gegen hohe Grundschulden versteht sich. Eine Stadt, deren neuer Bürgermeister früher mein Kreditsachbearbeiter war, schreibt in einer Aktennotiz als Bankdirektor, man müsse mit der Stadt um Erschließung von Bauland verhandeln. Als Bürgermeister später, am anderen Schreibtisch sozusagen, lehnt er die Erschließungen ab. Die Bank sperrt die Darlehen, kündigt und vollstreckt. Die Stadt, wenn sie es auch immer durch des Bürgermeisters beschwörend erhobene Hände bestritt, faßt klare Beschlüsse, sich an einer Zwangsversteigerung zu beteiligen. Einstimmig, denn so billig komme man an das riesige Areal des letzten großen Hofes am Stadtrand nie mehr heran. Die Eigentümerin wehrt sich, ist, wie man weiß, sehr renitent und trotzig, auch nicht sehr beliebt. Eine Frau, allein, die mühsam ihren Hof bewirtschaftet, seitdem er wieder aufgebaut ist. Und irgendwann, so denkt man vielleicht, würde man sie kleinkriegen. Am besten, wenn sie selber aufgibt.

Doch das tut diese hartnäckige Person nicht. Statt dessen schreibt sie Beschwerdebriefe an Minister und Ämter und Politiker, geht notfalls zu Gericht. Doch da gibt es vielleicht noch andere Möglichkeiten, polizeiliche Maßnahmen, Ordnungsstrafen, Strafverfahren. Das Verhalten der Hunde bietet sich an, ebenso kleine Vorkommnisse, daß Vieh die Weide verläßt, die Zäune undicht sein könnten, und dann könnte das Ordnungsamt der Stadt in Aktion treten und mit ihm Herr Wolfsteiner und seine Mannen von der Inspektion, und dann könnten die Hunde als reißende Berserker geschildert werden und kleine Vorkommnisse gleich an eine willfährige und hellhörige Presse gegeben.

Herr Wolfsteiner war sehr erpicht auf diese Aktionen, stand auf Beobachtungsposten, erstellte Listen über angebliche Vorfälle, die sich zum großen Teil als gar nicht geschehen erwiesen. Verfahren wurden eingeleitet und einige Gerichtsurteile gefällt aufgrund der Vorfälle mit den Hunden. Da könnte man doch hoffen, die Vorfälle und Verfahren so häufen zu können, daß die Frau entweder als verrückt erklärt wird oder verurteilt werden könnte ohne Bewährung. Wenn man das schafft, eingesperrt wegen der Hundevorfälle für eine gewisse Zeit, dann wäre sie ausgeschaltet. Und dieser Verdacht ging mir nicht mehr aus dem Kopf, denn dann würde ich wahrscheinlich entmündigt werden können, die Kinder unter Amtsobhut kommen, der Betrieb würde zerschlagen, und dann träfe die Bank nicht mehr auf Widerstand. Die Versteigerung, von mir bisher immer wieder verhindert, könnte endlich in Ruhe ablaufen. Die Bank würde ihren angeschwollenen Kredit zurückerhalten und die Stadt das Grundstück. So stellte man sich das vor.

Ich habe mich immer wieder gefragt, ob ich in meiner Phantasie übertreibe, was Menschen und Behörden alles anstellen könnten, um zu bestimmten Zielen zu gelangen.

Am Tag als der Zwangsverwalter auftauchte – denn als solcher entpuppte sich später der ominöse Hundefänger –, arbeitete der längst mit Ordnungsamt und Polizei zusammen. Die Interessen der Bank waren, damals wenigstens, auch die der Stadt und der Ordnungsämter und -verwalter, ihrer Vollstrecker. Aber es waren nicht meine Interessen. Die Stadt war immer über meine Banksituation informiert, und der Bürgermeister unterrichtete das Ordnungsamt zumindest über die Absicht, die Stadt werde sich gerne an einer Versteigerung beteiligen.

Der Tag, an dem der Überfall geschah, war ein Alptraum für mich, mehr als andere gewaltsame Eingriffe durch Polizei und aufgehetzte Nachbarn, von denen ich noch erzählen muß. Es hat mich mehr in meiner Festigkeit erschüttert als persönliche Schicksalsschläge, wie der tödliche Unfall meines Lebensgefährten. Denn die Trauer kann man mit der Zeit bewältigen, aber das Spüren eines Komplotts, einer erbarmungslosen Zusammenarbeit gegen einen einzelnen Menschen, die diesen in Hilflosigkeit versetzt, das war es, was mich beinahe jeden Halt verlieren ließ, aber ich konnte es überwinden.

Ich muß noch erklären, wieso es zu dem Besuch dieses Herrn Zwangsverwalters gekommen war und in wessen Auftrag er handelte. Das war so: Wenn man Geld braucht, um neue Maschinen zu kaufen oder Personal zu bezahlen oder für Betriebserweiterungen und weil vielleicht zufällig und unvorhergesehen der Hof abgebrannt war und man alles wieder aufbauen mußte, wie ich, dann braucht man Kredite. Wie alle Landleute, die in Schwierigkeiten sind. Dann wird man eingeladen oder einbestellt in eine hilfreiche Bank, wo man alle Unterlagen geprüft hat und natürlich sieht, daß es eine große und wichtige Sache ist. Und man sitzt dort, und die Herren kommen, und eine Sekretärin bringt Kaffee, und der Subdirektor persönlich schenkt ein. Da sind auch schon Fotos da, und ein Sachverständiger hat geschätzt, mindestens 12 Millionen Mark wert bei diesem wunderbaren Land. »Da haben wir aber einen großen Kreditrahmen, und machen Sie sich mal keine Sorgen.« Der Stall könnte eigentlich viel größer werden und auch die Viehbestände, die die Behörden, die staatliche Krediterleichterung geben, ja auch wünschen, und von denen sei man ja auch empfohlen. Und vor allem seien ja genügend Sicherheiten da, die man natürlich geben müsse, aber das sei alles eine Kleinigkeit. Und dann sind plötzlich hohe Kredite da, wachsen und wachsen, und wenn sie zu Ende sind, werden neue Kredite gewährt, aber auch Zinsen und Amortisationsraten laufen, und die Beträge werden immer höher und höher, und die Bank hört nicht auf zu geben, weil sie ja weiß, daß sie eines Tages auch nehmen kann. So sagt man, man will ja auch mit dem Stadtrat sprechen, daß man – eine Kleinigkeit heutzutage – den Flächennutzungsplan vielleicht etwas ändert und ein wenig Bauland erschließt, was ja überall so gemacht werde, und dann sei alles wieder im Lot.

Aber die Gespräche mit dem Stadtrat blieben dann aus, selbst wenn der neue Bürgermeister der frühere Kreditbearbeiter der Bank ist. Derselbe, der gemeint hatte, daß es doch eine Kleinigkeit sei, die Stadt zur Erschließung zu bringen. Die Änderung des Flächennutzungsplans findet eben nicht statt, weil da so viele öffentliche Interessen dagegenstehen und das Baureferat und der Herr Stadtbaumeister einfach die Köpfe schütteln vor lauter Sorge über die Zukunft der Flurbereinigung und des Stadtbildes und des Landschaftsschutzes und der Abdämmung von der Landstraße zum Industriegebiet usw. Und plötzlich fühlt man sich tief in einer Falle, und man bittet die Bank zu warten, denn ein kleiner Teil erschlossenes Bauland wäre ja immer noch möglich und würde ja vielleicht genügen. Und man bittet die Stadt immer wieder und weist darauf hin, daß ja andere auch Zuweisungen bekommen für ihre Grundstücke, nicht nur weil sie Mitglieder des Stadtrates sind. Die Argumente bleiben immer die gleichen und auch das Kopfschütteln der Beamten. Und die Zinsen laufen, und das Darlehen wächst und wächst, und plötzlich ist es das Sieben- und Achtfache der Gelder, die man am Anfang wollte.

Und dann wird man eines Tages wieder einbestellt in die Zentrale der Bank mit Vorständen und Justitiaren. Aber diesmal ist kein Kaffee da, und kein Subdirektor schenkt selber ein, sondern man sagt, man habe jetzt lange genug Geduld gehabt und auch genügend Zeit sei vergangen und man habe sich ja sehr bemüht zu verhandeln, aber man stieße eben bei den Stadträten, wie man nun wisse, leider auf Granit. Ja, und der Flächennutzungsplan habe eben eine sehr große Bedeutung für eine Stadt und es sei sehr, sehr schwierig, ihn zu ändern, und man solle doch lieber den Hof gleich aufgeben, bevor Schlimmeres passiere. Dann habe die Bank ihr Geld, auch wenn es ein bißchen knapp werde, aber die Landwirtin könne ja auch mit einem Rest, nach Abzug der Steuern natürlich, mit ihren Kindern in Frieden leben in einem Häuschen am Stadtrand und vielleicht einem kleinen Garten drum rum. Und wenn die Kinder zur Schule gingen, könnten sie auch etwas anderes werden, Steuerberater vielleicht, oder Förster oder Tierarzt. Es sei aber notwendig, daß jetzt noch ein paar zusätzliche Sicherheiten bestellt werden und die Formulare dazu und den Notar habe man schon vorbereitet, und außerdem könne man mit der Stadt ja noch mal verhandeln. Aber wenn das so weitergehe, nein, dann müsse man leider den

Kredit kündigen, und das müsse man jetzt sagen, sonst sähe es ja so aus, als habe die Bank jahrzehntelang einfach geschlafen, und überdies könne man sich ja auch nach einem Käufer umsehen. Es müsse ja nicht mit Zwangsversteigerung sein. Interessen seien ja sicher da für das schöne Land. Man kenne da einen Baron von Sowieso, der würde ein Pferdegestüt kaufen als Morgengabe für sein Töchterlein, das nämlich heiratet. Oder man könne einen Golfplatz anlegen, der ja nun gerade im Kurort eine besondere Attraktion sein könnte, und diese schöne Hügellandschaft sei ja geradezu ideal. Auch darüber könne man doch mit dem Bürgermeister sprechen, der sicher Interessenten kennt, obwohl der ja immer gesagt habe, das Land müsse erhalten bleiben. Aber wie könne es dann erhalten bleiben, wenn man es nicht erhalten kann.

Und irgendwann bei diesem Gespräch bin ich mitten im Satz – ich glaube, es war bei dem Wort Zukunftsperspektive – aufgestanden und habe gesagt, daß man das mit mir nicht machen kann, weil ich eine Bäuerin sei mit 100 ha Land und kein Reservatsindianer oder so was und daß ich lieber kämpfen würde mit allen rechtlichen Mitteln, solange ich atme. Und dann bin ich gegangen, und ich erinnere mich, daß stummes Bedauern herrschte, während ich aufstand, und Kopfschütteln und das Wort »leider« mehrmals fiel, als ob jemand beerdigt werden müßte.

Ich habe den Kampf dann geführt mit mehr oder weniger Erfolg, bis heute. Und ich führe ihn weiter, und deshalb ist dieser Bericht auch ein rebellischer Bericht, aber eines kann ich Ihnen versichern: Es ist alles so passiert.

# 2.
# *Wurzeln*

Unser Hof liegt inmitten seiner weitreichenden Wiesen und Wälder. Es ist eine große jahrhundertealte Hofstätte, und Menschen, die dort aufwachsen, sind unabhängiger. Sie haben ihren eigenen Willen, sind autonom seit langer Zeit. Wir biedern uns nicht an, sind vielleicht nicht so überfreundlich wie andere und sehr mit uns selber beschäftigt, aber ohne Berechnung.

In meiner Jugend fühlte ich mich manchmal etwas einsam, war auch traurig. Ich hatte ja keine Geschwister, keine anderen Kinder in meiner Nähe – abgesehen von einigen Cousinen, die in den Sommerferien zu uns kamen. Meine einzigen Freunde waren die Tiere.

Oft habe ich geweint, wenn die Erwachsenen ein Schwein schlachteten oder ein Pferd verkauften. Irgendwann starb mein Lieblingsfohlen an einer Kolik. Doch es gab den alten Spruch, der von unseren Urahnen stammte: »Um einen haarigen Fuß weint man nicht.« Das kann nur von Landleuten richtig verstanden werden. Es soll deutlich machen, daß es auch noch Schlimmeres gibt.

Das leuchtete mir ein, denn das Leben eines Menschen steht nun mal höher als das eines Tieres. Erst im Laufe der

Jahre begriff ich, daß dieser Satz noch etwas ganz anderes sagte: Wir breiten unsere Gefühle nicht überall aus, sondern wir bewahren sie im Herzen.

Unsere Wurzeln reichen zurück bis ungefähr ins Jahr 950, als Bayern noch ein Herzogtum war, dem deutschen König Otto I. unterworfen. Zu dieser Zeit hatten ungarische Reiterheere weite Teile des bayerischen Oberlandes verwüstet – darunter auch das kleine Dorf »Tollenz«, die Urzelle des heutigen Tölz. Der aufblühende Handel in dieser Gegend kam erst einmal zum Erliegen. Doch es gab Land, weites, fruchtbares Land. Über dieses Land herrschte Graf Rasso, der seinen Stammsitz am Ammersee errichtet hatte. Er unternahm ausgedehnte Reisen ins Heilige Land, von wo er Reliquien mitbrachte, den berühmten Schatz von Andechs, der heute noch in der Burgkapelle bei den Mönchen von Andechs aufbewahrt wird.

Graf Rasso wurde nach seinem Tode heiliggesprochen. Und nach ihm ist die Erde benannt, auf der unser Hof erbaut wurde: »Ratzenwinkl« heißt dieser Landstrich heute. Ältere Urkunden sprechen von »Razenwichele«, dem Winkel des Rasso. Der Graf selbst soll im Jahr 954 zwei Linden gepflanzt haben, von denen eine direkt hinter dem Hof steht, die andere zweihundert Meter entfernt in westlicher Richtung. Diese beiden tausendjährigen Rasso-Linden stehen unter Naturschutz.

Schon damals, zu Rassos Zeiten, muß es ein Hofgebäude gegeben haben – an derselben Stelle, an der noch heute das Wohnhaus steht. Denn als wir vor Jahren den Keller erweitern wollten, entdeckten wir beim Graben einen alten, mit runden Steinen ausgelegten Schöpfbrunnen, der immer noch Wasser führt. Und eine zweieinhalb Meter hohe und fast eineinhalb Meter dicke Mauer mit Schießscharten, erbaut mit auffallend großen Bach- und Bruchsteinen. Im Tölzer Land werden die Bauernhäuser aber seit jeher direkt auf den Boden gebaut, es gibt keine riesigen Kellergewölbe. Folglich muß unsere Mauer uralt sein. Vermutlich war sie Teil eines Wehrturms, der noch aus der Zeit der Kelten stammt.

Der Name eines Hofbesitzers taucht zum ersten Mal in einer Urkunde aus dem Jahr 1170 auf. Zu dieser Zeit hatten die Wittelsbacher Herzöge das Hofgut übernommen, nachdem die Glanzzeit der Dießen-Andechser Grafen zu Ende gegangen war, deren Geschlecht schließlich im Jahr 1248 mit Otto VIII. ganz ausstarb. Die Wittelsbacher überließen den Hof einem freien Besitzer, dem Berchtoldus de Razenwichele.

Dieser Berchtoldus profitierte von einem größeren Neubau rund fünfzig Kilometer isarabwärts. Dort nämlich hatte Herzog Heinrich der Löwe 1158 die Stadt München gegründet. Dadurch wurde die gesamte Isar als Wasserstraße interessant, insbesondere für den Salzhandel. Auch im Tölzer Oberland wurde jetzt wieder gebaut. Holzfäller, Steinhauer, Kalkbrenner und Flößer erweiterten den Markt Tölz und machten ihn zu einem frühen Handelszentrum. Das Salz war zu Scheiben gepreßt und in ovalen Fässern verstaut, die rechts und links über die Rücken der Saumpferde geschnallt werden. Eine Scheibe wog rund hundert Kilogramm.

Vermutlich gehörte schon Berchtoldus zu meinen Vorfahren, auch wenn er noch nicht den Namen unserer Familie trug. Unsere Hofstelle »zum Zwick« war ein Kellerhof, eine Zollstelle, deren Besitzer für ihren Lehnsherrn das Salzgeld einbehalten mußten. Die Kellerhofbetreiber waren die »Scheibenzwicker«.

Im Jahre 1552 teilten sich Jörg Zwick von Ratzenwinkhl und Jörg Eckhler von Ratzenwinkhl das Landgut, auf dem noch heute der Hof steht. Aus Eckhler wurde später Öckler, der Mädchenname meiner Großmutter. Sie heiratete einen Mann namens Martin Sappl, doch der eigentliche Name des jeweiligen Hofbesitzers lautet noch heute so wie vor fünfhundert Jahren: »Zwickerbauer« oder »Zwickerbäuerin«.

Die Bewohner im Tölzer Raum waren Bauern, Handwerker und Händler – letzteren überließen die Herzöge immer wieder Land. Die Zwickerbauern verfügen heute über hundert Hektar, aufgeteilt in Weideland und schöne Waldgebiete. Auf den Weiden wachsen nicht nur fetter Klee für die Kühe, sondern auch viele Kräuter, die Pferde für eine gesunde Ernährung brauchen – darunter Arnika, Johanniskraut, Bärlauch, Waldmeister. In den Mischwäldern leben Rehe, Hasen, Dachse und Füchse, aber auch bedrohte Tiere wie Steinmarder, Baummarder, Zwergwiesel und Siebenschläfer. Nicht zu vergessen all die seltenen Vogelarten: Uhus, Waldohreulen, Schleiereulen, Waldkauze, Zwergkäuze, Wespenbussarde und Baumfalken. In den Mooren und Isarauen schließlich nisten Wiedehopfe und Graureiher. Neben der Isar durchziehen noch zahlreiche kleinere Wasserläufe und Quellen die Erde: etwa das gewundene »Habichtsbacherl«, in dem Flußkrebse und Weißfische schwimmen; oder das sagenumwobene »Drudenbacherl«, aus dessen Wasser schon keltische Druiden so manchen heilenden Zaubertrank gebraut haben sollen. Noch heute erkennt man im Frühjahr am Wasserstand dieses Baches, ob es ein fruchtbares oder ein karges Jahr wird – je mehr Wasser im Drudenbacherl fließt, desto ertragreicher wird das Jahr.

Schon meine Vorfahren nutzten den Grund auch als Ackerland. Und so gab es für die Zwickerbauern neben der Zollstelle traditionell zwei Einnahmequellen: die Milchwirtschaft und die Pferdezucht.

Über Generationen hinweg gehörten die Zwickerbauern zu den angesehensten Familien im Tölzer Oberland. Einer von ihnen, Georg Zwick, rettete die Stadt sogar vor der Zerstörung (er konnte ja nicht ahnen, wie undankbar sich spätere Stadtobere verhalten würden). Damals, im Frühjahr 1632, standen schwedische Soldaten vor den Toren der Stadt. Sie drohten damit, alles niederzubrennen, wenn sie nicht 600 Gulden bekämen. Doch die Schatzkammer des Marktes war leer. In dieser schlimmen Lage sprangen die reichsten Bürger für ihre Stadt in die Bresche. Und Georg Zwick war einer von denen, die das Geld vorstreckten und dafür einen »Accordschein« erwarben, der den Markt vor weiteren Brandschatzungen bewahren sollte.

Im Jahr 1706 streckten Tölzer Beamte ihre Hände aus, um meinen Ahnen die Lebensgrundlage zu entziehen. Ein paar Monate zuvor waren Tölzer Bauern nach München gezogen, um für ihre Freiheit zu kämpfen und sich gegen ihre österreichischen Verwalter und Unterdrücker zu wehren. Der Aufstand endete in der berüchtigten »Mordweihnacht« auf dem Friedhof von Sendling: Dort wurden die Bauern zu Hunderten erschossen, erstochen, erschlagen. Von ihren Nachfahren brachten später nur wenige den Mut auf, sich gegen Unterdrückung und Ungerechtigkeit zu wehren.

Im Jahr 1706 also schritten Tölzer Beamte zur Tat: Sie verlegten die Salz-Zollstelle kurzerhand vom Zwickerhof direkt in die Stadt. Damit waren die Zwickerbauern keine Zwicker mehr, sondern nur noch Bauern. Dafür gab es in Tölz einige Emporkömmlinge, die den Salzhandel unter sich aufteilten und plötzlich reich wurden.

Um 1750 herum wurden die Saumpfade geschlossen und dafür Salzwege angelegt. 1785 erließen korrupte Stadtbeamte dann eine Verordnung, von der nur wenige ihrer Amigos profitierten: Salz durfte nur noch mit Fuhrwerken oder auf Flößen transportiert werden, aber nicht mehr mit

Saumpferden. Dadurch konnte der kurfürstliche Salz- und Zollbeamte Friedrich Nockher den gesamten Salzhandel vollständig kontrollieren. Das »weiße Gold« machte ihn reich – und als alter Mann stiftete er der Stadt deshalb ein Gebäude, das inzwischen zu ihrem Wahrzeichen geworden ist: die Kirche auf dem Kalvarienberg, auf dem früher sogar einmal der Galgen stand. Schon lange vor dem Kirchenbau machten die Bauern wilde Ritte und Kultfahrten zum Kalvarienberg – eine noch aus der keltischen Zeit stammende Tradition, die ich später fortsetzen sollte.

Hätte ich, wie ich es heute gern tue, schon früher in alten Chroniken geblättert, dann hätte ich wohl auch ein Ereignis besser verstehen und einordnen können, das mich traf wie ein Donnerschlag. Es handelte sich dabei um meine erste Begegnung mit Xaver Wolfsteiner, dem Leiter des Tölzer Ordnungsamtes.

Wir kamen von der Kirche nach Hause, meine Mutter, meine Tante und ich. Und wie so oft, sprang uns auch diesmal der Hofhund entgegen, um uns zu begrüßen. Doch an diesem Tag, es war wohl Ende der sechziger Jahre, stand irgendwo in der Nähe ein Polizist mit einem Fernglas. Wie viele seiner Kollegen nach ihm, notierte er sich, was er sah: »Hund läuft herum.«

Diese brisante Information gab er weiter an seinen obersten Chef, an Xaver Wolfsteiner, der seit kurzem das Ordnungsamt unter sich hatte. Und Xaver Wolfsteiner schickte meiner Mutter einen Strafbefehl über 500 Mark. Für uns war das damals viel Geld, eine riesige Summe, von der wir nicht wußten, wie wir sie aufbringen sollten.

Dann machte meine Mutter etwas, was ich bis heute nicht verstehe: Sie ging ins Ordnungsamt und bat Herrn Wolfsteiner, er möge uns die Geldbuße erlassen oder sie wenigstens herabsetzen. Dabei bekam sie feuchte Augen.

Wolfsteiner murmelte etwas von »Tollwut-Sperrgebiet« und einer Vorschrift, wonach der Hund angekettet zu sein habe, und dabei blickte er kaum von seinen Akten auf. Von den fünfhundert Mark Strafe hat er uns keinen Pfennig erlassen. Es tat mir im Innersten weh, miterleben zu müssen, daß meine Mutter vor diesem harten Menschen ihre Fassung verlor und mit dem Weinen kämpfte.

Ich hatte mitbekommen, wie meine Mutter und meine Tante sich jahrelang gegen den Bau einer nördlichen Umgehungsstraße gewehrt hatten, die mitten durch eines unserer Feuchtbiotope führen sollte. Sie hatten jeden Grashalm verteidigt, jeden Baum und jeden Feldweg. Insofern war ich durch diese Geschichte schon auf meinen späteren Kampf mit Wolfsteiner vorbereitet. Ich als Hoferbin mußte ihn ja weiterführen.

Ich habe bis heute nicht geheiratet. Natürlich hat es nicht an Bekanntschaften, Freunden und Kandidaten gefehlt, aber ich war meist unentschlossen, vielleicht auch wählerisch, und sicher suchten manche keine Partnerin, sondern ein gemachtes Nest, von dem aus sie die modernste Form der Dreifelderwirtschaft praktizieren konnten: Kiesgrube – Müllkippe – Bauplatz. Natürlich gab es auch Bauernsöhne, doch die meisten von ihnen bewirtschafteten selbst einen Hof. Oder sie wollten keine Bauern werden und lernten andere Berufe – aber ich brauchte als Mann einen Bauern.

Der Mann, von dem ich bei meinen Ausritten träumte, sollte ganz anders sein: verwegen und mutig und romantisch und fleißig. Vor allem mußte er ein unbeugsamer Kämpfer sein, einer, der allein durch seine Erscheinung den anderen Respekt und Achtung einflößte.

Natürlich merkte ich im Lauf der Zeit, daß Heldensagen immer nur in der Vergangenheit spielen, und als ich den Hof übernahm, wünschte ich mir nur noch einen Partner, der gleiche Interessen und Verständnis und Liebe für die Landwirtschaft mitbrachte. Lange sah es so aus, als würde mir auch ein solcher Mann nie begegnen. Doch dann, eines Tages traf ich ihn.

Meine Mutter und ihre Schwester hatten alle die Jahre ebenfalls Pferde weitergezüchtet. Ich selber ritt eine Weile im Reiterverein. Aber den noblen, meist adligen Vorstehern war ich, zumal als Frau, offenbar nicht fein genug als einfache Bäuerin in einem so vornehmen Club. Als ich eines Tages ein Pferd vor einen Wagen spannen wollte, tadelte mich einer der edlen Herren, der 1. Vorsitzende, Baron von Sowieso, dessen Tochter dort Reitstunden nahm und mit den Pferden gar nicht richtig umgehen konnte, hochmütig: »Zum Sielengeschirr, meine Liebe, gehört eine Juckerpeitsche, und Sie, Sie haben ja nur eine Schwanenhalspeitsche.« Das war mir zu hochtrabend. Ich bat den Herrn selbst, mir beim Einspannen zu helfen, aber es stellte sich heraus, daß er keine Ahnung hatte, wie das geht.

Das einzige, worauf ich nicht verzichten wollte, waren gute Pferde auf meinem Hof. Ich beschloß, die Pferdezucht wieder aufzunehmen.

Mehr noch als mit der Rinderzucht ist unser traditionsreicher Hof mit der Pferdezucht seit alters verbunden. Die edlen Pferde waren Garanten des Wohlstandes und der Stolz der Besitzer. Ohne Roß ist der Hof nicht vorstellbar. Der Verstand für Pferde und die Pferdeliebe sind allen diesen Zwickgeschlechtern mitvererbt worden, aber das allein genügte nicht. Der Boden und die fruchtbaren Wiesen und Auen bringen die unentbehrliche Vielfalt an Kräutern hervor, die Grundlage einer erfolgreichen Pferdezucht sind. Das wissen aber die wenigsten, und ein altes Buch, das meine Vorväter benutzten, hat mich erst wieder belehrt, wodurch die Zucht der vielen Spitzenpferde über Jahrhunderte zu erklären ist. Ein königlich-bayerischer Hofgestütsmeister aus Rohrenfeld hatte diesen »praktischen Unterricht über Pferdezucht« für Freiherrn v. Lerchenfeld-Aham geschrieben, in dem er neben den Stämmen der Oldenburger und Hannoveraner sogar auf die Tölzer Gegend hinweist. Damals schrieb er: »Auch gibt es ja selbst bei uns in Bayern hie und da Gegenden, wo die Pferdezucht sehr im Schwange ist, z. B. im Rottal und in der Gegend von Tölz, und wo die Futterkräuter allein und mehr oder weniger beschränkte Weiden die Hauptnahrung der Pferde ausmachen.«

Dies ist in unserer alten Zuchtgeschichte wohl beweisbar. Das älteste Bilddokument ist der von meinem Urgroßvater, Martin Öttler, gezüchtete bayerische Landgestütsbeschler King William II. Sein Vater King William kam aus einer Counsellor-Stute. Im Jahre 1893 wurde der prächtige Apfelschimmel auf dem Hof geboren. 1896 kaufte ihn das königliche Landgestüt. Meine gesamten Pferde entstammen noch dieser Linie. Ich kann die Papiere lückenlos bis 1886 nachweisen. Als in der Nazizeit keine Warmblutdeckhengste mehr in diesem alten Zuchtgebiet eingesetzt worden waren, drohte dieser uralte Pferdestamm auszusterben. Die bewährten Stutenstämme wurden mit schweren Rassen eingekreuzt. Den Ausschlag dafür gab nicht die Mechanisierung der Landwirtschaft, sondern der Mangel an guten Arbeitskräften, nicht jeder verstand es, mit den edlen Tieren verständnisvoll umzugehen. Auf die Kaltblüter dreinzuschlagen waren die Knechte gewohnt, denn diese Pferde nahmen es ihrem Fuhrmann nicht so übel, sie waren von jeher dickhäutiger. Glücklicherweise konnten einige gute Stutenstämme über Abmusterung und Krieg hinweg am Hof verbleiben. Hengste zur reinrassigen Weiterzucht waren keine zu finden. So lebte im Jahr 1960 nur noch die Stute Gondel auf unserem Hof, und diese wollte ich zur Weiterzucht verwenden, der Tradition wegen. Dabei gab es allerdings Schwierigkeiten. Wir hatten keine Hengste.

Der glückliche Zufall wollte es, daß unsere damalige Grundnachbarin, Ihre königliche Hoheit Prinzessin Hilda von Bayern, uns einen Besuch abstattete und wir dabei über Pferde zu sprechen begannen. Sie wußte guten Rat. Sie werde ein gutes Wort bei ihrem Schwager, Prinz Ludwig von Leutstetten, einlegen. Er habe viele Zuchthengste erstklassiger Abstammung. Natürlich wußte ich davon, war doch sein Hengst North Star Sieger der Weltausstellung in Paris gewesen. Er züchtete Vollblutpferde als Vielseitigkeitsrosse. Sie waren robust, abgehärtet, aber leichtfüßig mit viel Gang und klarem Kopf. Ich denke, meine Pferdeliebe und Begeisterung hat Prinz Ludwig dazu bewogen, meiner Pferdezucht wieder auf die Beine zu helfen. Das erste Fohlen wurde ein prächtiger schwarzbrauner Hengst mit einem Stern. Meine Tante Liesl hatte einen schönen Namen bereit, Tassilo. Dieses treue und zuverlässige Pferd wurde der unbeschwerte Gefährte meiner Jugendjahre und bescherte mir unendlich viele glückliche Stunden. Die Quittung über das Deckgeld von 25 Mark besitze ich noch immer als Andenken an einen hilfsbereiten Wittelsbacher.

Als ich aber die Geburt des Fohlens im königlichen Gestüt meldete, war ich zuerst zu bescheiden, um noch mal meinen Wunsch vorzutragen, die Stute erneut zur Bedeckung bringen zu können. Doch die adligen Gutsherren kannten meinen Wunsch, durchschauten mich und boten von selbst an, ich könne meine Stute ein weiteres Mal zum Gestüt bringen. Tatsächlich wurde das zweite Fohlen eine wunderbare dunkle Stute ohne jedes Abzeichen. Ich nannte sie Reccona nach dem Lieblingspferd meiner Reitlehrerin. Mein langjähriger Wunsch ist damals

Wirklichkeit geworden. Das Glück, der Zufall oder meine Hartnäckigkeit hatten es bewirkt. Als ich die Pferde behutsam anritt, erkannte ich, wir können uns wie Pech und Schwefel vertrauen. Die Pferde springen für mich nicht nur über Hürden, sondern auch durchs Feuer. Ich aber ebenso für sie.

So begann ich, Fuchsjagden zu reiten. Eine der ersten war bei Prinz Ludwig und Prinz Rasso von Bayern, die mich nach Leutstetten einluden. Diese Jagd galt neben der von Chiemsee-Herreninsel als eine der schwierigsten. Noch dazu wurde sie hinter einer erstklassigen Meute von ca. 60 Foxhounds mit extremen Passagen geritten. Die Leute, die ich dort kennenlernte, waren alle vom »Jagdfieber« infiziert. Man schloß sich zusammen, und schon Jahre darauf ritt ich bis zu zehn Jagden im Herbst, denn die Voraussetzung, daß man auch eine Einladung zu solchen Veranstaltungen in diesen Reiterkreisen bekommt, ist natürlich eine einwandfreie reiterliche Leistung. Vorwiegend war ich Gast bei den bayerischen Staatsjagden der staatlichen Güter. Diese waren allesamt schwierig, aber sehr fair aufgebaut. Und bei all den unzähligen Jagden, die ich ritt, hatte ich keinen einzigen Sturz mit selbstgezogenen und zugerittenen Pferden. Doch dann weigerte sich der Bayerische Zuchtverband, mir Papiere für die Fohlen auszustellen. Der Grund: Prinz Ludwig habe eine Privatzucht, die sie nicht anerkennen wollten. Ich dürfe mit meinen Fohlen, Tassilo und Reccona, nicht weiterzüchten.

Die Pferde des Prinzen hatte allesamt Stammbäume, die sich dreihundert Jahre lang zurückverfolgen ließen. In Wahrheit hatte der Zuchtverband gar nichts gegen diese Pferde. Er hatte nur etwas dagegen, eine eigenwillige Bäuerin in seine Reihen aufnehmen zu müssen.

Doch hier kam mir das Glück zu Hilfe. Denn zufällig hatte der damalige Bundeslandwirtschaftsminister in seiner Jugend auf unserem Hof ein Praktikum gemacht. Und ganz bestimmt konnte er sich noch an unsere Rösser erinnern. Schließlich hatte er einmal eine Zuchtstute nach Hause geführt und dabei ihr Fohlen getätschelt. Es hatte ausgeschlagen und Josef Ertl an der Stirn getroffen. Er hatte heftig geblutet und als Andenken eine Narbe zurückbehalten.

Ich rief ihn an und bat ihn, einmal mit den Herren vom Zuchtverband zu reden. Ich brauchte diese Papiere für meine Pferde, sonst hätte ich an keiner Auktion teilnehmen dürfen. Josef Ertl telefonierte von Bonn aus mit dem Vorsitzenden des Zuchtverbands. Danach lief plötzlich alles ganz reibungslos. Meine Rösser bekamen ihre Brandzeichen und wurden als Zuchtpferde eingetragen.

So konnte ich an Auktionen künftig teilnehmen. Dabei hatte ich viele interessante persönliche Begegnungen, und eines Tages lernte ich eben dort auch den Georg kennen. Er stand mit einem ersteigerten Spitzenfohlen fünf Schritte neben mir. Natürlich war er stolz auf das prächtige Fohlen, das den Mittelpunkt des Interesses bildete, und die Freude über seinen Kauf war ihm anzusehen. Wie er dastand und lachte, mit seinem Humor und seinem Sachverstand, wie er mit den Leuten umging und von ihnen respektiert wurde -- mit all dem fiel er angenehm auf. Ein Mann, der mir gefiel.

»Das ist mein Cousin«, sprach mich ein Bauer aus Rosenheim an. »Warten wir, bis er herkommt, der Schorsch, den muß ich dir vorstellen.« Und während wir warteten, beschrieb er mir den Viehanhänger, den der Schorsch besaß. Für einen Bauern war das damals ein ziemlich wertvolles Stück. Als er später zu uns herüberkam, wurde gefachsimpelt, und ich frage ihn, wer ihm sein Prachtpferd denn später zureiten würde. »Das mach' ich schon selber«, erwiderte er.

Einen Bauern, der reitet und etwas von Pferden versteht, das gibt es nicht oft in Oberbayern. Irgendwie imponierte mir dieser Schorsch. Ich lud ihn zu einer Fuchsjagd ein, die ich vier Wochen später veranstaltete.

Von da an trafen wir uns öfter. Wir ritten zusammen aus oder besuchten Auktionen. Manchmal gingen wir auch abends aus, ins Kino oder zum Tanzen.

## 3.
## *Unruhige Zeiten*

Der Zweite Weltkrieg zeigte sich nicht nur auf den verheerenden Kriegsschauplätzen, er schränkte auch das Leben auf dem Land bei uns ein. Alle einsatzfähigen Männer waren eingezogen worden, so auch auf unserem Hof. Nun mußte meine Großmutter Sorge dafür tragen, daß sie ihre »Arche Noah« durch Stürme der schlimmen Zeit lenkte. Zur Seite standen ihr dabei ihr alter Schwager Örgel sowie ihre beiden Töchter Elisabeth und Annamaria, meine Tante und meine Mutter. Der jüngste Sohn und vorgesehene Erbe Schorsch war an der Front in Rußland als Panzerjäger.

Meine Mutter hat nie über meinen Vater geredet. Nur einmal, als ich noch ziemlich klein war, machte meine Mutter eine Ausnahme. Da kramte sie ein Foto aus einer Schublade, zeigte es mir und sagte: »Das da ist dein Vater. Er ist nie aus dem Krieg zurückgekommen. Er ist vermißt, und wahrscheinlich ist er tot.«

Das Foto zeigte einen feschen Mann in Soldatenuniform. Aber das Bild ließ mich seltsam unberührt. Der Mann war groß und blond, und ich selbst war zierlich, später eher dunkelhaarig, aber das fiel mir damals noch nicht auf. Ich habe das Gesicht dieses Mannes auch wieder vergessen. Damals ahnte ich nicht, daß meinen Vater ein Geheimnis umgab. Später, auch in der Schule wurde ich oft auf meinen Vater angesprochen und gefragt. Ich habe immer gesagt, er sei vermißt. Aber irgend etwas um meinen Vater stimmte mich traurig. Es war das Gefühl, daß etwas verschwiegen wurde, und immer dachte ich, er müsse leben und er könne noch kommen. Aber wenn er plötzlich dagewesen wäre, wäre es mir auch irgendwie nicht recht gewesen. Vielleicht, weil ich zu dem Mann auf dem Foto keine Beziehung hatte. Der Mann war ein Fremder. Aber all die Jahre blieb ein Gefühl des Verlassenseins und für jemanden, den man irgendwann wiederfinden müßte.

Erst viele Jahre später brachte mich vielleicht ein Zufall dazu, meine Zurückhaltung zu überwinden. Mein Verlangen nach Klarheit und Aufklärung, Licht in das Dunkel meiner Kindheit zu bringen. Ich war 27 Jahre alt, als ich beim Einkaufen eine alte Schulkameradin traf. Wir sprachen aus der Zeit in der Schule. Die Freundin sah mich an und meinte plötzlich lächelnd: »Man sieht schon, daß du nicht von hier stammst und daß dein Vater ein Fremder war, ein Ausländer aus dem Süden.« Ich wurde wütend und fragte sie, woher sie das wissen wolle. Was solle das heißen, ein anderer Typ als in meiner Heimat, in meiner Familie. Es stimmte, zierlich und schlank war ich, aber das sind viele Bäuerinnen. Ich bat die Bekannte, sie solle deutlicher werden und woher sie das wisse, und sie sagte: »Na ja, man sieht eben den Ausländer.«

Ich kam mir ahnungslos und verraten vor. Offenbar wußten alle möglichen fremden Menschen über meine Herkunft Bescheid, nur ich nicht.

Ich stürzte zu Hause zu meiner Mutter in die Küche und stellte sie zur Rede: »Ich möchte endlich wissen, wer mein Vater ist und woher ich stamme. Ich möchte es wirklich wissen.«

Zum ersten Mal seit meiner Kindheit wich meine Mutter nicht aus, als ich sie nach dem Vater fragte. Sie sah mich lange an und sagte dann: »Dein Vater ist ein Fremder. Nein, es ist nicht der Mann, den ich dir auf dem Foto gezeigt habe.« Sie war sehr betroffen und bat mich dann, bis nach dem Abendessen zu warten, und als wir gegessen hatten, setzten wir uns zusammen in die Wohnstube. Meine Mutter fing an zu erzählen, und was sie erzählte, war die wahre Geschichte meines Vaters.

Im Jahre 1942 schon gab es im Ratzenwinkel kaum Männer mehr. Entweder waren sie in den Jahren zuvor gestorben, wie mein Onkel Martin, oder sie hatten alle Knechte eingezogen. Dazu auch meinen Onkel Georg. Er war der jüngste Sohn meiner Großmutter und damit der Hoferbe. Doch in den letzten Kriegs- und den ersten Nachkriegsjahren führten nur Frauen den Hof: meine Patentante, meine Mutter und anfangs auch noch die Großmutter.

Es fehlte auf allen Höfen an Arbeitskräften. Die Nazis versuchten dem Mißstand abzuhelfen, indem sie Kriegsgefangene zur Feldarbeit schickten. Die Zwickerhof-Frauen wollten zunächst keine, doch bald mußten sie einsehen, daß es ohne männliche Helfer einfach nicht ging. Außerdem hatten es die Gefangenen auf dem Zwickerhof mit Sicherheit besser als im Lager. Und so machte sich meine Tante schließlich doch noch auf den Weg, sich Arbeiter abzuholen.

Als sie in Tölz ankam, waren alle anderen Bauern schon vor ihr dagewesen. Die großen, kräftigen Gefangenen hatte man bereits eingeteilt. Nur zwei schmächtige Franzosen aus Savoyen standen noch da, ein Universitätsprofessor und sein Neffe.

»Die fressen viel und arbeiten nix«, spottete der deutsche Nazikommandeur.

Nun ja, wie Landarbeiter sahen die beiden wirklich nicht aus. Meine Tante nahm sie trotzdem mit nach Hause. Und erlebte dort eine angenehme Überraschung. Denn die Franzosen konnten ausgezeichnet mit der Sense umgehen, sie mähten das Gras schneller und besser als alle Knechte vor ihnen. Wie sich herausstellte, besaß Louis, der Jüngere, ein Gut mit dreihundert Hektar Land in den Bergen. Er war Almbauer.

Im Laufe der Zeit entspann sich zwischen Louis und meiner Mutter eine zarte Liebesgeschichte. Im Herbst 1943 ließ es sich dann nicht mehr verbergen – denn da war Anna Sappl schon seit einigen Monaten schwanger.

Die Wehen setzten am 9. Januar 1944 ein, kurz nach Mitternacht. Draußen tobte ein Schneesturm. Schon lange vorher hatte meine Mutter einen Platz in einem guten privaten Entbindungsheim reserviert. Nicht in Tölz, sondern fünfzig Kilometer entfernt, in Rosenheim. Meine Mutter wollte sich so das Gerede der Leute ersparen, denn ein uneheliches Kind, noch dazu von einem Kriegsgefangenen, war damals nicht bloß ein Makel, es war eine Todsünde. Wenn sie allerdings gewußt hätte, was ihr in dieser Nacht bevorstand, hätte sie wohl besser eine Hebamme aus Tölz gerufen.

Schon das erste kräftige Ziehen im Bauch versetzte meine Mutter, und mehr noch meine Tante, in Aufregung. Meine Mutter packte Nachthemd und Waschzeug zusammen. Unterdessen schleppte meine Tante die schwere Autobatterie nach draußen in den Schuppen. Dort stand der alte DKW. Die beiden Frauen setzten die Batterie und die Zündkerzen ein und starteten den Wagen.

In dieser Nacht jagten englische und amerikanische Tiefflieger durch Oberbayern. Schon in den Nächten zuvor hatten sie auf den Landstraßen auf alles gefeuert, was sich bewegte. Meist waren das Militärfahrzeuge, denn für Zivilisten herrschte nachts strenges Fahrverbot.

In weiser Voraussicht hatte Tante Elisabeth ihre Rotkreuz-Uniform angezogen, die sie nach ihrer Ausbildung zur Sanitäterin erhalten hatte. So konnte sie den Wachtposten erklären, sie sei im Dienst fürs Vaterland unterwegs.

Die Frauen nahmen den Weg über die Felder und entgingen damit den Kontrollen, nicht aber den Tieffliegern, die immer wieder über den Wagen hinwegdonnerten.

Der Sturm wehte immer wieder Schnee auf die Straße, der an manchen Stellen sogar meterhoch lag. Am frühen Morgen kamen sie in Rosenheim an. Meine Mutter zitterte vor Schmerz, Kälte und Erschöpfung. Aber sie hatte durchgehalten. Man wies ihr ein Zimmer zu. Dort kam ich am Nachmittag zur Welt.

Dann kam der Tag, den sie zugleich ersehnt und gefürchtet hatten: der Tag, an dem amerikanische Panzer ins Tölzer Land rollten und die Gefangenen befreiten.

Mein Vater hatte mich als Baby oft auf dem Arm getragen. Doch wie ich aufwuchs, was aus mir wurde, darüber sollte er erst viele Jahre später etwas erfahren. Meine Mutter und er liebten sich auch bei Kriegsende noch, aber zugleich stand für beide fest: Jeder würde auf dem Hof bleiben, der seine Heimat war. Aber so oft es ging, versprach mein Vater, wollte er mich und meine Mutter besuchen.

Er ist nie gekommen. Seine Verwandten wollten es nicht, und die meiner Mutter wollten es auch nicht. Irgend jemand erzählte ihm, meine Mutter hätte einen anderen geheiratet. Er hat es geglaubt, und wahrscheinlich wollte er es auch glauben. So konnte er das Ende einer Liebe besser verkraften, für die es keine Zukunft gegeben hätte. Jedenfalls nicht zu dieser Zeit und nicht im Tölzer Oberland.

»Ich bin müde«, sagte meine Mutter. Sie stand auf, um sich fürs Bett fertig zu machen.

Ich fragte sie nach der Adresse meines Vaters.

Eine Adresse? Meine Mutter schien nachzudenken. Sie sah dabei irgendwie traurig aus. »Ich habe keine Adresse«, sagte sie schließlich, »ich weiß nur, daß er in den Bergen von Savoyen lebt.«

Nach diesem Abend hat sie nie wieder über meinen Vater gesprochen.

Ich habe das respektiert, auch wenn es mir schwerfiel. Erst nachdem meine Mutter gestorben war, sollte ich durch einen merkwürdigen Zufall doch noch eine Spur finden, die zu meinem Vater führte.

Solange ich denken kann, haben die Städter in Bad Tölz den Zwickerhof als besonders schön und begehrlich gesehen. Wir waren Stadtanrainer, für Generationen von Tölzer Kindern war der Zwickerhof mit seinen sanften Hügeln das Abenteuerparadies ihrer Jugend. Später als Stadtherren träumten sie vielleicht davon, dieses Land zu haben, den Boden zu erobern. Seit den sechziger Jahren war das für mich spürbar, und natürlich sahen sie größere Chancen gekommen, nachdem die beiden alten Bäuerinnen den Hof mir übergeben hatten. Mit mir, so glaubten sie, würden sie auch noch fertig werden, denn ich war ja bloß eine Frau, und sie hielten mich vielleicht für jung und dumm und unerfahren, und unverheiratet war ich noch dazu.

Am Anfang schickten sie noch freundliche Unterhändler zu mir. Sie forderten nicht, sondern sie baten höflich um ein paar Kleinigkeiten, mit denen ich der Allgemeinheit einen Dienst erweisen und auch mir selbst etwas Gutes tun könnte. So stand eines Morgens der Bürgermeister von Kirchbichl bei mir auf dem Hof, jener Gemeinde, der wir damals angeschlossen waren. Er war gekommen, um mit mir über eine Teerstraße zu reden, zu der einer meiner Feldwege ausgebaut werden sollte.

»Laß doch die Straße bauen«, sagte er freundlich, »dann brauchst du mit deinen Pferden nicht mehr durch den Morast reiten, sondern kannst ganz bequem rüberfahren bis ins Dorf.«

»Ich weiß schon, wo ich entlangreiten muß«, antwortete ich ebenso freundlich, »ich brauch' keine Teerstraße.«

Vielleicht dachte der Bürgermeister, man könne mich für dumm verkaufen. Er kannte mich wohl nicht so gut, obwohl wir verwandt waren. Als er jetzt merkte, daß ich doch nicht so einfach zu übertölpeln war, wurde er rabiat: »Zwickerin, das wirst du noch bereuen«, fauchte er.

Sie hatten eine raffinierte Taktik gewählt, die sich bei vielen anderen Bauern ja auch bewährte: Sie wollten keinen Blitzkrieg führen, der nur für Aufsehen gesorgt hätte, sondern langsam an Boden gewinnen. Hier eine Ruhebank aufstellen und da einen Weg verbreitern. Irgendwo ein kleines Fleckchen aufreißen, und etwas später noch eines und noch eines und noch eines. Und plötzlich steht der Hof direkt an der Staatsstraße, und der Blick aus dem Eßzimmer fällt nicht mehr auf hügelige Weiden, sondern auf den Golfplatz.

Ein bißchen Teer auf dem Feldweg, das klingt so harmlos. Und doch bedeutet es: Ich darf meinen Stier nicht mehr über diese neue Teerstraße führen, denn er wäre ja eine Gefahr für die öffentliche Sicherheit. Damit wird die Wiese auf der anderen Straßenseite plötzlich wertlos. Dann bleibt dem dummen Bauern nichts anderes übrig, als seine Wiese zu verkaufen. Den Käufer, der später seine Villa auf die Wiese baut, stört dann vielleicht der Misthaufen des Bauern. Das macht aber nichts, denn der rückständige Mistbauer kann seine Viecher ja verkaufen, zumal die Rinderzucht sowieso nichts mehr einbringt. Na ja, und wenn der Bauer schon seine Wiesen und seine Tiere verkauft hat, wozu braucht er dann eigentlich noch so einen protzigen Hof? Also weg damit, es gibt ja Schadensersatz – so viel, daß der ehemalige Landwirt bis an sein Lebensende im Wirtshaus hocken kann. Und seine Kinder? Und seine Enkel? Die hat der Bauer betrogen. Nicht bloß ums Erbe, sondern um ihre Bestimmung. Und was noch schlimmer ist: Er hat ihnen die Wurzeln ausgerissen. Ich habe

Bauern gekannt, denen das passiert ist und die erst hinterher gemerkt haben, wie sie sich verkauft haben. Und welche Schuld sie mit sich herumschleppen. Viele haben versucht, ihren Kummer mit Alkohol zu ertränken.

In jedem Landkreis gibt es ein Wegebestandsverzeichnis. Dort sind alle Wege eingetragen und auch, ob es öffentliche Wege sind oder private. Wege, bei denen die Besitzfrage nicht eindeutig geklärt ist, können vom Landkreis zu öffentlichen Wegen erklärt werden. In diesem Fall muß zum Beispiel ein Bauer, durch dessen Grund ein solcher Weg führt, sofort Widerspruch einlegen. Versäumt der Bauer die Frist, dann gehört der Weg, den er immer für sein Eigentum gehalten hat, plötzlich nicht mehr ihm.

Meine Mutter, meine Tante und später auch ich haben nie eine solche Frist versäumt. Und zu jeder Verhandlung konnten wir alte Akten vorlegen, die eindeutig bewiesen, daß unsere Wege tatsächlich uns gehören und nicht der Stadt. Auf den »üblichen Wegen« konnten sie also nicht in unser Gebiet vordringen. Und so begannen sie allmählich, andere und etwas härtere Methoden anzuwenden.

Zum Beispiel schickte mir der Chef vom Ordnungsamt die Polizei auf den Hof. Anfangs kamen sie nur selten, sie wurden noch nicht ausfallend, und sie bedrohten mich noch nicht mit ihren Schußwaffen.

Beim ersten Polizeieinsatz ging es um meinen Misthaufen. Und um ein Schild, mit dem ich Fremde davor bewahren wollte, direkt in selbigen hineinzutappen. Ich hatte dieses Schild am Beginn des Zufahrtsweges zu meinem Hof angebracht. Auf dem Schild stand geschrieben: »Keine Durchfahrt/Privatweg.«

Nach einiger Zeit fuhr ein Polizeiauto zu mir auf den Hof. Zwei Beamte stiegen aus. Einer davon fragte mich: »Gehört Ihnen dieses Schild da?«

»Ja«, sagte ich, »das gehört mir.«

»Dieses Schild ist rund, hat innen ein weißes Feld und außen einen roten Rand«, sagte er Polizist streng.

»Das ist mir bekannt«, antwortete ich.

»Dann ist Ihnen vielleicht auch bekannt, daß dieses Schild ein polizeiliches Schild ist.«

Offenbar störte es die öffentliche Ordnung.

Einer der Beamten füllte eine Bußgeldandrohung aus und drückte sie mir in die Hand. Ich sollte das Schild binnen vierundzwanzig Stunden entfernen, stand da geschrieben, ansonsten würden hundertfünfzig Mark Bußgeld fällig.

Mir kam eine bessere Idee: Ich bemalte das Schild mit gelber Farbe. Jetzt war es nicht mehr rot-weiß, sondern gelb-rot-weiß – und damit nicht mehr polizeilich.

Einen Tag später standen die Beamten wieder vor meiner Tür: »Gehört Ihnen dieses Schild da unten?«

»Ja«, sagte ich, »dieses Schild gehört mir immer noch. Aber es hat jetzt einen gelben Rand und ist deswegen nicht mehr polizeilich.«

»Das mag sein«, erwiderte einer der beiden, »aber es irritiert die Autofahrer.«

Obwohl die Landstraße hundert Meter weiter unten vorbeiführt, beließen es die Beamten diesmal nicht bei einer Strafandrohung. Sie rissen das Schild aus dem Boden und warfen es ins Gebüsch. Ein paar Tage später bekam ich eine Vorladung ins Rathaus von Kirchbichl.

Ich sollte mich verantworten. Dieser Punkt stand eigens auf der Tagesordnung der Gemeinderatssitzung. Allerdings war es der letzte Punkt des Abends. Und so war es schon fast 23 Uhr, ehe der Bürgermeister von Kirchbichl zu seinen Gemeinderäten sagte: »Darf ich vorstellen, das ist das Fräulein Sappl.«

»Geh, Toni«, unterbrach ich ihn, »brauchst nicht so gespreizt tun, darfst schon ›du‹ zu mir sagen.«

Einige Gemeinderäte grinsten. Der Bürgermeister lächelte gequält. Er wollte mit mir abrechnen, sich rächen für meine Sturheit wegen der Teerstraße – und jetzt ging der erste Punkt schon wieder an mich.

Toni gab der Sekretärin ein Zeichen. Sie stand auf und las einen Brief vor, den der damalige Bürgermeister von Bad Tölz verfaßt hatte. Die ersten vier Seiten behandelten den Vorfall mit dem gelb-rot-weißen Verkehrsschild.

Die Gemeinderäte bekamen schwere Augenlider. Einige gähnten, anderen stützten den Kopf in die Hand, einer schlief ein. Die Sekretärin las weiter, unbeirrt, Seite für Seite. Es folgte die Schilderung einiger skandalöser Zwischenfälle, die sich auf einem meiner Feldwege ereignet hatten, den die Stadt Tölz für sich beanspruchte: Die Hunde bellen, die Pferde äpfeln, die Kühe stehen den Kurgästen im Weg, der Weg ist verschmutzt.

Als die Sekretärin endlich zu Ende gelesen hatte, wurde ich aufgefordert, mich zu diesen Vorwürfen zu äußern. Ich räusperte mich und sagte: »Wer hat denn diesen Schmarrn geschrieben?«

Die Sekretärin antwortete: »Dieses Schreiben stammt von Herrn Dr. Dr. Lallinger.«

»Aha«, sagte ich, »der Mann trägt seinen Namen auch nicht zu Unrecht.«

Wieder lachten einige. Der Bürgermeister bekam einen roten Kopf.

Es ging bei dieser Sitzung nicht nur um irgendwelche Verfehlungen, die ich oder meine Tiere begangen haben sollten. Es ging vor allem um die bereits erwähnte Teerstraße, auf der die Tölzer Kurgäste an meinen Wiesen vorbei nach Kirchbichl flanieren sollten. Der Gemeinderat sollte dieses Straßenbauprojekt absegnen. Um das zu verhindern, hätte es viel Überzeugungsarbeit gebraucht. Ich versuchte trotzdem, den Herren meine Lage klarzumachen: »Ich führe kein Freizeitzentrum«, sagte ich, »sondern einen landwirtschaftlichen Betrieb. Die Stadt Tölz hat ihre Grundstücke in der Randlage verkauft, die Wege zugebaut – und jetzt sollen auf einmal wir Bauern für den Kurbetrieb aufkommen. Wir sind aber nicht zuständig für die Spazierwege der Gäste. Und wenn ein Kurgast hinfällt und sich den Fuß verstaucht, dann sollen wir auch noch die Haftung übernehmen. Das können wir aber gar nicht. Meine Versicherung wirft mich raus, wenn ich Spaziergänger auf die Wege lasse, denn die Haftpflicht bezieht sich nur auf den Betrieb. Also müßte die Stadt zuerst einmal die Haftung übernehmen, dann könnten wir weiterreden. Das macht die Stadt aber nicht.«

Die Gemeinderäte, darunter viele Bauern, wurden jetzt langsam wieder wach.

»Heute kommen sie zu mir«, sagte ich zum Schluß, »aber wenn ihr jetzt zustimmt, wenn ihr die Tölzer machen laßt, was sie wollen, dann stehen sie morgen bei euch.«

Meine Warnung hat offensichtlich nichts genutzt. Der Gemeinderat stimmte dem Bau der Teerstraße zu. Doch wurde diese nie gebaut, da die Stadt in drei Instanzen gegen mich verlor. Um des lieben Friedens willen gab ich eine Duldung von einem Meter Breite für einen Wanderpfad. Nach der Abstimmung per Handzeichen lachte endlich auch Toni, der Bürgermeister. Meine Prophezeiung hat sich später übrigens bewahrheitet. Die Tölzer kamen tatsächlich, und diesmal wollten sie nicht nur eine Teerstraße, sondern den ganzen Ort: Im Jahr 1978 wurde Kirchbichl eingemeindet.

Nur mit der Teerstraße hat es am Ende doch nicht so geklappt, wie der Toni und seine Freunde aus Tölz sich das vorstellten. Die Stadt forderte mich zwar auf, meine Zäune zu entfernen, um Platz für die Teerarbeiten zu schaffen. Doch bevor die Straßenbauer anrücken konnten, gab es noch etliche Gerichtsverhandlungen, bei denen sich herausstellte, daß die Wegerechte wirklich bei mir lagen.

Ich durfte meine Zäune also stehen lassen.

# 4.
# *Unvergessene Tage*

Wenn ich an die Jahreszeit denke, so kann ich diese seit Kindertagen immer gefühlsmäßig erfassen. Der Winter beinhaltet für mich Geborgenheit, Ruhe, knisternde Ofenwärme. Das zufriedene Muhen im Stall, das gelegentliche Stampfen der Pferdehufe gegen die dicken Bohlen, der Hofhund am Ofen, und am Abend erzählt man sich alte Sagen und Geschichten. Im Februar und März wurde die Sonne stärker, und ich erinnere mich an die Schlittenfahrten, die man zweispännig unternahm. Mein Geburtstagswunsch war immer eine Pferdeschlittenfahrt, die uns im prächtigen Schlitten, in Kotzen und Felldecken eingepackt, unter fröhlichem Schellengeläute durch die tiefverschneiten Wälder führte. Unsere Pferde waren feurig, von altem »Zwicker«-Schlag, mit einem guten Schuß englischen und Oldenburger Blut. Es wurde bei der Zucht immer darauf geachtet, daß es Rappen oder Schwarzbraune mit möglichst wenig Abzeichen waren. Sie waren jahrhundertelang fleißige Gespannpferde, prächtige Mutterstuten und daher auch eine gute Einnahmequelle. Alte Chroniken und Urkunden berichten von der Weinfahrt gegen Ettal, die jährlich vom Hof zu Ratswinchele zu leisten war. Als Hofgut der Wittelsbacher war es für die freien Besitzer Zwick-

Oeckler seit dem 13. Jahrhundert der Gilt, also die Grundsteuer, die sie dem Landesherrn zu entrichten hatten. Aber vermutlich hatte der frühere Grundherr von Diessen Andechs, der Graf Rasso, schon seine starken Rosse hier gezüchtet. Denn der nördliche Feldname einer Isaraue heißt Roßwies.

Unser Hof ist ohne unsere Pferde nicht zu denken. Im Frühjahr fohlen die Stuten, und jährlich springen bis zu fünf Fohlen unter den blühenden Bäumen. Als ich in der Schweiz mein Praktikum absolvierte, sagte mein Chef, ein Graubündener Alplersohn: »Ein Fülli gibt dem Hof eine höhere Weihe.« Und auch für mich war das Leben untrennbar mit Pferden verbunden.

Im Frühjahr begannen auch die Feldarbeiten. Ich sehe die edlen Gespanne noch, wie sie die Mähmaschinen im Morgennebel über die tauglitzernden Blumenwiesen zogen. Es war im Gegensatz zu heute fast lautlos. Ein leises Geklapper der Mähmesser und das Schnauben der zufriedenen Pferde. Sie liebten die Arbeit, man sah, daß sie stolz waren, gebraucht zu werden, mit den Menschen gemeinsam etwas zu leisten.

Als sie im Sommer die schweren Fuhren auf die Tenne zogen, da wußten sie, daß sie es nur im Trab schafften. Auch beim Reiten merkte ich deutlich, daß das Pferd in brenzligen Situationen sich am besten selbst entscheidet. Ich gab ihnen den Zügel frei, und so wären sie für mich durchs Feuer gesprungen.

Die Zeit des Sommers erinnert mich an plötzlich heraufziehende Gewitter, die Eile, damit das Gespann die Tenne noch erreicht, und dann der prasselnde Regen, der von furchterregenden Donnerschlägen begleitet wurde. Nach jedem Blitz zählte man, wie weit das Gewitter entfernt sei, und man steckte eine geweihte schwarze Wetterkerze im Herrgottswinkel auf.

Wenn ich an den Herbst denke, beschleicht mich das Gefühl von Morgennebeln, Feuchtigkeit an den nackten Füßen, die Winde treiben Wolkenfelder, die Schreie der Raubvögel waren auch Abschied vom Sommer. An den Obstbäumen hängen Trauben von Äpfeln und Zwetschgen, und die Zeit des Obstpflückens beanspruchte alle Hausbewohner. Daraus wurde gemostet, Schnaps gebrannt und Dörrobst gewonnen. In der Küche roch es nach Kompott und Marmeladen.

Der Spätherbst brachte für uns die Zeit des Sauerkrauteintretens. Aus der Stadt brachte ein Pferdefuhrwerk, in frischen Bettleintüchern eingeschlagen, geschnittenes Weißkraut. Nun trugen die Knechte das rohe Kraut in Kübeln in die Speisekammer. Nachdem ich meine Kinderfüße gründlich gebadet hatte, war es meine Aufgabe, in zwei oder drei großen Eichenfässern dieses Kraut einzustampfen. Später gab es dann Plastiktüten als Fußschutz, denn das viele Salz, Essig und Wein und Gewürze brannten an den Fußsohlen.

Für unsere Pferde brachte der Herbst wieder deren hohe Zeit. Es war Leonhardi. Dieses als christliches Fest umgemünzte keltische Kulturtreiben zog mich eigentlich am meisten in den Bann. Junge Pferde wurden eingefahren, um ein gutes Vierergespann zusammenzustellen. Als man dann begann, aus den Isarauen Eiben, Wacholder und Herbstlaub zu holen, war die freudige Erregung unvorstellbar. Der prächtige Leonhardiwagen, nur an diesem einen Tag im Jahr verwendet, kam nun aus der Remise. Wochenlang wurde er gewartet und verziert.

Wenn abends in die geräumige Küche unsere Nachbarn kamen, um die Girlanden mitzubinden, war das der Inbegriff der Geborgenheit. Ich konnte schon Daxensträuße schneiden und zum Binden reichen. Die Gärtner- und Ladenbesitzer hatten vielerlei Gesprächstoff, und mit dem abschließenden Glühwein und dem Schmalzgebäck kam Stimmung auf. Mit Laternen zogen sie oft erst um Mitternacht ab, singend in der Ferne verschwindend.

Die Pferde spürten die Geschäftigkeit, sie wurden gut »eingehabert« und geputzt. Der Schmied kam, um sie neu zu beschlagen, der Sattler, um die Festgeschirre zu putzen und zurechtzuschnallen. Ein alter Chevalier schnitt mit einer handgetriebenen altertümlichen Schermaschine die Fesselhaare.

Am Abend vor Leonhardi durfte ich als Mädchen die Blumengebinde für die Pferdemähnen und Schweife binden. Darauf war ich sehr stolz. Der Leonharditag war geprägt von fast tonlosem Treiben. Um 3 Uhr morgens wurden von den Männern die Pferde geputzt und mit Wollappen abgerieben, die Hufe eingefettet. Und wenn dann die Geschirre aufgelegt wurden, wurde es laut. Die herrlichen Fuhrmannsglocken erzeugten eine Stimmung, die alle selig werden ließ, Mensch und Tier.

Wenn ich dann die Blumengebinde in die Mähnen flocht, merkte ich, wie vorsichtig sich die Pferde bewegten. Sie waren sich ihrer Pracht bewußt. Der schönste Augenblick war die Abfahrt vom Hof. Vier wunderbare Pferde, die vor den geschmückten Wagen gespannt waren. Auf dem Wagen eine mannshohe barocke Leonhardifigur, umkränzt von bestem Herbstlaub. Die Stühle und Betbänke waren noch leer. Sie wurden von uns Kindern erst vor Beginn der Wallfahrt bezogen. Auf dem hinteren Sattelpferd lag der alte historische Wagensattel, auf den sich nun der Gespannführer schwang. Und dann am nächtlichen Morgen zogen sie vom Hof, und man hörte das laute festliche Glockengeläute der Kummetglocken. Das Läuten entfernte sich, die Rosse schnaubten in der kalten Novemberluft. Man sah nur noch schemenhaft das Gefährt, das sich im dichten Nebel der Ortsstraße zu bewegte. Das Knirschen der eisenbereiften Räder, das Wiehern und Peitschenknallen, und dann wieder Stille.

Die Zurückgebliebenen rüsteten sich, um die Arbeit im Stall zu beenden, und Kind und Kegel zog die alten Seidenkleider, Bürgerstrachten, Brautkränzchen, »Goaßeuter«, Schützenröcke und Stopselhüte aus den Truhen. Die kunstvollen Barockfrisuren wurden von einer Könnerin frisiert, der Kopfschmuck mit Asparagus umkränzt. Um 8 Uhr suchten wir Kinder den Wagen auf, um unsere Plätze einzunehmen. Unser Darstellungswagen hieß: »Die Wallfahrt zum hl. Leonhard«. Die Pferdewallfahrt begann, wie sie auch heute noch beginnt. Doch das Ursprüngliche der Tradition ist irgendwie verloren. Der Glanz ist dem Praktischen gewichen. Die Wallfahrt ist eine Zurschaustellung, eine Touristenattraktion. Die Stadtoberen winken und rufen, die Ehrengäste halten politische Reden, der Pfarrer kürzt die Messe. Er freut sich auf die Weißwürste.

Bei sinkenden Urlauberzahlen, gähnend leeren Kurhotels bringt dieses mittlerweile zum Spektakel gewordene uralte keltische Götterfest immerhin etwas Geld in die Stadtkassen. Die Stadt organisiert und kassiert. Die Bauern sind die Marionetten, sie werden mißbraucht, ohne daß sie es bemerken. Es ist nicht mehr ihr Fest, die Verehrung ihres Viehpatrons. Viele Betrunkene torkeln nach dem »Leonhardi-Schnaps« durch die Stadt. Einige Gespanne finden allein ihren Weg zurück, der Leonhardifahrer hält sich mühsam im Sattel. Jährlich werden es mehr Teilnehmer, die Wagen übertreffen einander oftmals schon an Kitsch, die »Jungfrauen« scheinen in Farbtöpfe gefallen zu sein.

Das Gespür, der gute Stil ist abhanden gekommen. Feste feiern heißt heute oft, laut sein, Bier trinken oder saufen. Auch der Bauernstand läßt sich benutzen, statt den sprichwörtlichen Bauernstolz zu zeigen, verkauft sich mit Haut und Haar. Ist ein städtisches Fest zu feiern, halten sie mit ihren Gespannen, mit ihrem Brauchtum her. Die Schützen stehen bei Fuß, die Trachtenvereine marschieren, und die Musi spielt dazu.

Wenn ich im Winter nach dem tiefverschneiten Schulweg von zwei Kilometern nach Hause kam, war ich glücklich, in die warme, wohlige Küche zu treten. Meine Mutter bäckt, die Tante sitzt an der Nähmaschine. Schnell läßt sie etwas unter ihrer Schürze verschwinden, wird es ein Puppenkleid? Am Abend kommt der Nikolaus mit seinem Begleiter, dem Krampus. Schon Tage zuvor schlägt seine Kette an die Fensterläden, und dann kommt er. Ist er echt, oder sah ich diesen Stab nicht schon im Speicher? Wo ist die Mutter, sie fehlt, ist sie es etwa? Ein Teufel mit Geißhörnern schlägt mit der Pferdepeitsche unter den Eichentisch, die Füße werden hochgezogen und dann in Gedichtform die bösen Taten des Jahres vorgebracht, jedes Hausmitglied wird gerügt, aber mit Witz und Ironie.

Es duftet nach Bratäpfeln und Glühwein. Einmal brachte mir der Nikolaus einen aufgezäumten Roßjährling. Darauf ein Sack, aus dem zwei Schuhe baumelten. Ein böses Mädchen vom Nachbarn stecke darin, sagte er, ich brauche aber nichts zu befürchten. Dieses Rösserl war mein »Rappi«, eine hübsche Stute, die ich später ritt. Doch als ich ins Internat kam, wurde sie verkauft. Ich war traurig und verletzt, aber man brauchte das Geld zur Anschaffung eines landwirtschaftlichen Gerätes, und da hatten meine Wünsche zurückzustehen. Das lernte ich schon früh. Sich im Zaum zu halten, zugunsten des Hofes zu verzichten, das Wichtige gegen das Unnütze abzuwägen.

Schnee gab es damals in Mengen und Winterstürme. Einstmals als wildes Gjaid – die wilden Reiter, die Rauhnächte – unserer Urreligion entsprungen. Das Mystische spürte ich auch als Kind. Ich liebte die Urgewalten, ja ich fühlte mich darin geborgen. Man glaubte, eine göttliche Urkraft daraus zu verspüren. Fühlte sich eingebettet in das Universum. Wenn der Schnee auf Weihnachten hin mit dem Schneepflug nicht mehr zu bewältigen war, wurde mein Schulweg den Berg hinan durch die Pferde getreten. In der morgendlichen Dämmerung setzte man mich auf eine brave Stute, die mich bis zur Gemeindegrenze trug. Im Anschluß Stuten und Jungpferde, die sich durch den Schnee arbeiteten. Der Pfad war begehbar. Von da an war ich in Tölzer Gebiet, hier waren die Straßen geräumt. Auch von klingenden Pferdegespannen, schnaubenden Kaltblütern, denn die Stadt hatte damals noch eine Landwirtschaft, Kühe und Pferde.

Auf halbem Pfad Richtung Süden, dem zweiten Anstieg zur Gemarkungsgrenze, steht nach wie vor die wunderschöne Kreuzgruppe, in Erz gegossen. Ein Verwandter unserer Vorfahren, der Kunsthistoriker Prof. Sigmund v. Riezler, hatte diese entworfen, zuerst geschnitzt und dann in der Erzgießerei gießen lassen. Sie ist gefaßt und von alten Bäumen umrahmt. Das Eichenkreuz mächtig, an die drei Meter hoch, Christus und die schmerzreiche Madonna. Diese angesehene, im 19. Jahrhundert dem Hof verbundene Familie hat eine Fülle von Kultur einfließen lassen. Da der berühmte Hoffotograf Obernetter damals viele Fotos anfertigte, spiegelte sich die kulturelle Atmosphäre dieses Hofes und seiner Bewohner. Zur Sommerfrische war die Münchener Seitenlinie der Öcklers mit Kind und Kegel auf dem Hof versammelt. Darunter manche hochg'schudierte, geistige Wissenschaftler. Später wanderten einige von der großen Familie nach Amerika aus, und die Kontakte haben sich verloren.

Nun, dieses Kreuz auf halber Höhe wies stets den Weg in unser »stilles Tal«, wie es meine Mutter immer besang. Hatte ich dieses durch die Schneewehen erreicht, sah ich die Lichter unseres Hofes, und die Angst wich, ich war zu Hause. Nur noch die letzte Anstrengung nach der Nachmittagsschule, die um 17 Uhr endete und nach der es bereits dunkel war.

Unser treuer Hofhund schlug alsbald an, und da er mich erkannte, kam er mir entgegen. Ich war in seiner Obhut.

Weihnachten brachte die frohe Stimmung von Geborgenheit, Glück, wenn nicht Glückseligkeit. Nicht die Geschenke waren es, die diese Stimmung zauberten, es war die Vorfreude aller, die am Hof waren. Man vermeinte, auch die Tiere verhielten sich zufriedener.

Als dann der Heilige Abend anbrach, war es schier nicht mehr auszuhalten, bis aus der Stubn das Glöckerl aufforderte, hereinzutreten.

Meine Mutter verstand es immer, den Baum überaus geschmackvoll zu schmücken, den wir am späten Nachmittag aus dem Wald geholt hatten. Wenn meine Tante dann schmunzelnd sagte: »G'Narrisch g'narrzt, s'Christkind is kemma«, verspürte ich: Diese Worte haben sich durch zig Generationen erhalten.

Im Kerzenschein sangen alle Hofbewohner die stimmungsvollen Weihnachtslieder. Oft traf dieser Gesang auf den sensiblen Nerv unseres Hofhundes Luchsi, und er begann nach dem Gesang zu jaulen.

Dann war der Spannung und der mystischen Stille Genüge getan, es wurde fröhlich. Natürlich gab es Geschenke, schön verpackt und für alle. Ich als Mittelpunkt, da ja das Fest ein Fest der Kinder ist, bekam meistens meine Wünsche erfüllt. Doch die Wünsche waren immer bescheiden. Die Angestellten wurden meistens mit Kleidungsstücken beschenkt, die Knechte kauften sich ihre Kleidung nie selbst. Man legte Wert darauf, daß auch sie gut angezogen waren.

Nach Punsch und Plätzchen ging es um 24 Uhr zur Mette. Der ganze Hausstand stapfte die zwei Kilometer zur Pfarrkirche. Nur unser Hund hielt Wache. Das Hochamt machte mich müde. Oft schlief ich während der monotonen Gesänge auf dem Schoß meiner Mutter ein. Auch sie mußte sich des Schlafes erwehren, denn sie war durch die lange Tagesarbeit ebenso erschöpft wie die anderen.

Wenn wir im Laternenschein unseren Hof erreichten, atmeten wir auf. Doch die kalte frische Winterluft, oftmals auch Schneegestöber machten wieder Lust auf die Mettensuppe oder die Mettenwürste. Vor dem Zubettgehen bekamen alle Tiere im Stall ihr geweihtes Salz, und man ging mit dem heiligen Feuer durch die Stallgänge. Dieser Brauch entspringt uralten Riten.

Den Winter habe ich nun zweimal berührt, er beinhaltet ja auch Anfang und Ende, Abschied und Neubeginn. Der Dezember wird gefühlsmäßig ganz anders erlebt als der Januar. Im Dezember zehrt man von der Arbeit des Jahres, es kehrt Zufriedenheit und Müdigkeit ein.

Der Januar beginnt mit Radau und Aufbruch. Klirrende Kälte hindert nicht, wieder hinauszugehen. Waldarbeiten vorzunehmen oder aus den klammgefrorenen Streuwiesen die Trischpen heimzufahren. Nun ist das Moor tragfähig. Die Pferde laufen nicht Gefahr einzubrechen, und die Schloapfen werden hoch beladen.

Das neue Jahr beginnt unter neuer Arbeit.

# 5.
# *Feuer*

Die Ehe einer Bäuerin wird in gewissem Maß auch eine Vernunftehe sein. Sicher hätte ich nie einen Mann in Betracht gezogen, der nicht zum Hof paßt. Und genausowenig würde ich meinen Hof für einen Mann im Stich lassen.

Für junge Bauern ist es schwierig, auf einen Hof zu gehen, der nicht ihnen gehört, sondern ihrer Frau. Sie haben Angst, immer der Knecht zu bleiben, niemals ganz als Herr über den Hof akzeptiert zu werden. Ich kann diese Angst gut verstehen. Und ich halte sie für berechtigt.

Georg besaß selbst einen Hof. Er dachte gar nicht daran, diesen Hof zu verlassen. Und er hätte auch von mir nie verlangt, aus dem Ratzenwinkel wegzugehen. Uns beiden war von Anfang an klar: Jeder würde seinen eigenen Hof bewirtschaften wie bisher. Allerdings würden wir uns gegenseitig unterstützen und ergänzen, zum Beispiel beim Einsatz von Maschinen oder Arbeitskräften. Ich zog Kälber auf, bis sie halbwüchsig waren. Dann brachte ich sie auf seinen Hof, und er mästete die Tiere bis zur Schlachtreife.

Es ließ sich nicht verheimlichen, daß wir beide uns angefreundet hatten. Man sah uns auf Pferdeprämierungen und bäuerlichen Veranstaltungen ebenso wie auf Reitjagden im Herbst. Ein Freund von Georg sagte deshalb ihm eines Tages: »Mit der Zwickerin wirst du dich schwer tun. Der ziehst du keinen Halfter über die Ohren, das haben schon andere probiert.«

Wie hatte er dies wohl gemeint? Vielleicht wurde ich als etwas eigenwillig und zu selbständig eingestuft. Aber Georg hat auch nie versucht, mich einzuschränken. Er ließ mir Freiraum und war doch immer da, wenn ich ihn brauchte. Nur nicht in jener Nacht, in der er wegen einer Vorsorgeoperation in einer Münchner Klinik lag, jener Nacht, in der unser Hofhund Samson, Bennys Vater, plötzlich anschlug. Nie zuvor hatte ich Samson so bellen gehört. Eigentlich war es gar kein Bellen, auch kein Jaulen, es klang mehr wie ein langgezogener Schrei. Ein grauenhafter tierischer Schrei.

Zu dieser Zeit, gegen Mitternacht, lag ich schon längst im Bett. Ich fuhr hoch. Draußen war es merkwürdig hell. Aber durch mein Fenster schimmerte nicht das ruhige, fahle Licht des Vollmonds. Was da so unheilvoll flackerte, war ein ganz anderes, ein rötliches Licht. Als ich zum Fenster stürzte, ahnte ich bereits, was ich sehen würde: Der Hof stand in Flammen.

»Es brennt, es brennt«, hörte ich unseren Angestellten rufen. Im Nachthemd stürzte ich aus dem Zimmer. Ich polterte die Treppe hinunter, rannte zum Telefon, alarmierte die Feuerwehr. Plötzlich stand auch meine Mutter da.

»Die Tiere«, schrie ich, »wir müssen die Tiere retten.«

Das Feuer hatte bereits die gesamte Tenne erfaßt. Meterhoch loderten die Flammen aus dem Dachstuhl über dem Stall. Die Flammen züngelten bereits aus der Deckenluke, von der aus wir immer das Stroh hinunter zu den Rindern warfen. Der Stall selbst brannte nicht, denn der Boden war aus Beton. Allerdings quoll dicker, schwarzer Rauch nach unten. Die Kälber brüllten, sie waren ja angebunden! Es standen nur Jungtiere und der Zuchtstier im Gebäude. Die Kühe grasten im Sommer alle auf der Weide und kamen nur zum Melken herein.

Wir versuchten, die Kälber nach draußen zu treiben. Beim Eingang fielen bereits brennende Balken vom Vordach. Die Kälber sahen das Feuer und blieben stehen. Wir zerrten an den Stricken, schleiften die Tiere fast mit Gewalt hinaus. Zuletzt kam der Zuchtstier an die Reihe – doch die Angst hatte ihn erstarren lassen, er stand da und glotzte benommen vor sich hin. Die Rauchschwaden wurden immer dicker. Ich bekam kaum noch Luft und hustete. Mir wurde schwindlig, aber dem Stier offenbar auch. Endlich trabte er doch noch ins Freie.

Nach und nach traf eine freiwillige Feuerwehr nach der anderen ein. Aus allen umliegenden Dörfern kamen sie angefahren, voller Tatendrang. Sie zogen die Schläuche aus ihren Spritzenwagen und löschten. Beim Eingang des Stalls stand eine neue Maschine, ein Futterdosierer; man hätte ihn nur wegzuziehen brauchen, die Männer von der Landfeuerwehr dachten aber offenbar nicht daran, und so mußte ich tatenlos zusehen, wie er verbrannte.

Das Feuer fraß sich immer weiter am Dachstuhl entlang, erreichte bereits die Grenze zum Wohnhaus. Dort stand eine Brandmauer, die Stall und Wohnbereich trennte. Oben beim Dach griffen die Flammen trotzdem über. Wie kleine Wiesel sprangen sie zwischen den Firstziegeln heraus.

Die Feuerwehrleute schienen davon nichts zu bemerken. Sie richteten ihre Schläuche anfangs nur auf den Stall, zielten mit dem Wasserstrahl genau in die Dachrinne. Statt zu löschen floß das meiste Wasser wieder ab.

»Schaut doch mal, jetzt brennt gleich das Haus auch noch«, schrie meine Mutter.

Sie führte einige Feuerwehrmänner ins Haus, und die spritzten vom Speicher aus auf den Dachstuhl. Damit setzten sie das Wohnhaus unter Wasser, aber das Feuer breitete sich wenigstens nicht weiter aus.

Unten in der Brandmauer glühte die Eisentür und wölbte sich bedrohlich. Zwei der Freizeitfeuerwehrler wollten sie mit einem Brecheisen aufstemmen. In letzter Sekunde ging meine Mutter dazwischen: »Seid ihr wahnsinnig? Ihr jagt uns doch alle in die Luft.«

Bei offener Tür hätte das Feuer mit gewaltigem Druck aufs Wohnhaus übergegriffen. Zum Glück traf noch eine Feuerwehr aus einer nahegelegenen amerikanischen Kaserne ein. Die Soldaten brachten ihren eigenen Wassertank mit. Ich hörte, wie der Kommandant ein paar kurze Befehle gab. Sofort wußte jeder, was er zu tun hatte. Zwei Stunden später waren die Flammen gelöscht.

Ich habe in dieser Nacht nicht geschlafen. Irgendwie hoffte ich die ganze Zeit, es wäre alles nicht wahr. Und wenn doch, dann aber vielleicht nicht so schlimm, wie es im gespenstischen Flammenschein ausgesehen hatte. Wie in Trance wartete ich auf den Morgen – um dann zu sehen, daß alles noch viel, viel schlimmer war.

Von unserer Tenne war nichts mehr übrig. Nur noch schwarze, rauchende Balken ragten wie ein Skelett in die Luft. Von unserem Stall stand lediglich die Außenmauer. Das Wohnhaus war dank der Brandmauer weitgehend verschont geblieben – zumindest vom Feuer. Dafür tropfte Löschwasser von allen Decken. Die Balken im Dachstuhl waren angekohlt, wir mußten zwei Jahre später auch den Hausdachstuhl erneuern.

Am nächsten Morgen fuhren die Bauern aus Ellbach, dem Nachbardorf, mit ihren Traktoren auf den Hof. Sie wollten aufräumen, sagten sie, mir helfen in meiner Not. Ich war dankbar für so viel Hilfsbereitschaft.

»Siehst du«, sagte ich zu meiner Mutter, »du mußt nicht immer so mißtrauisch sein. Die meisten von unseren Nachbarn haben doch einen guten Kern.«

»Wart's ab, Annelies, wart's ab«, erwiderte meine Mutter und verkroch sich im Haus. Wenn ich gewußt hätte, wie übel mir manche von ihnen in den nächsten Jahren noch mitspielen würden, hätte ich wohl auch anders geredet. So aber freute ich mich über ihr Kommen und schenkte ihnen zum Dank später Bierkrüge mit Zinndeckeln.

Die Bauern zogen mit einer Seilwinde meinen Traktor vom Tennenboden. Etwa einen Meter über dem Boden ließen sie los, der Traktor krachte auf den Boden. Falls er den Brand doch überstanden haben sollte, jetzt war er wirklich zerstört.

Am Nachmittag richteten wir Tische her, stellten Holzbänke auf. Ich brachte Bier und Brotzeit, denn es macht hungrig, den ganzen Tag in einem Trümmerhaufen herumzusteigen. Abends saßen dann alle gemütlich zusammen. Der Wurzer Max vom Nachbarhof brachte seine Ziehharmonika mit, und die Bauern sangen Lieder und Gstanzl, während sie auf die rußigen Reste blickten. Auch wir Hofbewohner kamen in eine überraschend gute Stimmung. Unsere Starre fiel von uns ab. Es war wie bei einer Trauerfeier, wenn nach dem Begräbnis gegessen, getrunken und meistens auch gelacht wird – der Schock, die Anspannung, das muß sich ja irgendwie wieder lösen.

In den nächsten Tagen bekam ich seltsame dunkle Flecken auf der Haut, ich sah aus wie eine Alpenkuh. Das waren die Folgen der Rauchvergiftung, die ich mir beim Retten der Kälber zugezogen hatte. Und noch immer schwappte eine Welle der Hilfsbereitschaft über unseren Hof. Baufirmen aus der Umgebung luden kostenlos die rußigen Balken auf ihre Lastwagen, transportierten den Schutt zu einer Sondermülldeponie, und die BAYWA, staatlicher Hauptlieferant für alle Landwirte, spendierte einen Dieseltank. Sicher war dabei auch der Gedanke im Spiel, sich neue Aufträge beim Wiederaufbau zu sichern. Auch die Soldaten aus der amerikanischen Kaserne zeigten sich später hilfsbereit. Sie bauten Zelte auf, in denen wir den Winter über Heu lagern konnten.

## 6.
## *Dunkle Ahnungen*

»Was ist seit 13. Juli aus unser ehedem so schönen Familie geworden?«

Mein Großvater starb 1932. Er hinterließ vier Töchter und zwei Söhne, von denen – so sah es das Erbhofgesetz vor – der Älteste den Hof übernehmen sollte. Noch führte ihn meine Großmutter, doch in ein paar Jahren wollte sie alles an Martin übergeben.

Ich kenne meinen Onkel nur von Fotos und aus Erzählungen. Und doch war er für mich immer ein Vorbild.

In ihrem Tagebuch beschrieb meine Großmutter, wie auf den Verlust ihres Mannes schon bald der tragische Tod ihres Sohnes Martin folgen sollte.

»Schwer und weh hat des Schicksals gebietende Hand uns mit dem Tod des lieben, guten, teuren Vaters getroffen. Am 25. Juli wirds nun 1½ Jahr seit seinem Heimgang, seit seinem frühen Sterben. Um ¾12 Uhr, es schellt das Telefon: Von Walgerfranz die Meldung: ›Es soll gleich jemand kommen, – *aber Mutter nicht* – !‹ War selbst am Telefon und verstand: ›*Mutter mit!*‹

Furchtbar ahnte ich, da muß es weit fehlen, wenn man mich braucht! Allem vorauszubemerken ist, daß mein edler, hochgeschätzter Sohn Martl mit seinem 14½ Jahr alten kleinen Bruder Schorsl mit zwei Gespannen zur ›Roßwies‹ zum Heuwenden gefahren ist. Schorsl sagt am Schluß zu Martl: ›Ich denke, die Deichsel kracht etwas‹, worauf Martl den Schwadenrechen ausspannte und seinen kleinen Bruder mit den leeren Rossen heimschickte und mit dem von Schorsl gefahrenen Rossen und Gabelwender jetzt selbst heimwollte. Vor der ›Burgfriedentafel‹ waren die ersten Rosse (Schorsl), hinterher kamen mit gebrochener Deichsel in gewaltigem Durchgehen Martls Rosse mit dem Gabelwender … furchtbares geschah …

Ehe Schorsl es richtig sehen konnte, es waren nur schnelle Momente, war alles vorbei …!

Der hoffnungsvolle, gute Martl war schon tot –, wohl schon beim ersten Blut auf der Straße, wo es gegen bergab geht, wurde aber noch geschleift bis zur Walgerfranz Einfahrt. Als der kleine Schorsl wieder nachkam, (er war auch von den leeren Rossen zu Boden geschleift worden), trugen schon Männer den teuren Leichnam von der Straße abseits.

Walgerfranz telefonierte um Doktor und Geistlichen, Maria hat dies ebenfalls von zu Hause aus besorgt.

Als Hans Bauer –, die übrigen Angehörigen waren alle mit dem Rad schon dort –, mich mit dem Fuhrwerk anbrachte, was mußte ich sehen …! Hier kann kein deutsches Wort beschreiben …!

Mit glücklichem Stolz hoffte ich mit ihm auf die Zukunft, vorbei … vorbei! Hierein füge ich den Traum von Schwester Bernarda Josefsheim.

Martl ging am 2. Juli abends nach Tölz zu Maltry (Zahnarzt) betreff einer finanziellen Angelegenheit. Da sah ihn im Josefsheim Schwester Bernarda den Tölzer Weg gehen und fühlte bei seinem Näherkommen ein banges Fürchten, dachte sich auch: ›Wird doch dem Zwickermartl nix passieren.‹

Nun nachts träumte sie:

›Mit viel Lärm kommt abwärts her ein Gefährt. Rosse gehen mit einer Feldmaschine durch, darin hängt ein menschlicher Körper, den die Maschine unten von der Anhöhe auswirft. Sie ruft aus: Ja, Du bist's Zwickermartl und ganz allein mußt Du da sterben, aber es steht schon der Zwickervater da, den Martl aufzuheben!‹ Sagt sie noch: ›Jetzt ist der Zwickervatta selba da!‹ und der Traum war aus. Ihre Zimmergenossin hatte dies gehört!

Das wa die Nacht vom zweiten zum dritten Juli 1933, und elf Tage danach fügte sich das Unglück genau so, wie diese Klosterfrau es geträumt hat. Hätte man dieses Träumen uns aber gesagt, Martl hätte ich nie zu ähnlichem Gefährt gelassen!

An Wiedersehen will ich jetzt aber um so sicherer glauben.

Nun wieder weiter.

Der Anblick des gräßlichen Unglücks war für mich grenzenlos furchtbar, weinen konnte ich nicht, aber ein Schreien entwand sich meines Körpers, ganz krampfhaft, ich konnte zu schreien nicht mehr aufhören. Das arme Menschenhäuflein, wie elend lag es da. Unter einer Decke ragten seine lieben fleißigen Hände heraus.

›Dich Martl, Du braver, Du guter, Du ruhiger Mensch haben wir verloren. Dich, den auffallend schönen Mann! Man brachte Dich heim, legte Dich, Deinen blutleeren Körper in Dein Zimmer, Örgl, auf dessen Arm Du die letzte Heimfahrt gemacht, wusch Dein liebes, liebes Gesicht, Deine Hände. Weggeküßt hätt ich Dein teures Blut, aber Arzt und Krankenschwestern ließen mich nicht zu Dir!‹ – Damit Dein Tod, Dein liebes Blut mich nicht noch mehr verwirre, erlahme, ... denn ich muß ja selbst in die Zügel des Zwickerhofs greifen!«

Von diesem Tag an war meine Großmutter eine gebrochene Frau. Sie hat den Tod ihres Lieblingssohnes nie verwunden. Und auch Georg litt sein ganzes Leben lang – unter der Last dieses Unglücks und unter der Last der Verantwortung, die ihm von nun an als künftigem Hoferben aufgebürdet wurde. Er sollte später darunter zusammenbrechen.

Zu den vielen Menschen, die nach dem Brand auf meinen Hof strömten, gehörten auch einige Beamte der Kriminalpolizei. Sie befragten den Knecht, der das Feuer entdeckt hatte. Er sagte, er habe geschlafen und sei erst von den Flammen geweckt worden.

Die Beamten stiegen auf die Tenne, wo sie lange und nachdenklich auf die rußigen Balken starrten. Sie stöberten in den Heuresten und wollten wissen, ob ich denn ein Thermometer ins Heu gesteckt hätte. Das konnte ich sogar beweisen, denn ich schrieb die Heutemperatur jeden Tag in ein Notizbuch.

»Tja«, sagte einer der Kripobeamten schließlich, »wir können keinen Brandkanal entdecken, was auf Heuselbstentzündung hinweisen würde. Es gibt keine Hinweise, die auf Brandstiftung hindeuten. Wir nehmen trotzdem an, das Heu hat sich selbst entzündet.«

Das konnte nicht sein. Es gab nur einen Heustock, und der war nicht einmal voll. Wir hatten den ersten Schnitt fast vollständig siliert, das restliche Heu hatten wir durchs Gebläse hinauf in den Heustock befördert. Das Heu war trocken, es konnte also gar nicht gären, sich dabei erhitzen und von alleine Feuer fangen.

Die Kripobeamten zuckten auf meine Einwände nur mit den Schultern. Beweisen, so erklärten sie mir, ließe sich leider gar nichts. Es kämen mehrere Brandursachen in Frage. Und von allen sei die Selbstentzündung eben die wahrscheinlichste.

Das sah die Feuerversicherung genauso. So konnte sie mir nämlich ein Drittel von der Versicherungssumme abziehen. Es roch auf dem Hof noch nach verbranntem Holz, als der Versicherungsvertreter mit einem Begleiter bereits in meiner Küche saß. Er wollte die Zeit nützen, in der ich noch unter Schockeinwirkung stand. Freundlich lächelnd legte er ein Papier auf den Tisch und sagte, ich solle rechts unten unterschreiben. Nächste Woche sei das Geld dann auf meinem Konto.

Wie schön, dachte ich, und griff zum Kugelschreiber. Dann allerdings fiel mein Blick auf den Betrag, den mir die Versicherung auszahlen wollte.

Ich legte den Kugelschreiber wieder zur Seite. Wortlos schaute ich dem Vertreter ins Gesicht. Er lächelte immer noch. Ich schwieg und blickte ihn einfach an. Zehn Sekunden lang, zwanzig, vielleicht dreißig. Allmählich wurde das Lächeln in diesem aalglatten Gesicht immer dünner. Schließlich sah ich nur noch einen schmalen, geraden Strich.

Der Vertreter räusperte sich. »Rechts unten«, wiederholte er, »unterschreiben Sie bitte rechts unten.«

Schweigend schob ich das Papier zurück. »Ich lasse mich nicht überrumpeln«, sagte ich schließlich, »Sie können mich nicht hinters Licht führen.«

Während ich im Büro mit diesem Versicherungsvertreter verhandelte, hatte meine Mutter hohen Besuch bekommen. Der Landwirtschaftsminister saß mit drei Sicherheitsleuten bei ihr in der Stube. Er wollte sich selber ein Bild von dem Unglück machen, das uns widerfahren war.

»Geh, Sepp«, sagte meine Mutter schließlich zu ihm, »schau doch mal zur Annelies rein, die muß sich gerade mit zwei Herren von der Versicherung herumärgern.«

Josef Ertl nahm sein Weißbierglas, klopfte an meine Bürotür und stand plötzlich bei uns im Zimmer.

Die Männer von der Versicherung wurden leichenblaß. Mit dem Auftritt eines leibhaftigen Ministers hatten sie wohl nicht gerechnet.

Ertl setzte sich gemütlich zu uns, trank einen Schluck Weißbier und erzählte, wie er von Tante Elisabeth das Handmelken gelernt hatte – so perfekt, daß er bei einem Staatsbesuch sogar seine indischen Gäste in Erstaunen versetzte, als er vor ihren Augen eine Kuh molk.

Das Gespräch verlief freundlich und ohne Ergebnis. Die Versicherungsvertreter fuhren schließlich ohne meine Unterschrift wieder nach Hause.

Als nächstes kamen die beiden Herren von der »Landessiedlung«, meiner Betreuergesellschaft für den Wiederaufbau. Jene Herren, die Samson verbellte und denen ich doch vertraute. Sie kamen öfter, und manchmal brachten sie noch andere Herren mit, Bauexperten und Bankberater und Gutachter.

Die Herren überbrachten mir lauter gute Nachrichten. Sie erzählten von Zuschüssen, die ich bekäme, von zinsverbilligten Geldern, von Krediten, die eigentlich gar keine Kredite seien, sondern fast schon Geschenke.

Geschenke? Für mich? Einfach so?

Ja, einfach so. Das heißt, ganz so einfach war die Sache dann doch nicht. Ein paar kleine Auflagen, einige klitzekleine Vorschriften, die, bitte sehr, müßte ich doch beachten. Aber das sei alles kein Problem, denn dafür machten wir ja einen Betriebsentwicklungsplan.

»Ich habe da einen Plan aus dem Jahr 1870«, sagte ich, »er stammt von meinem Ururgroßvater. Ich möchte den Hof genau so aufbauen, wie er vor dem Brand dagestanden hat. Im alten oberbayerischen Stil möchte ich meinen Hof bauen, wieder zwanzig Meter breit, mit neun Firstläufen, mit viel Holz und mit Fenstern, durch die auch Licht in den Stall fällt.«

Die Herren schmunzelten. Ein Plan aus dem Jahr 1870, das war ja wirklich rückständig. Aber jetzt mal Spaß beiseite: Die Höhe des Zuschusses hängt ab von den errechneten Stalleinheiten. Diese wiederum ergeben sich aus der Größe des Grundbesitzes. Das waren bei mir 30 Hektar Wald und 76 Hektar landwirtschaftliche Nutzfläche. Unterm Strich ergibt das 130 Stück Vieh, die alle in den neuen Stall hineinpassen mußten. Das waren mehr als doppelt so viele wie bisher.

Aber nicht nur groß mußte der neue Stall werden, sondern auch modern. Denn nur in moderne Ställe fließt Geld vom Staat und Geld von der Europäischen Gemeinschaft. Modern, das bedeutete Halsrahmen, Kurzstand, Spaltenboden, Schwanzhalter, Elektroschockgerät zur Mistabsetzung.

Diese Errungenschaften neuzeitlicher Aufstallung muß man erklären. Nehmen wir den Halsrahmen: Darin steckt die Kuh fest wie der Verrückte in der Zwangsjacke, sie kann sich nicht umdrehen, sich nicht übers Fell lecken, sich nicht kratzen. Der Kurzstand verhindert unnötige Bewegung, die Kuh steht still, sie kann nicht vor und kaum zurück. Über dem Rücken der Kuh hängt ein Draht, denn Kühe krümmen immer ein wenig den Rücken, sobald sie misten wollen. Berührt nun der Rücken diesen Draht, dann erhält die Kuh einen Stromschlag. Dadurch tritt sie automatisch einen Schritt zurück, und der Kuhfladen fällt nicht einfach in die Stallbox, sondern er flutscht in die dafür vorgesehene Betonritze, in den Spaltenboden. Dort gärt er, wird flüssig und läuft als Gülle ab. Zumindest theoretisch. In der Praxis trocknet die Gülle im Sommer oft ein, im Winter funktioniert die Gärung oft nicht so, wie berechnet. Dann steht die Kuh doch wieder in der Scheiße. Immerhin, der Schwanzhalter weiter oben wahrt die Hygiene. Er soll schlicht und einfach verhindern, daß die Kuh beim

Misten schmutzig wird. Wie sich aber eine Kuh fühlt mit diesem Schwanzhalter, unter dem Elektrodraht und im Halsrahmen, das haben die Agraringenieure und Professoren in ihren staatlichen Forschungsbetrieben noch nicht herausgefunden. Vielleicht würde ja ein kleiner Selbstversuch da weiterhelfen.

Zuschüsse gibt es in der Landwirtschaft offensichtlich für Tierquäler. Nun sind echte Bauern zwar niemals Tierquäler, denn sie leben ja mit und von den Tieren, aber angewiesen auf die Zuschüsse sind sie doch. Ein Teufelskreis. Ich habe später meinen Stall wie vorgeschrieben gebaut, mit all den subventionierten Folterwerkzeugen. Angewendet habe ich diese Werkzeuge dann aber nicht. Meinen Kühen habe ich die Halsrahmen gezeigt und sie gebeten, den Kopf hineinzustecken – sie wollten nicht. Der Elektrodraht führt keinen Strom, und auf den Spaltenboden habe ich Gummimatten gedübelt.

Die Herren von der Landessiedlung erstellten mir also einen Bauplan. Möglichst viel und möglichst groß sollte ich bauen, denn diese Gesellschaft war ja prozentual am Umsatz beteiligt. Und für mich sah ja alles so günstig aus. Von dreißig Jahren Laufzeit für den Kredit faselten die Herren, von einem läppischen Prozent Zinsen und zwei Prozent Tilgung, die ich jährlich zurückzahlen sollte. »Wenn ich so viel billiges Geld bekäme wie Sie«, meinte der Berater im Trachtenanzug, »mei, was glauben Sie, da würd' ich doch alles mögliche bauen. Eine zweite Güllegrube, also die sollten Sie fei schon noch dazunehmen.«

»Sehen Sie die Kuh da drüben auf der Weide?« fragte ich ihn.

»Ja, was ist damit?«

»Die verzinst sich nicht, dieses Rindviech«, sagte ich, »und die gibt auch nicht mehr Milch, bloß, weil sie in einem neuen Stall steht.«

Solche Rechnungen beeindruckten die Herren wenig. Für sie zählten nur die »billigen Gelder«, die offenbar meine Gier wecken und meinen Verstand ausschalten sollten.

Ich muß zugeben, fast hätte ich meinen Verstand tatsächlich verloren, als ich schließlich den Bauplan sah, den die Herren mir vorlegten. Was da hingekritzelt war, konnte nur den Zweck haben, mich in den Wahnsinn zu treiben. Ein abscheuliches Dreieck sollte aus meinem Hof werden, mit schmalen Stallgängen, so, als würde ich keine Rinder züchten, sondern Ölsardinen. Auf der Südseite sollten Glasbausteine die Stallfenster ersetzen – damit wäre es unmöglich, den Stall zu lüften. Abdecken wollten sie das Ganze mit einem ortsunüblichen Walmdach. Und die Reste des alten Stalles sollten als Rumpelkammer stehen bleiben.

»Das ist ja furchtbar«, schimpfte ich, als sie mir ihren Plan vorlegten, »mein Hof ist der breiteste im Isarwinkel. Zwanzig Meter ist er breit, er muß erhalten und der Länge nach weitergezogen werden. Den können Sie doch nicht einfach abschneiden und einen schmalen Querstall dranbauen. Ich hab' doch Platz hier, ich muß mich doch nicht irgendwo ins Dorf klemmen.«

Beim nächsten Besuch brachten die Herren einen Kollegen vom Landwirtschaftsamt mit. Und der kam gleich zur Sache. »Sehen Sie, Frau Sappl«, sagte er, »ihre Zuschüsse, die billigen Gelder, den ganzen günstigen Neubau, das alles können wir befürworten. Oder auch nicht. Und wenn wir es nicht befürworten, dann wird es auch von der Landesregierung nicht abgesegnet. Und ohne den Segen der Regierung gibt es für ihre Kühe im Winter kein Dach über dem Kopf. Dann können Sie Schneegänse züchten.«

Das war deutlich. Jetzt gab es für mich nur noch eine Chance, mich gegen diese Pläne zu wehren. Als die Herren gegangen waren, griff ich zum Telefon.

Mein Gesprächspartner am anderen Ende der Leitung schwieg. »Sepp«, sagte ich zu ihm, »du kannst mich jetzt nicht im Stich lassen. Die wollen meinen Hof verschandeln und eine Kirmesbude daraus machen.«

»Ich weiß, Annelies.« Die Stimme dieses Mannes verhieß Tatkraft und gab mir Mut.

»Natürlich, Annelies, ich werde für dich tun, was ich kann.«

Noch am selben Tag, so erzählte ein Freund des Ministers mir später, habe Josef Ertl bei der Landessiedlung angerufen. »Himmelherrschaftszeitn«, muß er wohl gebrüllt haben, »jetzt laßt doch diese Frauen so bauen, wie sie das für richtig halten. Die wissen schon, was sie tun.«

Fünf Minuten später kam ein Rückruf ins Landwirtschaftsministerium. Die Herren von der Landessiedlung wollten sich vergewissern, ob es wirklich der »Herr Minister« war, der sie gerade zusammengestaucht hatte.

Wir beauftragten also sofort einen eigenen Architekten damit, einen neuen Plan für unseren Hof zu machen. Die 130 Stallplätze mußten bleiben, alle Statik-, Sicherheits- und feuerpolizeilichen Vorschriften berücksichtigt werden – ansonsten aber konnten wir weitgehend frei entscheiden, wie der neue Stall aussehen sollte.

Ich wollte möglichst viel unter einem Dach haben. Die Tenne sollte auch mit dem Traktor erreichbar sein, man mußte das Heu ohne große Mühe nach unten werfen können – denn ich wollte notfalls alles alleine machen können, unabhängig sein von der Muskelkraft männlicher Helfer.

Der Wiederaufbau begann im Oktober. Zu dieser Zeit hatte ich von der staatlichen Feuerversicherung noch keinen Pfennig an Entschädigung erhalten.

Der Beauftragte von der Bayerischen Versicherungskammer hatte den Wert des Hofes auf 1,2 Millionen Mark geschätzt. Für diese Versicherungssumme hatte ich jahrelang Beiträge gezahlt. Jetzt, nachdem der Schadensfall eingetreten war, wollte mir die Versicherung nur einen Bruchteil auszahlen.

»Unterschreiben Sie bitte rechts unten«, hatte der Vertreter gesagt, und ich hatte mich geweigert. Aber damit war das Problem ja nicht gelöst. Also verhandelten wir schriftlich weiter. Die Versicherung schrieb, mein Hof sei überbewertet. Das Wohnhaus sei heil geblieben. Von der verbleibenden Schadenssumme müsse man mir ein Drittel abziehen, denn ich sei mit schuld an der Selbstentzündung des Heus.

Ich schrieb zurück: »Das Heu hat sich nicht selbst angezündet; das Wohnhaus stand unter Wasser; die Überbewertung hätte man schon bei Vertragsabschluß erkennen und meine Beiträge entsprechend senken müssen.«

So ging es hin und her, über Wochen. Dann schickte mir die Versicherung erneut einen Gutachter auf den Hof. Er zog ein Hämmerchen aus seiner Aktentasche, mit dem er gegen die Stalldecke klopfte. »Sehen Sie«, sagte er, »die Decke bricht nicht ein. Die ist noch tragfähig.«

»In dieser Decke befinden sich Eisenträger«, antwortete ich, »ausgeglühte Eisenträger. Die brechen vielleicht nicht beim ersten Anklopfen zusammen. Aber tragfähig sind sie deswegen noch lange nicht.«

»Wenn wir wollen«, sagte der Gutachter, »dann können wir Ihnen so viel abziehen, daß fast nichts mehr übrigbleibt.«

»Dann werde ich klagen.«

»Das können Sie natürlich«, sagte er, »aber wir haben den längeren Atem. Wir stehen locker einen Rechtsstreit durch, der sich über zehn Jahre hinzieht. Sie nicht.«

Das war ein Argument, wenn auch ein ziemlich übles. Die Versicherung bot mir schließlich insgesamt 340 000

Mark. Sollte ich diese Summe ablehnen, dann würde es bei den bereits bewilligten 170 000 Mark bleiben.

Nach fast einem Jahr zäher Verhandlungen stimmte ich dem angebotenen Vergleich zu.

Ich kämpfte auch deswegen so lange mit der Versicherung, weil ich glaubte, ich sei nicht erpreßbar. Denn da waren ja noch die »billigen Gelder«, die mir die Bayerische Landessiedlung versprochen hatte. Schnell und unbürokratisch sollten diese Gelder fließen, lange, bevor mir die erste Handwerkerrechnung ins Haus flattern würde. Nachdem die Sache mit den Bauauflagen geklärt war, gab es jetzt nur noch eine einzige, eine letzte Bedingung, die ich erfüllen müßte: Ich sollte meine Bank wechseln.

Irgend etwas gefiel mir nicht an diesem Vorschlag. Wozu sollte ich wechseln? Ich war doch zufrieden mit meiner Bank. Die Herren von der Landessiedlung lächelten nachsichtig. Mit der neuen Bank, so versprachen sie mir, würde ich bald noch viel zufriedener sein.

Und so kam es dann zu dem ersten Gespräch in der Tölzer Filiale.

Am 22. November 1977 schickte mir dann die Regierung von Oberbayern einen Bewilligungsbescheid. Die Konditionen waren für mich überschaubar, die Laufzeit betrug 33 Jahre. Ich brachte den Institutionen Vertrauen entgegen.

# 7.
# *Aufbau*

Es dauert ungefähr drei Minuten, eine Kuh zu melken. Bei 50 Kühen, die ich nach dem Brand versorgen sollte, macht das zwei Stunden und dreißig Minuten, die ich nur für die Melkarbeit einplanen mußte. Diese Zeit ließ sich durch den Einsatz mehrerer Melkmaschinen zwar auf rund anderthalb Stunden verkürzen, aber meine Kühe mußten ja nicht nur gemolken werden. Ich mußte sie auch füttern, misten, auf die Weide treiben und mich um sie kümmern, wenn sie kalbten oder krank waren.

50 Kühe, 80 Jungtiere und 12 bis 16 Pferde sind ziemlich viel für eine einzelne Bäuerin. Zu viel. Das hätten sich auch die Behördenvertreter denken können, die mir vorschrieben, wie viele Tiere ich zu halten hatte. Aber wozu lange nachdenken, wenn es doch Richtlinien und Vorschriften gibt. Und die besagten gegen Ende der siebziger Jahre eben: Landwirtschaftliche Nutzflächen müssen möglichst intensiv genutzt werden. Düngen, spritzen, ausbeuten. Möglichst viel Chemie auf den Acker, möglichst viele Rinder auf die Weide oder, noch besser, in die Marterhallen der Massenviehbetriebe. Dann flossen auch die Subventionen.

Den Bauern wurde befohlen, ausschließlich Kühe zu halten oder nur Jungvieh oder nichts anderes als Schweine. Eine Weide gedeiht aber dann am besten, wenn sowohl Kühe als auch Pferde darauf grasen. Denn die einen fressen, was die anderen stehen lassen. Zuletzt läßt ein kluger Bauer noch die Sau raus auf die Wiese. Meine gräbt dort Löcher, aus denen sie Engerlinge und Ungeziefer holt. Was sie übrigläßt, picken die Hennen auf.

Die Intensivbewirtschaftung kam wieder aus der Mode, als die Äcker ausgelaugt waren und die ersten Rinder wahnsinnig wurden. Flugs änderte man die Subventionsvorschriften: Es gab Bares für jede verkaufte Milchkuh, es klimperten Geldstücke auf jeden Acker, der brachlag. Alles liegen und verlottern lassen, lautet bis heute die Devise. Dafür zahlt die EU, aber sehr viel intelligenter als die früheren Vorschriften ist auch dieses Extrem nicht. Denn auf einer Wiese, die zu lange brachliegt, wachsen Disteln. Und mit ihnen kommt weiteres Unkraut, das bald unkontrollierbar wuchert. Eine solche Wiese einmal im Jahr auszumähen, das wäre vernünftig. Und heute hätten wir auch die Maschinen, mit denen das ohne allzu große Mühsal möglich wäre.

Zuschüsse für jedes unbestellte Feld – auch diese Richtlinie wird nicht ewig gelten. Man wird sie ändern, sobald die Bäcker fragen: »Wo bleibt eigentlich das Mehl?«

Bereitwillig machen viele Bauern diesen Unsinn mit, der ihnen aus Brüssel vorgeschrieben wird. Vor einigen Jahren erließ die Europäische Gemeinschaft eine Verordnung, die besagte: Die Landwirte müssen ab sofort die Schwalbennester an ihren Ställen entfernen und vernichten. Aus hygienischen Gründen.

Vom sprichwörtlichen »Bauernstolz« ist heute nicht mehr viel übrig. Ein paar alte, kernige Landwirte bäumen sich noch auf, aber viele der modernen Bauern fügen sich dem Zeitgeschmack. Sie bestreichen Häppchen für Partydienste oder richten Kinderfeste aus – propagierte Nebenverdienste, die aber als zusätzliche Aufgabe zu der vielen schweren Arbeit einer Bäuerin nicht taugen. Auch »Urlaub auf dem Bauernhof« ist eine große Verantwortung, da schon viele Kinder in Silos fielen oder unter den Traktor gerieten.

Und das Landwirtschaftsamt erstellt fleißig immer modernere Konzepte, auf die unerfahrene Jungbauern nur allzu oft hereinfallen. Ich kannte einen Bauern, der brav alle Vorschläge befolgt hat. Alle zwei Jahre erneuerte er sein System: Er fing mit einem Laufstall an, in dem sich die Tiere frei bewegen können. Dann baute er einen neuen, noch moderneren Stall. Dann einen Karussell-Melkstand. Dann eine Gülle-Gas-Heizung. Und über jedes seiner neuen Projekte wurde ausführlich im landwirtschaftlichen Wochenblatt berichtet. Er galt als Spitzenschüler, als Musterbauer in den Augen des Landwirtschaftsamtes.

Heute ist er pleite. Aus seinen Wiesen wurde ein Golfplatz. Die Behörde hatte ihn systematisch auflaufen lassen, ihn in den Ruin getrieben, ohne daß er es merkte.

Man sollte sich nicht zur Marionette degradieren lassen, bei Feierlichkeiten den Lückenbüßer spielen, bei politischen Versammlungen den Stimmungsmacher. Vor allem muß der Bauer seinen Mann stehen und darf vor niemandem kuschen, so gern man das von Amtsseite auch sähe.

Das zumindest muß die Vorstellung von Xaver Wolfsteiner gewesen sein, und mit solchen Erwartungen war es sicher ein furchtbarer Schock, mir zum ersten Mal auf meinem Boden zu begegnen.

Es war ein Sonntag, einige Monate nach dem Brand. Ich sah, wie der Leiter des Ordnungsamtes über meine Wiesen spazierte. Das hätte mich nicht weiter gestört, wenn er sich dabei nicht ausgesprochen unordentlich verhalten hätte. Er öffnete nämlich die Gatter, machte sie aber hinter sich nicht wieder zu. Auf meiner Koppel standen Hengste, und ich wollte nicht, daß Herr Wolfsteiner sie nach nebenan zu den Stuten ließ.

Ich nahm also meinen Hund an die Leine und näherte mich dem rundlichen, schnaufenden Amtskörper. Er stand ziemlich genau an der Stelle, an der ich schon mit den Polizisten wegen des rot-weiß-gelben Verkehrsschildes gestritten hatte. »Was wollen Sie denn hier«, fragte ich ihn, »wo möchten Sie denn hin?«

Meine Frage schien Wolfsteiner sehr aufzuregen. Sein runder Kopf lief knallrot an: »Das hier ist ein öffentlicher Weg«, schrie er, »nehmen Sie gefälligst Ihren Hundsköter weg.«

»Das ist kein öffentlicher Weg«, entgegnete ich, »sondern die Zufahrt zu meinem Misthaufen.«

»Und das ist doch ein öffentlicher Durchgang. Ich habe das schriftlich. Ich bin schon immer hier gegangen. Sie haben keinerlei Befugnis, mich aufzuhalten.« Wolfsteiner spuckte seine Sätze aus wie wurmige Apfelstücke. Und nach jedem dieser ekelhaften Brocken rang er nach Luft. Ich machte mir Sorgen um seine Gesundheit und ließ ihn durch.

Von da an betrachtete er mich als seine persönliche Feindin. Ich sollte noch oft von Xaver Wolfsteiner hören.

Nach Onkel Martins Tod führte meine Großmutter den Hof. Bisher war die Arbeit mit den Pferden eigentlich immer Männersache gewesen. Aber jetzt, und erst recht später im Krieg, mußten auch meine Mutter und Tante Elisabeth die Pferde vor die Maschinen spannen.

In ihren jungen Jahren waren sie öfter nach Berlin und Pommern gereist und hatten dort Freundinnen besucht. Die wiederum kamen im Sommer regelmäßig zur Erholung auf den Zwickerhof. Doch je härter die Zeiten wurden, desto seltener wurden auch diese Besuche.

Am 2. September 1939, an dem Tag, als der Zweite Weltkrieg ausbrach, schrieb meine Großmutter in ihr Tagebuch: »Trostlos und müde geht man seinen Pflichten nach, den lieben Gott bittend um Abwendung des Schlimmen. Vatikan schlägt vor, Waffenstillstand zu machen. Es sollen England und Frankreich den offenen Krieg noch aufzuhalten versucht haben.

Wenn man bedenkt, im Mai und Juni war die Sympathie noch so gut, daß man zur Heuernte polnische Feldarbeiter anfordern konnte, die aber schon nimmer kamen – und wie sieht's heute aus?

Wie wird's an der Front aussehen? Gestern soll ein Zug mit Schwerverwundeten, siebenhundert an der Zahl, nach München in die Lazarette gekommen sein. So erzählte ein Oberlandschaffner. Seinem Bruder, der darunter, soll der Arm fehlen. Wenn der erste Tag schon so ungeheure Opfer gefordert hat, wo soll da unser Denken und Befürchten enden?

Heute früh kamen Mannschaften, holen die Pferde weg.«

Am 27. September dann der Eintrag: »Wie gelähmt war ich und wir alle, als am Dienstagvormittag die Post Schorschl's Einberufung nach Füssen brachte.«

Nach und nach verließen auch die Knechte den Hof, um einzurücken in einen sinnlosen Krieg.

Am 12. September 1942 findet sich folgende Eintragung im Tagebuch meiner Großmutter: »Anna hat heute wieder ans Reichsheeresamt geschrieben. Sie bat um Fronturlaub für Georg, ihren Bruder und meinen einzigen Sohn, der noch am Leben ist.«

Kurz darauf kam Georg tatsächlich für einige Tage nach Hause. Meine Großmutter wollte ihn nicht mehr gehen lassen, es quälten sie schreckliche Ahnungen. Als er dann doch zurück an die Ostfront gefahren war, schrieb sie in ihr Tagebuch: »Ich glaube, ich werde Georg nie mehr wiedersehen. Ich habe furchtbare Angst, daß ihm etwas passiert.«

Sie sollte ihren Sohn tatsächlich nicht mehr sehen. Allerdings stieß nicht etwa ihm etwas zu, sondern ihr. Meine Großmutter bekam eine Lungenentzündung. Zu dieser Zeit war nirgends mehr Penicillin aufzutreiben, das Medikament wurde ja in den Lazaretten an der Front gebraucht.

Im Dezember telegrafierte meine Mutter dann ihrem Bruder, er solle sofort heimkommen. Georg dachte, es sei wegen Weihnachten. Sein Kommandeur ließ ihn erst ein paar Tage später gehen. Als Georg endlich auf dem Hof ankam, lag seine Mutter bereits im Grab.

Georg nahm sich ihren Tod sehr zu Herzen. Bei seinem letzten Besuch war sie gerade siebenundsechzig Jahre alt geworden und kerngesund. Er selber war immer das Nesthäkchen gewesen, er wurde von ihr etwas mehr verwöhnt als seine Geschwister. Und wahrscheinlich brauchte er das auch. Denn Georg war ein eher weicher, ein musischer Mensch. Schon in der Schule stand in seinen Zeugnissen, der sei ein Träumer.

Kurz vor Kriegsende geriet er in Gefangenschaft. Er war nicht körperlich verletzt, aber der Krieg hatte den jungen Menschen seelisch geschwächt. Die Amerikaner brachten ihn in ein Lager in der Nähe von Füssen. Es war zu der Zeit und in seiner Lage gut für ihn, zu wissen, daß man sich daheim um ihn sorgte. Meine Mutter unternahm einiges, um seine Entlassung voranzutreiben, und unterstützte ihn moralisch durch ihre häufigen Besuche.

Sie schmierte Wurstbrote und holte Pökelfleisch aus dem geheimen Versteck in der Vorratskammer. Und wie meine Tante vor meiner Geburt zog auch sie die Rotkreuzuniform an und setzte sich in den alten DKW. Jeden Posten, der sie auf dem Weg nach Füssen aufhalten wollte, bat sie freundlich: »Machen Sie bitte Platz, ich muß zum Einsatz.«

Diese Besuche gaben Georg die Kraft und den Willen durchzuhalten. Denn die Zeit im Lager zog sich für ihn endlos hin. Über Monate.

Gegen Kriegsende fuhren amerikanische Panzer auf unsere Wiesen. Rund um den Hof errichteten die Soldaten einen Stützpunkt. Sie bauten Zelte auf, brachten ihre Maschinengewehre und Granatwerfer in Stellung. Von unseren Feldern aus beschossen sie den nahen Blomberg, wo sich versprengte SS-Einheiten verschanzt hatten. Und zufällig durchsuchten sie auch unseren Heustadel. Sie fanden zwei junge Soldaten, die sich im Heu verkrochen hatten, aus Angst vor dem Vollstreckungsgericht. Niemand vom Hof hatte davon gewußt!

Die Soldaten wurden verhaftet und abgeführt. Die Amerikaner waren wütend. Sie zitierten meine Mutter zum Oberst, einem sehr korrekten, unbestechlichen und gebildeten Mann. Obwohl sie kein Englisch verstand, wußte sie doch, was der Mann sagte: Er beschuldigte sie, die beiden Flüchtlinge absichtlich versteckt zu haben.

»No, no, no«, antwortete meine Mutter auf alle Fragen. Doch es half nichts. Nach dem Verhör wurde ihr bedeutet, alle Bewohner hätten den Zwickerhof sofort zu räumen.

In höchster Eile packten die Frauen einige Kleider zusammen. Die US-Soldaten begannen unterdessen damit, Minen zu verlegen.

Hastig liefen die beiden Schwestern zum nahen Kloster, eine von ihnen mit mir auf dem Arm, wo wir Unterschlupf finden sollten. Doch meine Mutter wollte sich damit nicht abfinden. Sie hob mich hoch, ich war ja gerade erst ein Jahr alt, und drückte mich meiner Patentante in den Arm. Noch ein schneller Abschiedskuß, dann rannte sie los zu einem Haus am Stadtrand. Dort lebte eine Freundin, die Englisch sprach.

»Hanni, schnell, du mußt uns helfen«, rief meine Mutter. Ihre Freundin begriff, und beide hasteten los, an verdutzten Panzerschützen vorbei die Berghügel hinunter, immer weiter, quer durch die Wiesen, bis zum Hof. Sie erreichten ihn gerade noch rechtzeitig – wenige Minuten, bevor mit der Sprengung begonnen werden sollte.

Irgendwie schafften sie es, sofort zum Major vorgelassen zu werden. Hanni redete auf ihn ein, erklärte ihm, daß wir keine Nazis waren, nichts von den Soldaten in unserem Stadel gewußt hatten. Der Major hörte zu. Und dann sagte er ein einziges Wort: »Okay.«

Dieses »okay« bedeutete für den Zwickerhof die Rettung. Die Minen wurden weggeräumt, wir alle durften noch am selben Abend zurückkehren.

Die Nachkriegsjahre. Die ersten Jahre meines Lebens. Es müssen harte und karge Jahre gewesen sein, aber es waren auch Jahre voll neuer Hoffnung und neuem Leben. Meine früheste Erinnerung reicht zurück in die Zeit, als ich drei oder vier Jahre alt war. Schon damals war ich nicht gewillt, mich unterzuordnen. Die Erwachsenen scheiterten kläglich mit ihrem Versuch, mich im Kindergarten abzuliefern. Dabei bin ich am ersten Tag noch gerne hingegangen.

Meine Mutter hatte mir ja erzählt, es sei schön im Kindergarten. Doch als ich dort ankam, sollte ich meinen Mantel an einen Kleiderhaken hängen, der mit einem häßlichen Kasperlkopf verziert war. Mir gefiel dieser Kasperl nicht, ich wollte einen anderen Haken. Damit war aber die Kindergärtnerin nicht einverstanden. Sie zwang mich, meinen Mantel dort aufzuhängen, wo sie es für richtig hielt. Vom nächsten Tag an weigerte ich mich standhaft, weiter in den Kindergarten zu gehen.

Ich hatte keine Kinderfreundschaften. Auf dem Hof lebten ja nur Erwachsene. Manchmal kamen Bekannte mit ihren Kindern zu Besuch, doch meistens wollte ich nicht mit ihnen spielen. Die Buben rauften mir zuviel, sie waren grob und rabiat. Mit meinen Cousinen verstand ich mich besser, und ich freute mich sehr, wenn sie mich besuchten.

Morgens blieb ich alleine auf dem Hof zurück, wenn meine Mutter, die Tante und unsere Knechte hinauszogen aufs Feld. Ich spielte mit den Tieren, mit den Hunden und Katzen. Oft auch mit Ferkeln, die ich großzog. Jede Muttersau kann höchstens zwölf Junge säugen. In vielen Würfen gab es aber dreizehn Junge – das mickrigste von allen bekam dann ich, um es mit der Flasche aufzuziehen. Das war nicht bloß ein lustiges Spiel, sondern bedeutete auch, schon früh Verantwortung zu übernehmen. Das Ferkel gehörte mir, aber ich mußte es auch umsorgen. Und wenn es groß und fett geworden war, dann nahmen die Erwachsenen es mir doch wieder weg und stachen es ab.

Es macht keinen Spaß, seine besten Freunde immer wieder vor sich auf dem Teller liegen zu sehen, verarbeitet zu Blut- und Leberwurst. Jedesmal, wenn ich ein Ferkel verloren hatte, zog ich mich tagelang zurück.

»Dieses Kind ist zu still«, sagte eines Tages eine vornehme ältere Dame aus München, die mit meiner Mutter befreundet war. Von da an kam »Tante Vita« öfters zu uns zu Besuch, und da sie verwitwet und kinderlos war, verlegte sie zeitweise sogar ihren Sommerwohnsitz auf den Zwickerhof.

Sie spielte mit mir, brachte mir Lieder und Verse bei. Abends gingen wir dann den Knechten mit dem Lied von der lieben kleinen Schaffnerin auf die Nerven. Oder ich trug Gedichte vor vom »Madl von der Stadt, des recht vui scheene Bleame hat«.

Dann kam ich in die Schule. Und damit begannen ein neuer Lebensabschnitt und eine Umstellung. Meine Klassenkameraden kannten sich aus dem Kindergarten, sie waren miteinander befreundet und sangen andere Lieder, als ich sie bei Tante Vita gelernt hatte. Die Bemerkungen in meinem Zeugnis begannen immer mit dem Satz: »Das ruhige, stille Kind …« Aber ich war nicht verschroben, sondern fröhlich und hatte keine Anpassungsschwierigkeiten.

Mein Onkel Georg kehrte 1947 aus der Gefangenschaft zurück. Er fand einen Hof vor, dessen Wiesen und Felder zu Unland geworden waren. Überall klafften mehrere Meter tiefe Gräben, die Panzer hatten Löcher in die Wege gerissen und das Gras zerpflügt. Wracks und Eisenteile lagen übers Land verstreut, noch Jahrzehnte später fanden wir Granaten und Munition.

Onkel Georg sprach nie über den Krieg. Er begann zu ackern, die Gründe einzusäen mit neuen Samenkörnern. Er war damals erst dreißig Jahre alt. Georg liebte diesen Hof, er hatte hier aber auch einige schmerzliche Schicksalsschläge erlebt. Hier hatte er mit seinem Bruder das Gespann getauscht, hier war er zu spät gekommen, als seine Mutter starb – beides konnte er sich nicht verzeihen.

Onkel Georg bewunderte ich grenzenlos. Vor allem dafür, wie er Pferde zureiten konnte. Zur Heuarbeit nahm er eine junge Stute mit, die wirklich heftig war. Er sattelte sie, ritt mit ihr quer übers Feld, ganz dicht an meiner Mutter vorbei, die vor Schreck ihren Rechen fallen ließ. Und sonntags nahm er das alte Sattelzeug vom Militär, zäumte die Elli und stob davon. Dieser Schneid beeindruckte mich derart, daß ich bald selbst versuchte, es ihm nachzutun. Mein Pferd war die Stendl, sie war eine Oldenburger Zuchtstute und Gespannpferd, daher brav und zuverlässig. Da sie aber nicht dumm war, versuchte sie auch des öfteren, mich auszutricksen, und wollte mich an den Ästen abstreifen, um endlich Ruhe vor ihrer kleinen Reiterin zu haben. Wenn ich nicht im Ast hängenblieb, schlug das Pferd Haken. Ich krallte mich an der Mähne fest, gab einfach nicht auf.

Im Laufe der Jahre ritt ich allmählich frecher. Mit zehn Jahren galoppierte ich oft ohne Sattel hinunter an die Isar – auf einem Pferd ritt ich, zwei weitere hielt ich am Strick, die übrigen galoppierten hinterher. Manchmal, wenn ich sie auf der Koppel in den Isarauen besuchte, zog ich den Pferden häufig nur Weidenruten durchs Maul.

Meinem Onkel Georg fehlte eine Frau. Die dritte Schwester hatte bereits in den zwanziger Jahren auf einen großen Bauernhof geheiratet. Die älteste Schwester, Tante Marie, hatte einen Gastwirt in Tölz geheiratet. Und Marie erklärte nun eines Tages ihren Schwestern: »Ihr seid schuld, daß es dem Georg so schlecht geht. Laßt ihn doch endlich mal in Ruhe. Solange ihr auf dem Hof im Weg steht, wird er nie eine Frau finden.«

Tante Elisabeth und meine Mutter ließen sich davon überzeugen. Vielleicht hatte Marie ja recht? Sollte jetzt auch noch der zweite Hoferbe ins Unglück stürzen? Nein, das durfte nicht passieren. Und deshalb fuhr meine Mutter mit mir in Urlaub.

Sie packte einen großen, schwarzen Koffer. Ungläubig sah ich ihr zu, wie sie das Sonntagskleid in den Koffer legte.

»Wir machen Urlaub«, sagte sie zu mir, »wir fahren ins Gebirge, in die Jachenau.«

Da wollte ich nicht hin. Ich rannte in den Stall, drängelte mich zwischen die Kälber. Aber schon bald näherten sich von draußen die Schritte meiner Mutter. Ich drückte ganz fest die Augen zu, in der Hoffnung, sie würde mich dann nicht sehen. Doch es half nichts. Meine Mutter entdeckte mich sofort. Sie schob mich energisch auf die Rückbank des alten DKW. Der Motor heulte auf, wir rumpelten los. An diesem Tag war ich sehr still.

In den folgenden zwei Wochen fühlte ich mich, als wäre

ich aus dem Nest gefallen. Abends hockte ich mit meiner Mutter in einem winzigen Pensionszimmer, und tagsüber gingen wir ständig spazieren. Das Leben erschien mir trostlos, ich fühlte mich traurig und schwer.

Dauernd dachte ich an meine Tiere. Nie wieder wollte ich sie zu spät füttern. Wenn wir jemals wieder nach Hause kämen, würde ich freiwillig jeden Tag beim Misten helfen. Alles auf dem Zwickerhof erschien mir hier in der Jachenau auf einmal wie das Paradies.

Wir kehrten zurück, weil meine Mutter einsah, daß ihre Hilfe zu Hause benötigt wurde. Und nach einiger Zeit stand Tante Marie wieder bei uns in der Tür. Sie lud uns ein, für eine Weile in ihrem Gasthof zu leben.

»Wir bleiben da«, erklärte ich ihr, »ich heirate nämlich den Onkel Georg.«

Tante Marie fand das ungezogen. Es dauerte einige Wochen, bis meine Mutter und meine Patentante merkten, daß Marie nur eine billige Spülerin und eine Putzfrau für ihr Wirtshaus gebraucht hatte. In diesen Wochen fühlte ich mich wieder eingesperrt und verlassen. Ich wartete. Aber nichts änderte sich. Jeden Tag hörte ich dieselben unangenehmen Geräusche: Morgens schepperten die Kübel von der nahen Molkerei, tagsüber ratterten dauernd Autos am Haus vorbei, abends grölten die Stammgäste in der Gaststube.

Und dann passierte doch noch etwas. Irgendwann tauchte mein Onkel Georg in der Küche auf. Er schenkte mir eine Tafel Schokolade und fragte, ob wir mit ihm zurückfahren auf den Hof. Aller Druck, der auf mir lag, fiel von mir ab.

Es gab übrigens durchaus eine Frau in Onkel Georgs Leben, die er in diesen Jahren vielleicht gerne geheiratet hätte. Und es gab etliche Tölzerinnen, die ihn gerne geheiratet hätten. Aber von denen wollte er nichts wissen. Eine wollte ihn besonders beeindrucken und erzählte ihm, sie habe zweimal studiert. Mein Onkel fragte zurück: »Wieso zweimal? Hast du's beim ersten Mal nicht gepackt?«

Die Frau, in die er sich verliebt hatte, war eine begehrte Bürgerstochter, die sich nicht entscheiden konnte. Sie hatte ihm an die Front eine Postkarte geschickt. Nach dem Krieg unternahmen die beiden häufig Schlittenfahrten, mein Onkel spannte jedesmal seine besten Rösser vor den Schlitten. Aber sobald er glaubte, es würde jetzt langsam ernst mit der Lena, ließ die ihn plötzlich wieder links liegen. Er war eben doch nur ein Bauer. Und Onkel Georg merkte erst viel zu spät, wie sie ihn über Jahre hinweg zum Narren gehalten hatte.

Er nahm mich oft mit, wenn er zu Lena in die Wirtsstube ging. Dort aß er jedesmal Weißwürste und überließ mir die Wursthaut, die ich für mein Leben gern hatte. Manchmal freute sich Lena über sein Kommen. Dann wieder kümmerte sie sich überhaupt nicht um ihn, behauptete, unser Tisch sei reserviert. An solchen Tagen sang mein Onkel jedesmal aus vollem Hals, wenn wir zurück über unsere Wiesen gingen. Und immer schmetterte er dasselbe Lied: »Heut' ist der schönste Tag in meinem Leben ...«

Die unglückliche Liebe zu Lena zermürbte meinen Onkel, nahm ihm die Kraft, die er eigentlich für den Hof gebraucht hätte. Mein Onkel hat nie geheiratet, ebensowenig seine Angebetete.

Sicher erkannten manche, daß mein Onkel litt und sich mehr und mehr zurückzog. Endlich erwischte es mal einen von diesen stolzen Zwickerbauern, die sich seit Jahrhunderten aufführten wie die Landesfürsten, könnte der oder jener gedacht haben. Jedenfalls mehrten sich Vorfälle, die nicht nur Zufälle waren. Endlich knickte mal einer um unter der Last dieses riesigen Landgutes. Die Vorfahren der Nachbarbauern waren Söldner gewesen, die vom Herzog eine kleine Parzelle zur Belohnung bekommen hatten, dazu vielleicht zwei Kühe und eine Ziege. Und manche Nachbarn blickten über Generationen hinweg voller Neid hinüber auf den weiten Zwickergrund. Bei meinem Onkel hatten sie endlich die Chance, es diesen Zwickern heimzuzahlen.

Eines Nachts, ich war gerade fünf Jahre alt, hörte ich von draußen einen schrillen, panischen Schrei. In der Nähe des Schweinestalles polterte und rumpelte etwas. Ich verkroch mich unter meiner Bettdecke, weil ich dachte, da draußen wären böse Geister. Völlig falsch lag ich damit nicht, wie sich am nächsten Morgen herausstellte: Da fehlte nämlich eine Sau.

Mißgünstige Nachbarn stahlen meinem Onkel Tiere, sie schnitten seine Zäune durch, sie warben seine Angestellten ab – lauter Vorfälle, die sich später bei mir wiederholen und sogar noch schlimmer werden sollten.

In einer Nacht, als gerade wieder einmal ein Knecht das Weite gesucht hatte, platzte im Stall meines Onkels ein Wasserrohr. Die Kühe standen im Wasser. Alle schleppten Eimer heran, schöpften sie wieder und wieder voll. Erst gegen Mittag war der Stall halbwegs trocken. Und ausgerechnet an diesem Vormittag kam ein Nachbar vorbei. Er dachte gar nicht daran, uns zu helfen. Dafür erzählte er am selben Abend im Wirtshaus herum: »Beim Zwicker, das ist ein unglaublicher Saustall. Der hat um zehn Uhr seine Kühe noch nicht gemolken. Außerdem stehen sie im nassen Heu.«

Endgültig resigniert hat mein Onkel dann nach einem Vorfall im Jahre 1950. Er saß an diesem Abend wieder einmal bei der Lena in der Wirtsstube. Und irgendwann kam sie an seinen Tisch und sagte: »Auf, Schorsch, geh heim.«

Gegen 23 Uhr kam er nach Hause, stellte den DKW in die Garage. Etwa eine Stunde später stand das Auto in

Flammen. Wie später bei mir, rückte schon damals die amerikanische Feuerwehr an. Die Männer verhinderten, daß die Flammen auf das Wohnhaus und die Stallgebäude übergriffen – die Garage und den Wagen konnten sie nicht mehr retten. Obwohl die Ursache des Brandes nie geklärt werden konnte, brachte jemand in Umlauf, mein Onkel habe eine brennende Zigarettenkippe im Auto gelassen.

In diesem Jahr brach noch mehr über ihn herein. Man zerrte ihn vors Bauerngericht, wo er sich gegen den Vorwurf wehren mußte, er sei unfähig, den Hof zu führen. Daß sogar seine älteste Schwester an der Intrige beteiligt war, enttäuschte meinen Onkel zutiefst. Ich war damals noch zu klein, um das wirklich beurteilen zu können. Aber ich war nicht zu klein, um zu sehen: Mein Onkel war ein trauriger Mann. Und in dieser Traurigkeit ließen ihn fast alle allein.

Die Bauernrichter wollten den Hof zwangsverpachten, ihn an Flüchtlinge aus dem Osten vergeben. Doch dann einigte man sich auf eine andere Lösung, die den Hof wenigstens in den Händen der Familie ließ: Meine Tante und meine Mutter pachteten den Hof für drei Jahre. Sollte mein Onkel in dieser Zeit eine Frau finden, könnte er ihn danach wieder übernehmen.

Onkel Georg fand keine Frau. Er ging als Gutsverwalter nach Niederbayern, und als die drei Jahre um waren, da wollte er den Hof nicht mehr. Nur vierzig Tagwerk an der Isar, die behielt er sich zurück. Das war sein Reich, dort ging er oft spazieren oder arbeitete im Holz. Die Tölzer interessierten ihn nicht mehr, und auch nicht die Lena. Seine Besuche auf dem Hof, wo er Wohnrecht auf Lebenszeit hatte, wurden seltener. Ich glaube, er fühlte sich weggedrückt, auf die Seite geschoben. Ich versuchte später, mit ihm darüber zu reden – doch er schottete sich ab, wollte nie über alte Zeiten sprechen. Seine letzten Jahre verbrachte er in München, wo er 1981 an Krebs starb.

Der Wiederaufbau des Hofes kam ab Herbst 1977 zunächst zügig voran. Die Zimmerleute stellten einen Kran auf, ein paar Tage später waren sie mit ihrer Arbeit fertig. Schon im November hatten sie das erste Dach gebaut, etwas flacher als vorher und mit einem großen Vordach. Im Winter zogen die Handwerker eine zweite Stalldecke ein. Darüber errichteten sie, wie von mir geplant, eine Hochtenne mit einer Luke, von der aus ich das Heu nach unten werfen konnte. Dadurch konnte ich meine Tiere ohne jede Abhängigkeit versorgen.

So flink die Zimmermänner waren, so langsam gingen die Maurerarbeiten voran. Aber dann endlich, im Juni 1978, machten auch sie endgültig Feierabend. Der neue Zwickerhof erhob sich stolz im Ratzenwinkl.

Unterdessen änderte meine Bank mehrfach die Kreditverträge. Man eröffnete für mich ein Kreditkonto, ein Baukonto, ein Darlehenskonto – alle mit unterschiedlichen Kreditlinien und Zinssätzen. Die öffentlichen Vergünstigungen verspäteten sich, also mußte die Bank die Kreditlinie vom Kontokorrentkonto reduzieren. Das machte aber nichts, denn dafür gewährte man mir auf dem Baukonto eine Kreditlinie von 600 000 Mark. Dann trafen die öffentlichen Gelder doch noch ein. Das änderte nichts am Kontokorrentkredit, brachte mir aber einen neuen Realkredit ein. Nicht zu vergessen das zinsvergünstigte Darlehen über 120 000 Mark – mit einem Prozent Sollzinsen, zu denen aber im Verzugsfall zwei Prozent dazukamen, und zwar über dem Diskontsatz der Deutschen Bundesbank.

Ich gebe zu: Es war alles ziemlich verwirrend, und bald hatte ich keine Ahnung mehr, über wieviel Geld auf welchem Konto ich verfügen konnte. Ich wußte nicht, wie hoch meine Schulden waren, und schon gar nicht, ob ich sie jemals würde zurückzahlen können.

»Meinen Sie wirklich, daß ich all diese Kredite brauche?« fragte ich meinen Sachbearbeiter in der Tölzer Bankfiliale. »Mir wäre es lieber, es gäbe nur ein Konto und ich wüßte genau, wieviel ich bis wann zurückzahlen muß.«

Und mein Sachbearbeiter lachte nur und sagte: »Machen Sie sich bloß keine Sorgen, Frau Sappl, das haben wir schon im Griff. Mit ihrem großen Hof kriegen wir das leicht wieder weg. Sie haben doch Sicherheiten, Ihre Grundstücke sind über zwölf Millionen Mark wert. Die Ellbacher Bauern, von denen haben die meisten viel mehr Schulden als Sie. Und denen geht es trotzdem gut.«

Irgendwie hat mich das zunächst beruhigt, zumal die netten Herren von der Bankfiliale mir ja erklärten, sie wüßten schon, wann es sinnvoll wäre, den Kreditrahmen wieder zu erhöhen, und die Zentrale in München würde das schon bewilligen, und so kam es auch. Es wurde bewilligt und bewilligt, und oft habe ich selber gar nicht mehr unterschrieben. Die böse Überraschung kam erst viele Jahre später, als der bisherige Sachbearbeiter der Tölzer Filiale, der mich betreut hatte, auf einmal im Tölzer Rathaus residierte.

# 8.
# *Die Jagd beginnt*

Von Anfang an brauchte Tassilo viel Bewegung. Ich ritt ihn drei Stunden pro Tag, wann immer meine Zeit das erlaubte. Er galoppierte durch die Isar, donnerte durch finstere Auwälder. Wir unternahmen Ausflüge, zu denen ich alleine nie den Mut gehabt hätte. Im Frühling lag ich manchmal stundenlang in den Isarauen, während Tassilo neben mir an den Gräsern und Sträuchern rupfte. Ich redete mit ihm, und er schien jedes Wort zu verstehen.

Oft war es schon dunkel, bis wir unseren Ausritt beginnen konnten, vor allem im Winter. Tassilo machte das nichts aus. Auch ich fürchtete mich nicht. Es war der erste Weihnachtsfeiertag. Ein kalter Abend mit klarer Luft. Der Vollmond warf sein fahles Licht auf den Pulverschnee, dessen Kristalle geheimnisvoll glitzerten. Die Pferde waren tagsüber nicht geritten worden, und ich beschloß, einigen von ihnen noch etwas Auslauf zu verschaffen.

Ich zäumte Tassilo auf. Reccona, seiner jüngeren Schwester, band ich einen Strick ans Halfter. Ich nahm sie als Handpferd mit, dazu noch zwei Jungpferde in ihrem Gefolge.

So galoppierten wir gegen Mitternacht den verschneiten Kalvarienberg hinauf, die Galgenleite entlang, von der manche bis heute glauben, daß es dort spukt. Wir näherten uns dem Votivkirchlein mit seinen beiden Zwiebeltürmchen, das Tölzer Zimmerleute im Jahre 1718 zu Ehren des heiligen Leonhard errichtet hatten. Die Kapelle wird nachts oft von Scheinwerfern angestrahlt, und natürlich war sie auch an diesem Weihnachtsabend hell erleuchtet. Nicht weit von der Kapelle führte ein alter Tölzer seinen Hund spazieren – ich vermute, es war das letzte Mal zu so später Stunde.

Der arme Mann hat das gedämpfte Dröhnen der Hufe wahrscheinlich schon von weitem gehört. Dann tauchten im Licht der Scheinwerfer plötzlich vier Rösser auf, angeführt von einem vermummten schwarzen Reiter. Ich sah, wie der Mann zu einer Eiche rannte, sich dahinter versteckte. Sein Schäferhund folgte ihm mit eingezogenem Schwanz. Wahrscheinlich glaubt dieser Spaziergänger heute noch, er habe einen Geist gesehen, einen der berüchtigten wilden Reiter aus der alten Zeit.

Von Anfang an konnte ich mich auf Tassilo verlassen. Und das war auch notwendig, wie ich an einem Sonntag merkte, als ich über die Wiesen bei Ellbach ritt. Die dortigen Bauern veranstalteten an diesem Tag eine Treibjagd. Um mich bemerkbar zu machen, ritt ich zu ihnen hin, plauderte ein wenig mit ihnen und trabte dann weiter zum Waldrand. Ich hatte ihn noch nicht erreicht, da krachte und knallte es, die Kugeln flogen mir um die Ohren. Die Ellbacher schossen mir absichtlich hinterher, sie glaubten, mein Pferde würde durchgehen und mich abwerfen. Doch Tassilo blieb völlig ruhig, trabte friedlich mit mir in den Wald hinein.

Mit Bösartigkeiten einiger Ellbacher Bauern mußten seit jeher auch andere Reiter rechnen. Einmal genehmigten sie einem Reitverein, auf ihren Wiesen eine Fuchsjagd zu veranstalten. Mit lautem Halali galoppierten die Reiter hinunter nach Ellbach. Was sie nicht ahnten, aber bald bemerkten: Ein Landwirt hatte am Abend zuvor einige Fuhren mit Odel aufs Feld geleert. Der erste Reiter hatte noch Glück. Aber allen, die hinter ihm galoppierten, spritzte die Gülle ins Gesicht.

Tassilo teilte mit mir eine große Leidenschaft: die Fuchsjagd. Während der Pfarrer seine Predigt hielt, konnte Tassilo in Ruhe die Stuten betrachten.

Meine erste Fuchsjagd ritt ich auf dem alten Militärsattel meines Onkels, denn einen neuen, dem herrschaftlichen Ereignis angemessenen Sattel konnte ich mir nicht leisten. Statt Lederstiefel trug ich einfache Reitgummistiefel. Das vorgeschriebene Jackett borgte ich von meiner Tante.

Da vom Reitverein nur wenige Courage besaßen, an Fuchsjagden teilzunehmen, ergab es sich, daß sich für den Pferdetransport »Roßnarrische« zusammentaten. So nahm ich an bis zu elf Jagden teil.

Die begehrteste von allen war eine Fuchsjagd auf der Herreninsel im Chiemsee. Sie entsprach der Militaryklasse M, galt damit als relativ schwierig, bis zu achtzig Hindernisse waren zu bewältigen. Viele davon waren 1,40 Meter hoch. Fast jährlich fiel ein Reiter in den See. Bei meiner ersten Teilnahme wurde mir nur ein staatszugelostes Pferd gestellt. Remus galt als recht eigensinnig, und durch meine Unterschriften übernahm ich die volle Haftung. Von da an wurde ich jedes Jahr an den Chiemsee eingeladen.

Später ritt ich die Jagden gemeinsam mit Georg, meinem Lebensgefährten. Auch er liebte diese besondere Stimmung der Fuchsjagden – die Anreise im Morgengrauen, den anspruchsvollen Ritt mitten in der Natur, auch die Gespräche mit anderen Reitern über Rösser, deren Abstammung, ihre Eigenarten und Vorzüge, denn es war auch ein gesellschaftliches Ereignis.

Ich habe Tassilo nie beschlagen. Er lief immer »barfuß«,

ohne Hufeisen. Vor den Fuchsjagden schnitt ich ihm mit einem Hufmesser kleine Kerben ins Horn, damit der Huf griffiger wurde und an schwierigen Stellen nicht so leicht wegrutschte. Während der Jagden blieb Tassilo oft stehen, strahlte und lief dann weiter. Anderen Reitern war dies peinlich. Sie trieben ihr Pferd mit Peitschen weiter und zwangen es, sich den Strahl zu verkneifen. Später wunderten sich die Herren dann, wenn ihr Roß plötzlich stürzte oder in der Nacht eine Kolik bekam.

Die Hindernisse am Chiemsee kamen mir lange Zeit viel niedriger vor als 1,40 Meter. Ich ritt immer fröhlich darauf zu, rief »Tassilo hopp«, und schon waren wir drüber. Ich denke, die härteste Ausbildung kann Mut und Gefühl nicht wettmachen.

Eine Überraschung bei einer Fuchsjagd erlebte ich in Thann. Eine lange, schwere Jagd, bei der erst nach fast fünf Stunden der Fuchs gerissen wird. Das heißt, die Reiter müssen zunächst alle Hindernisse bewältigen, sie dürfen keines umgehen. Wer das schafft, darf am Ende den sogenannten Fuchs reißen, ein Fellstück, das ein Vorreiter im Galopp hinter sich herzieht. Die Veranstalter in Thann hatten sich jedoch etwas Originelles einfallen lassen: Sie banden die Fuchslunte einem Schafbock um den Schwanz, der in einem großen Pferch stand. Die Reiter sollten am Ende der Jagd absitzen und das Schaf zu Fuß fangen.

Inzwischen trug ich ein eigenes Jackett, dazu ein brombeerbraunes Reitjackett, eine weiße Reithose, weiße Reithandschuhe und das obligatorische Plastron. Die Etikette spielt bei diesem herrschaftlichen Vergnügen auch traditionell eine Rolle. Das ist nicht versnobt, sondern guter Stil.

Als nun die Jagd auf die Lunte freigegeben war, wurde ich von Vereinskameraden angefeuert, und tatsächlich konnte ich den Schafbock fassen und auf den Boden drücken.

Wer den Bock fängt, so lautete die Spielregel, darf ihn

behalten. Wer die Lunte reißt, muß eine Rede halten und Sekt für alle spendieren. Das mit dem Sekt wäre noch gegangen, nur vor der Rede hatte ich Angst, und so zögerte ich, nach der Lunte zu greifen. Ich lag auf dem Bock und wartete einige Sekunden lang. Nichts tat sich. Es erklang kein Halali, niemand jubelte.

Dann hörte ich hinter mir jemanden schnauben. Bevor ich mich umdrehen konnte, war er auch schon neben mir – ein feister Jagdgenosse, der gierig die Lunte an sich riß. Er heftete sich das Fell an die Brust und behauptete, er habe den Fuchs gerissen.

»Laß dir das nicht gefallen, Annelies«, sagte jemand zu mir.

Ich war fassungslos. Zugleich war ich aber froh, mir die Ansprache und die 1000 Mark für den Sekt zu sparen. Denn immerhin, der Schafbock gehörte ja mir. Ich holte ihn am nächsten Tag ab und fütterte ihn eine Weile. Dann ließ ich ihn schlachten und sein Fell gerben. Auf die Rückseite schrieb ich später: »Zur Erinnerung an eine sonderbare Fuchsjagd in Thann.«

Die schönsten Fuchsjagden waren für mich die, bei denen eine Hundemeute den Pferden voranlief. Dabei wird die Fuchslunte mit Tierblut getränkt oder ein Kanister mit »Schweiß« am Pferd befestigt. Auf die Fährte, die dann gezogen wird, werden nach einiger Zeit die Hunde angesetzt. Sie müssen die Fährte über alle Hindernisse hinweg verfolgen. Am besten eignen sich dazu Foxhounds. Oft bildeten auch Beagles die Meute, meiner Erfahrung nach ließen sie sich gerne ablenken und jagten zwischendurch Hasen. Die Reiter müssen dann unterwegs oft eine halbe Stunde lang auf ihren schwitzenden Rössern warten, bis die Beagles endlich aus dem Gebüsch auftauchen.

Hundemeuten sind ziemlich teuer. 1200 Mark kostete vor Jahren allein eine Meute, die Prinz Ludwig von Bayern für seine traditionelle Jagd in Leutstetten auslieh. Die Tiere wurden eigens aus Norddeutschland nach Bayern transportiert. Doch der Aufwand lohnte sich, die Jagd in Leutstetten gehörte schließlich zu den Höhepunkten der Fuchsjagd-Saison. Es machte mich besonders stolz, dafür eine Einladung zu bekommen, denn in Leutstetten durfte nicht jeder mitreiten. Die Strecke eignete sich nicht für Hallenpferde. Die Rösser mußten durch schwieriges Gelände, es ging durch einen riesigen Hochwald. Man mußte höllisch aufpassen, den Anschluß nicht zu verlieren. Denn wer nicht mehr mitkam, irrte oft stundenlang durch den Wald. Die Meute, die Bläser, sie jagten weit vorne davon. Ein abgeschlagener Reiter konnte froh sein, wenn er noch vor Einbruch der Dunkelheit den Weg nach Hause fand.

Zu meinem Grund gehörte eine Eigenjagd von rund dreihundert Tagwerk. Da lag es nahe, auch selbst eine Fuchsjagd zu veranstalten. Ich entschied mich für eine ziemlich schwere, die von den Wäldern zur Isar führte, über Steilhänge, mit insgesamt dreißig Hindernissen. Ich lud nur fünfzehn Reiter ein, ein kleines Feld aus Profis, Pferdenarren, Züchtern, Military-Reitern. Die Mehrzahl der Rösser waren starke Militarypferde. Es regnete an diesem Herbsttag, die roten Jacken der Reiter färbten ab und verwandelten auch die weißen Hemden in rote Trikots.

Vor dem Start hatte ich eine Wildsuppe vom Rehschlegel bereitet, mit kleinen Knödeln und Champignons. Dazu gab es in der Stube ein Stamperl mit selbstgebranntem Schnaps. Unten an der Isar bauten wir eine Zwischenstation auf, wo die Reiter selbstgebackene Krapfen bekamen, dazu heißen Tee mit Rum. Trotz des schlechten Wetters wurde es eine schöne Jagd, bei der alles stimmte, vom Anspruch der Hindernisse bis zum leiblichen Wohl.

Die vielen Einladungen, die ich zu den Fuchsjagden bekam, hatten natürlich auch mit meiner Pferdezucht zu tun. Reccona, mit der ich meine Zucht begonnen hatte, warf jedes Jahr ein Fohlen. Darunter waren viele, die später ausgezeichnete Military- oder Dressurpferde wurden – manche gewannen hochdotierte Ausscheidungen oder brachten es bis zur bayerischen Meisterschaft.

Ausgerechnet der damalige Vorsitzende des Bayerischen Pferdezuchtverbandes ignorierte mich. Ich vermute, er hat sogar ausdrücklich angeordnet, daß meine Pferde immer erst dann Preise erhielten, nachdem ich sie verkauft hatte. Im Verbandsblatt sind die Namen der Züchter aufgeführt – nur mein Name blieb über Jahre hinweg unerwähnt. Das alles hatte natürlich seine Ursache. Er war es gewohnt, daß jeder sein Scherflein dazu beitrug, sein Wohlwollen zu erringen. Bei mir ging seine Rechnung nicht auf. Er versuchte, mich mit einem erpresserischen Brief mürbe zu machen. Doch im Grunde genommen war es mir ziemlich gleichgültig, ob ich nun Pokale und Urkunden von ihm erhielt oder nicht. Erst viele Jahre später sollte dieser Herr die Gelegenheit bekommen, mich empfindlich zu treffen. Als ihn nämlich das Ordnungsamt damit beauftragte, ein Gutachten über den Zustand meiner Weidezäune zu verfassen.

Eine Weile nach dem Wiederaufbau besuchte mich ein Angestellter meiner Bank. In seinen Händen hielt er einen Fotoapparat, mit dem er eine Aufnahme nach der anderen machte. Als er mich sah, schüttelte er mir höflich die Hand: »Das ist ja alles wunderbar geworden«, sagte er, »ganz ausgezeichnet.« Der Mann hatte so einen merkwürdigen Unterton in seiner Stimme.

»Schön, daß Sie sich so für mich freuen«, sagte ich, »aber was soll die Fotografiererei?«

»Das ist ganz harmlos«, erwiderte er, und bei dem Wort »harmlos« hatte seine Stimme schon wieder diesen verdächtigen Klang. Er fuhr fort: »Wissen Sie, wir machen einen neuen Werbeprospekt für unsere Bank. Und Ihr Hof, der ist doch die beste Werbung für unser Haus.«

»Wie meinen Sie das?« wollte ich wissen.

»Ganz harmlos«, wiederholte er, »wir wollen unseren Kunden nur zeigen, wie sinnvoll wir das Geld anlegen, das sie uns geben.«

Dieser Mensch machte mich ganz nervös. Weshalb hampelte er so aufgeregt herum? Warum lag immer wieder der Anflug eines Zitterns in seiner Stimme? Ich war erleichtert, als er sich jetzt eilig von mir verabschiedete.

Später sollte sich herausstellen, daß diese Fotos keineswegs für irgendeine allgemeine Werbebroschüre gedacht waren. Vielmehr wurden sie den höchsten Herren in der Zentrale vorgelegt. Nur so zum Spaß? Oder vielleicht, um deutlich zu machen, wie wertvoll dieser Hof war?

Ob die Bank sich schon damals nach Käufern umsah, kann ich nicht beweisen. Auch nicht, welche Absprachen sie mit der Stadt Tölz getroffen hat.

Fest steht aber, daß meine Bank schon zu dieser Zeit, Ende der siebziger Jahre, einen aufschlußreichen internen Vermerk anfertigte. Darin hieß es unter anderem: »Alleinstehender Hof in herrlicher Lage. Auf mehrere Kilometer schließt der Grund an die Grenze der Stadt Bad Tölz an. Die Baulinie der Stadt – ruhiges, bevorzugtes Villengebiet, 200 Mark pro Quadratmeter – hört praktisch an der Grenze auf, da die Familie Sappl niemals Grund an die Stadt Tölz verkaufte.«

Die Baulinie der Stadt erweitern – das also war der wahre Grund, so viel »billiges Geld« über meinen Hof regnen zu lassen.

Im Prinzip hatte ich noch nicht einmal etwas dagegen, einige meiner Grundstücke abzugeben, solange das in Maßen geschah und zu einem fairen Preis. Und genau darüber verhandelte ich nach dem Wiederaufbau mit der Stadt. Die Sache mit diesen vielen Krediten war mir nicht geheuer, ich wollte meine Schulden wieder loswerden, und zwar so schnell wie möglich.

Die Vertreter der Stadt hatten nie die Absicht, mit mir ein sauberes Geschäft zu machen. Sie verfolgten einen völlig anderen Plan. Doch als ich das merkte, war es bereits zu spät.

# 9.
# *Wenn sich Himmel und Erde berühren*

Ein rechter Mann soll drei Dinge in seinem Leben schaffen, sagt ein altes Sprichwort: einen Baum pflanzen, ein Haus bauen und einen Sohn zeugen. Und natürlich setzen solche Auffassungen auch im Leben der Frau Schwerpunkte, und dazu gehören normalerweise Ehe und Kinder. Die Ehe war für mich letztlich entbehrlich, aber Kinder zu haben war ein Leichtsinn. Meine Beziehung zu Georg bestand schon fast vier Jahre, ohne daß wir richtig merkten, wie die Zeit verging. Ich war jetzt 37 Jahre. Wenn ich noch für einen Hoferben sorgen wollte, blieb mir dazu nicht mehr allzu viel Zeit.

Und dann war ich plötzlich schwanger. Ich hatte es erhofft, erwartet, und doch war ich jetzt überrascht. Ein Kind, das hieß auch, sich einzuschränken. Ich konnte keine ganztägigen Ausritte mehr unternehmen. Und ich konnte auch nicht mehr vom Morgengrauen bis zum Abendrot auf dem Feld stehen und Heu machen.

Andererseits gab mir ein Kind erst die Möglichkeit, meine Lebensaufgabe wirklich ganz zu erfüllen – den Zwickerhof gewissenhaft zu führen und ihn eines Tages weiterzugeben an eine neue Generation von Isarbauern. Es gab gewiß einige in Tölz, denen jetzt ein Schock bevorstand:

Die Stadt kam nicht mehr als Erbe in Frage; und auch nach der Zeit von Anneliese Sappl würde es diese eigenständigen Zwickerbauern noch geben.

Georg hatte mich zum Essen nach Tegernsee eingeladen. An dem Abend erzählte ich ihm seine Vaterschaft. Nach einem Ausbruch heller Freude sah er nicht gerade aus. Ich fing schon an, mir Sorgen zu machen, vielleicht wollte er gar kein Kind mehr?

Dann sagte er einen Satz, der ganz sachlich klingen sollte. Und doch verrieten diese Worte, wie stolz Georg war: »Hoffentlich wird's ein g'scheiter Bauer«, sagte er.

In den folgenden Wochen beschäftigte uns die Frage, ob wir heiraten sollten. Finanziell brachte eine Heirat keinem von uns Vorteile. Außerdem hatte Georg gerade eine gescheiterte Ehe hinter sich, er hatte Angst, dasselbe noch einmal zu riskieren. Ein Argument allerdings sprach für eine baldige Hochzeit: Unser Kind wäre dann »legitim«.

Mit dreizehn, nach der Volksschule, war ich nach Dietramszell ins Internat gekommen, wo ich die Mittlere Reife machen sollte. Das war nur zehn Kilometer von unserem Hof entfernt – und doch lagen auf einmal Welten zwischen mir und meiner Heimat.

In den ersten Tagen freute ich mich noch. Ich bekam eine Schuluniform und fühlte mich stolz und wichtig. Doch schon ziemlich bald ließ ich die Flügel hängen wie ein wilder Vogel, der in einen viel zu engen Käfig gesperrt wird.

Mein Käfig war ein achthundert Jahre altes, düsteres Gemäuer, in dem es feucht und modrig roch. Die Arbeitsschwestern schlichen nachts um vier Uhr mit Putzeimern durch die Gänge und wischten die Böden. Wir Kinder bekamen sie nie zu Gesicht, niemand durfte den Arbeitsschwestern begegnen. Nur die Schulschwestern, die sahen wir häufiger, als uns lieb war.

Eine von ihnen übernachtete mit jeweils zehn oder zwölf Kindern im Schlafsaal. Wir schliefen in Eisenbetten, während die Schwester uns von einer Art Einzelzelle aus überwachte. Diese Zelle bestand aus vier quadratisch angeordneten Holzständern, um die herum ein Leintuch gespannt war. Die Schwester hatte uns streng verboten, in das Innere ihrer Zelle zu schauen. Ein Blick nur, und wir würden beim Papst exkommuniziert.

Wir hatten einigen Respekt davor, und trotzdem passierte eines Tages ein Mißgeschick: Bei einer Kissenschlacht warfen wir aus Versehen die »Zelle« unserer Aufsichtsschwester ein. Den Papst mit dem Schwert der Gerechtigkeit schon drohend vor Augen, mühten wir uns mit zitternden Händen die umgekippten Holzständer wieder aufzustellen und das Leintuch festzuzurren – alles mit abgewandten Köpfen und ohne hinzusehen, damit wir ja dem Herrgott erhalten blieben.

Jeden Morgen wurden wir pünktlich um sechs Uhr geweckt. Um sieben Uhr begann ein Gottesdienst, den wir zwar nicht täglich, aber mindestens zweimal pro Woche besuchen mußten. Wer kurz vor einer Klassenarbeit stand, durfte statt des Kirchgangs auch eine morgendliche Lernzeit einlegen.

Und trotzdem bekamen auffälligerweise diejenigen die besten Noten, welche, statt zu lernen, freiwillig jeden Morgen mit zwei Gebetbüchern in der Hand vor der Kirchenpforte standen – möglichst schon um halb sieben, damit sie nur ja keines von Gottes wichtigen Worten verpaßten.

Nach der Andacht gab es ein eiliges Frühstück, dann fing der Unterricht an. Schier endlos schleppte sich die Zeit bis 13 Uhr dahin. Dann endlich gab es Mittagessen, danach folgte die Abwechslung des Tages: Wir konnten hinaus ins Dorf zum Spaziergang.

Natürlich nicht ohne Aufsicht. Die armen Nonnen durften die Klostermauern nie verlassen, sie heuerten deshalb Gouvernanten an, die uns auf unserem täglichen Spaziergang begleiteten. Wir gingen in Zweierreihen, mußten den Kopf immer gerade halten, durften nicht nach links und nicht nach rechts schauen. Gespräche waren erlaubt, doch auch die nicht auf bayerisch, sondern nur in sauberem Hochdeutsch.

Auch sonst gab es allerlei eigenartige Vorschriften. So war es verboten, aus den Klosterfenstern zu sehen, wenn draußen eine Militärkolonne vorbeifuhr. Die Kofferradios wurden uns abgenommen, denn sie knisterten – die Schwestern behaupteten allen Ernstes, wir würden damit Funksignale an irgendwelche Männer senden. Und schließlich durften wir keine ärmellosen Blusen tragen. Einmal zog ich doch eine an, mit einer dicken, grauen Wolljacke darüber. Ohne Erfolg: Die Schwester riß mir die Jacke vom Leib und erteilte mir einen Verweis.

Abends in der Dämmerung gingen wir im Klostergarten spazieren, vorbei an steinernen Heiligenfiguren und an der Madonna von Lourdes. Die Schwestern sahen es gern, wenn wir christliche Kirchenlieder sangen. Aber manchmal sangen wir auch einfach bloß: »Horch, was kommt von draußen rein …«

Dabei stellten wir uns vor, ein Ritter oder ein Prinz käme herein und würde uns retten. Doch statt edler Ritter kletterten nur freche Dorfburschen hin und wieder auf die Klostermauer. Und zwar immer dann, wenn wir Turnunterricht hatten. Sie glotzten uns an und lachten uns aus – wir sahen ja auch wirklich komisch aus in unseren Pluderhosen, deren Gummizüge bis unters Knie reichten. Die Nonnen zeterten und drohten den Burschen mit dem Papst. Doch sie verboten uns, mit Kieselsteinen zu werfen, was ich zur Abschreckung viel wirkungsvoller gefunden hätte.

Nein, es hat mir nicht gefallen in diesen kühlen, finsteren Klostermauern. Ich fühlte mich lebendig begraben. Nur einmal im Monat durfte ich heim, von Samstagfrüh bis Sonntagabend. Jeder Abschied vom Hof war ein Drama. Was mich aber am meisten schmerzte, das waren die Leonhardifahrten, die jetzt ohne mich stattfanden. Jedes Jahr bat ich die Salesianerinnen darum, am 6. November für einen Tag heimfahren zu dürfen, damit ich an der Wallfahrt teilnehmen konnte – und jedes Jahr lehnten die Schwestern ab.

Eine Klassenkameradin riß aus dem Kloster aus. Wie sie es geschafft hat, über die drei Meter hohe Mauer zu kommen, ist mir noch heute ein Rätsel. Und sie schreckte auch nicht davor zurück, im Dunkeln zehn Kilometer weit durch den »Teufelsgraben« zu marschieren, ein Waldstück, das seinen Namen deswegen trägt, weil einem dort wahrhaft unheimlich zumute ist. Sie wollte sich bis nach Rosenheim durchschlagen, wo sie hoffte, sich bei einer Freundin verstecken zu können. Doch unterwegs hat sie die Polizei erwischt. Ein Beamter gurtete sie auf dem Beiwagen seines Motorrades fest und brachte sie zurück ins Kloster. Wie eine Schwerverbrecherin kam sie dort an. Und ich wurde wegen Beihilfe angeklagt, denn ich hatte ihr vor ihrem Ausbruch zwanzig Pfennig geliehen.

Davon, daß meine Freundin weglaufen wollte, hatte ich keine Ahnung gehabt. Das sagte ich der Schwester auch, doch sie wollte mir nicht glauben. Ich sollte gestehen, bei der Flucht geholfen zu haben, aber ich hätte eher drei Rosenkränze gebetet, als etwas zugegeben, was ich nicht getan hatte. Überhaupt kam es mir manchmal vor, als gingen die Schwestern strenger mit mir um als mit anderen Kindern. Doch vielleicht war es auch nur Einbildung.

Heute weiß ich, daß ich mir nichts eingebildet habe. Die »Euer Liebs«, wie sie einander nannten, hielten uneheliche Kinder tatsächlich für mißraten. Eine Schulkameradin sagte noch Jahrzehnte später bei einem Klassentreffen zu mir: »Zu dir waren die Nonnen oft ungerecht.«

Die Gouvernanten behaupteten immer, ich sei »das tapfere Schneiderlein« – ich war klein und schmächtig, wehrte mich aber vehement gegen alles, was mir ungerecht erschien. Das hätte mir gegen Ende des zweiten Jahres fast einen Schulverweis eingebracht.

Den Nonnen war aufgefallen, daß wir uns gegen sie verschworen hatten: In unserer Klasse wurde viel zuviel gelacht; selbst wenn wir Strafarbeiten schreiben mußten, kicherten und alberten wir noch herum.

Hinter so viel Heiterkeit lauerten teuflische Einflüsse. In ihrer Not riefen die Schwestern einen Jesuitenpater aus München herbei, der uns den Teufel austreiben sollte.

Drei Tage lang mußten wir schweigen. Danach sollten wir vor dem Pater unsere Lebensbeichte ablegen. Diese Prozedur zog sich noch einmal über mehrere Tage hin. Eine Schwester saß neben dem Eingang zum Beichtzimmer. Sie machte ein Kreuz hinter den Namen einer jeden Schülerin, die vor den Pater trat. Es schien vor allem eine Art von Sünden zu geben, die den Gottesmann interessierten, und so versuchte er seinen pubertierenden Schützlingen erotische Abenteuer zu entlocken.

Der gute Pater muß die Mädchen, die vor mir an der Reihe waren, sichtlich irritiert haben, und als eine weinend aus der Beichtkammer gerannt kam, beschloß ich, die Beichte zu verweigern. Statt meine Sünden zu schildern, sagte ich nur: »Ich bitte um den Segen.« Zwei andere Mädchen machten es genauso.

So etwas hatte der Pater noch nicht erlebt. Er empörte sich. Die Nonnen empörten sich ebenfalls. Sie schleppten uns vor die Heimleiterin, die uns zum Teufel jagen sollte. Doch die Würdige Mutter Ignazia begnadigte uns, sie beließ es bei ein paar Gebeten und einem strengen Verweis.

Einen solchen handelte ich mir im nächsten Schuljahr noch einmal ein. Diesmal hatte ich meiner Mutter geschrieben: »Den Anzug, den Du zum Theaterspielen besorgt hast, darf meine Partnerin nicht anziehen. Wahrscheinlich wegen dem Hosentürchen.«

Über diesen Satz regte die Schwester Zensorin sich außerordentlich auf. Sie hielt mich für rettungslos verloren. Wieder sollte ich beichten und alle meine Sünden bekennen. Tagelang durfte ich mit niemandem reden, damit meine Besessenheit nicht auf die anderen Mädchen abfärbte.

Auch diesmal rettete mich nur das gute Wort der Würdigen Mutter. Unter all diesen Bräuten Christi war sie die einzig gute Seele.

Drei Jahre lang blieb ich im Internat, dann hatte ich die Mittlere Reife endlich in der Tasche. Das Wichtigste, was ich dort gelernt hatte, war aber nicht Mathematik oder Deutsch oder Englisch. Viel wichtiger als all diese nützlichen Fächer war die Erkenntnis: Mißtraue den Gesegneten, Allwissenden und Selbstgerechten. Man muß seine Probleme selbst lösen, auf seine innere Stimme hören, sich selbst verantwortlich sein. Ein eigenständiges Leben kann nicht Angleichung und Unterdrückung bedeuten.

Georg und ich haben dann noch nicht geheiratet. Anfangs, solange man meinen Bauch noch nicht sah, war ich durchaus zu einer Hochzeit bereit. Aber Georg zögerte. Als er dann heiraten wollte, war mein Bauch schon zu dick, wir verschoben das Ganze bis nach der Geburt. Dann kam Martin zur Welt. Und ich war so glücklich über das Kind, daß mich eine Weile nichts anderes mehr interessierte – schon gar nicht eine Hochzeit.

Martin bekam zu seiner Geburt eine Wiege, die aus ganz besonderem Holz geschnitzt war: Es stammte zu gleichen

Teilen aus den Wäldern seines Vaters und seiner Mutter. Georg hatte Kirschbaumholz geliefert, das ich zusammen mit meinem Kiefernholz zu einem alten Schreinermeister brachte. Er schnitzte die Wiege nach dem Muster einer alten Truhe, die schon seit ein paar hundert Jahren auf dem Zwickerhof steht.

Die Geburt meines Sohnes verlief schnell und ohne Komplikationen. Am 27. April 1982 spürte ich kurz nach Mitternacht die ersten Wehen. Meine Mutter und Tante Elisabeth schliefen schon. Ich wollte sie auch nicht wecken, sie hätten mich nur nervös gemacht. Ich rief nur Georg an, der sofort von Rosenheim losfuhr. In aller Ruhe packte ich meine Sachen zusammen, und Georg brachte mich dann gegen fünf Uhr in die Klinik nach Tölz. Schon zwei Stunden später lag mein Bub an meiner Brust.

Es klingt so banal, von einem Wunder zu sprechen. Und doch war es nichts anderes. In den Minuten nach Martins Geburt lag eine ganz besondere Stimmung über dem Kreißsaal. Ich spürte: Dieses Kind war kein Zufallsprodukt, mechanisch erzeugt, technisch zur Welt gebracht. Es muß schon eine göttliche Macht im Spiel sein, ein solches Wesen zu erschaffen.

Von der ersten Sekunde an hatte mein Sohn eine eigene Persönlichkeit. Da lag kein armes Würmchen neben mir, sondern ein Mensch mit erstaunlich viel Kraft in seinem winzigen Körper.

Georg, meinen Partner, plagte die Eifersucht. Schon wenige Wochen nach der Geburt bemerkte er immer wieder: »Du mit deinem Martl. Du verziehst ihn so.«

Natürlich habe ich das Kind verwöhnt. Aber ich finde es völlig normal, daß nach der Geburt das Kind eine Zeitlang an erster Stelle kommt. Sobald es einen Muckser macht, rennt die Mutter eben. Deswegen muß ein Mann sich nicht gleich zurückgesetzt fühlen. Immerhin hat die

Frau dieses Kind, das auch seines ist, neun Monate lang in ihrem Bauch herumgetragen. Ist das nicht Liebesbeweis genug? Ein Mann, der unfähig ist, das große Glück einer Mutter mitzuerleben, ein solcher Mann verspielt eine große Chance – die Chance, sich seinen Gefühlen zu öffnen.

Auch mein Freund Georg war leider das Produkt einer patriarchalischen Erziehung. Und so wollte er sich keine Blöße geben. Weichheit zu zeigen, das wäre unmännlich gewesen – dabei war genau diese Weichheit das Liebenswerteste an ihm.

Ich verstand nicht, wie Georg von mir verlangen konnte, ich müßte Martin strenger erziehen. Ein Säugling braucht Liebe und keine Verhaltensregeln. Schon das Wort »Erziehung« klingt grausam in meinen Ohren. Erziehen, das ist Ziehen und Zerren und Umformen. Das ist eines Kindes unwürdig. Jeder Säugling kommt als einzigartiges Wesen auf die Welt, ausgestattet mit einer unglaublichen Seelenkraft – warum soll man da etwas erziehen und verstümmeln?

Offensichtlich haben Politiker ein Interesse daran, die Kinder seelisch verkümmern zu lassen, ihre Einzigartigkeit zu zerstören und Massenmenschen aus ihnen zu machen. Anders läßt es sich nicht erklären, daß in Kinderhorten, Kindergärten und vor allem Schulen immer noch das Leistungsprinzip herrscht, und zwar das einer egoistischen Leistung. Zusammenarbeit, Gemeinschaftssinn – das alles würde im modernen Arbeitsleben zwar gebraucht, in den Schulen gelehrt wird es jedoch nicht. Und bei uns in Bayern schon gar nicht.

Nicht die Erziehung ist der Grundstock einer gesunden Seele, sondern eine liebevolle Anleitung und ein intaktes Familienleben – unabhängig davon, ob eine Heiratsurkunde existiert oder nicht. Natürlich müssen den Kindern auch Grenzen gesetzt werden. An Grenzen stoßen wir schließlich alle. Und die Natur sollte dafür die Lehrmeisterin sein.

Wenn nicht die Staats-, sondern die Naturgewalten unsere Möglichkeiten begrenzen, dann ist das keine Unterdrückung, sondern Notwendigkeit. Der Natur ordne ich mich gerne unter, etwa, wenn ein Gewitter aufzieht – nicht jedoch menschlicher Willkür. Über das Gewitter freue ich mich, ich warte geduldig, bis die Wolken abziehen und ich wieder hinaus kann aufs Feld. Aber ich wehre mich, wenn jemand mit Gewalt etwas von mir fordert. Gewalt ist Mißbrauch der Macht – wir sind als Menschen alle gleich.

Anfang 1982 besuchten mich drei mittelständische Unternehmer aus Tölz. Sie suchten verzweifelt einige Parzellen Lager- bzw. Gewerbegrund, um ihren Betrieb weiterführen zu können.

Es gab nicht allzu viele Stellen, die dafür in Frage kamen. Einige meiner Auen und Wälder standen unter Naturschutz. Andere Plätze wurden von den Behörden nicht für schützenswert befunden, waren mir aber trotzdem zu schade, ein Industriegelände daraus zu machen. Es gab aber auch einen Wald, an dessen Grenze die Stadt vor Jahren eine Mülldeponie errichtet hatte. Die Folge: Viele meiner Nadelbäume waren durch die giftigen Gase abgestorben. Sie waren zu Skeletten geworden, in denen kein Vogel mehr nisten wollte.

Um diesen Wald verkaufen zu können, mußte ich vorher bei der Stadt einen Antrag stellen, damit sie mir das Grundstück – eine Fläche von 20 000 Quadratmetern – zu Gewerbezwecken erschlossen. Eine reine Formalität, dachte ich.

Mein Antrag lag monatelang bei der Stadtverwaltung. Nichts geschah. Das wunderte mich nicht. Ich beschloß, eine gute Staatsbürgerin zu sein und geduldig zu warten. Der Frühling kam. Ich brachte Martin zur Welt. Mein

Antrag wurde noch immer bearbeitet. Es wurde Sommer. Ich brachte das Heu ein. Martin fing an, den Kopf zu heben und alles Erreichbare in den Mund zu stecken. Die Bearbeitung meines Antrags dauerte an. Allmählich zog der Herbst ins Land. Martin fing an zu plappern. Ich fragte mich jetzt immer häufiger, was wohl aus meinem Antrag geworden war. Und irgendwann machte ich mich auf den Weg zum Leiter des Baureferats.

Erstaunlicherweise hatte der Mann meinen Antrag sofort parat. Er las ihn noch einmal durch. Und dann sagte Albert Pichl: »Gute Frau, was glauben Sie eigentlich, wer Sie sind? Die Stadt kann doch Ihretwegen nicht den Flächennutzungsplan ändern. Die Sache ist aussichtslos. Dieses Gebiet wird nicht erschlossen. Nie und nimmer. Nicht in den nächsten zwanzig Jahren.«

Damit war unser Gespräch beendet. Ich rief noch ein paarmal bei Herrn Pichl an, doch seine Antwort blieb immer die gleiche: Dieser Wald wird niemals zum Gewerbegebiet.

Am 8. November 1982 bekam ich dann einen schriftlichen Ablehnungsbescheid des Landratsamtes: Mein Antrag auf Erschließung wurde abgelehnt, nicht zuletzt wegen der energischen Einwände des Baureferats. Eine Bebauung, so hieß es, würde das Orts- und Landschaftsbild beeinträchtigen, sie würde öffentliche Belange verletzen und gegen den Flächennutzungsplan verstoßen. Mein Grundstück mußte als Waldgürtel erhalten bleiben, um das Gewerbegebiet Farchet gegen die Staatsstraße abzuschirmen. Bei dem Ablehnungsbescheid lag die Rechnung von 3780 Mark.

In diesen Tagen gab es noch andere Briefwechsel, die mein Grundstück betrafen. Von diesen Briefen sollte ich allerdings erst dreizehn Jahre später erfahren, dank eines glücklichen Zufalls und der Hartnäckigkeit meines Anwalts.

Einen dieser Briefe schrieb am 4. November 1982 der damalige Finanzminister und spätere bayerische Ministerpräsident, Max Streibl. Er setzte sich bei der Stadt für eine Messebaufirma ein, die dringend Gewerbeflächen benötigt.

Und Egon Lallinger, der damalige Bürgermeister, antwortete zwei Wochen später, die Stadt bemühe sich bereits, entsprechenden Grund zu beschaffen. Vorgesehen sei ein »Waldgrundstück im Osten von Farchet«, und das war zweifelsfrei meines.

Zwischendurch, am 10. November, schrieb die betroffene Messebaufirma an den Bürgermeister: »Wir bestätigen das große Engagement ihres Referatsleiters, der uns ausführlich über die Situation und die Bemühungen der Stadtverwaltung unterrichtet hat ... Wir verfolgen mit großem Interesse den Erwerb der notwendigen Grundstücke und bitten Sie bei dieser Gelegenheit gleichzeitig um Reservierung von ca. 10 000 Quadratmeter Gewerbefläche.«

Die Gewerbefläche, die da reserviert werden sollte, das war mein Wald. Derselbe Wald, von dem das Baureferat mir gegenüber behauptete, er würde nie und nimmer erschlossen.

Kurz nach der Ablehnung meines Erschließungsantrags telefonierte ich noch einmal mit Albert Pichl, dem Leiter des Baureferats. Er erzählte mir, die Stadt habe jetzt, kurz vor Jahresende, noch eine knappe Million Mark in ihrer Kasse, die investiert werden müßte. Man sei bereit, mein Grundstück zu einem großzügigen Preis zu kaufen.

Ich überlegte. Noch einmal versicherte mir Pichl, es sei völlig ausgeschlossen, den Flächennutzungsplan zu ändern und mein Grundstück in nächster Zeit doch noch zu erschließen. Ich sollte lieber jetzt zugreifen, mit 50 Mark pro Quadratmeter zufrieden sein, als später noch weniger zu bekommen.

Das klang einleuchtend. Ich verlangte 60 Mark pro Quadratmeter. Lächerlich für eine Gewerbefläche, aber ein ordentlicher Preis für einen Wald, in dem nichts gebaut werden durfte.

Noch am Tag unseres Gespräches berichtete Albert Pichl dem Verwaltungsausschuß der Stadt von meinem Angebot. Der Ausschuß beauftragte ihn, weiter mit mir zu verhandeln. Er sollte das Grundstück unbedingt kaufen, den Preis aber noch drücken auf maximal 55 Mark.

Ein paar Tage später meldete Albert Pichl sich erneut bei mir. Er schien ziemlich ungeduldig, drängte darauf, mich jetzt bald zu entscheiden. Bis Jahresende müßte der Vertrag unterschrieben sein.

Schließlich willigte ich ein, meinen Grund für 50 Mark pro Quadratmeter der Stadt zu überlassen. Am Tag vor Silvester traf ich mich mit Herrn Pichl beim Notar. Ich sollte einen Betrag bekommen – genug, um meine Schulden fast vollständig tilgen zu können.

Wie sich bald herausstellen sollte, änderte die Stadt Bad Tölz nur wenige Wochen später ihren Flächennutzungsplan. Die erhoffte Tilgung meiner Schulden trat aber nicht ein.

## 10.
## *Milchkrieg*

Xaver Wolfsteiner, der Chef des Ordnungsamtes, hatte lange mit seiner Rache gewartet. Dann aber kam für ihn doch noch die Stunde, in der er zum ersten Mal richtig zuschlagen konnte.

Über Jahrzehnte hinweg hatte die Milchwirtschaft zu den wichtigsten Erwerbsquellen auf dem Zwickerhof gezählt. Seit 1912 belieferten die Zwickerbauern mehrere Kinder und Altersheime in der Tölzer Gegend mit naturbelassener Vollmilch. Ich selber führte den Milch-ab-Hof-Verkauf erfolgreich weiter, besonders in den ersten Jahren nach dem Brand brachte er gutes Geld.

Doch dann gab es plötzlich ein neues Gesetz, was nach rund fünf Jahren wieder außer Kraft gesetzt wurde. Angeblich sollte es die Hygiene verbessern, doch sein eigentlicher Zweck war ein anderer: Der Staat wollte ein Monopol für seine Großhandelsmolkereien errichten. Durch verschärfte Auflagen konnte man die kleinen, bäuerlichen Genossenschaftsmolkereien schlucken und die Bauern vom Markt vertreiben. Die brauchten jetzt eine behördliche Sondergenehmigung, wenn sie größere Mengen privat verkaufen wollten. Eine Genehmigung, die selbstverständlich mit Auflagen verbunden war. So mußten die Bauern sich selbst und ihre Angestellten regelmäßig röntgen lassen und umfangreiche Hygieneverordnungen erfüllen, bevor sie auf eigene Rechnung ihren Kühen ans Euter durften.

Ich bekam die Genehmigung, meine Milch in 20-Liter-Kübeln zu liefern. Ich entschloß mich aber, den größten Teil meiner Milch an die Großmolkerei zu liefern. Im Gegenzug bat ich darum, daß ihre Fahrer mit ihrem Milchtankwagen zu mir auf den Hof kommen und dort die Milch aus einem Großbehälter saugen.

Der Direktor der Molkerei ließ mir ausrichten, er erfülle keine Sonderwünsche. Alle meine Nachbarn kämen dann nämlich mit derselben Forderung daher. Ich hatte gefälligst wie alle anderen zum Friedhof zu fahren und dort mit meinen täglich aufs neue geputzten 20-Liter-Kübeln zu warten, bis der Tankwagen vorfuhr.

Ich fuhr zur Abnahmestelle und wartete. Und während ich wartete, dachte ich nach. Dabei ging mir folgendes durch den Sinn: Wenn ich meine Milch schon in kleine Kübel füllen und sie durch die Gegend fahren mußte, dann konnte ich gleich meine Privatlieferungen ausdehnen, anstatt sie einzuschränken. Das brachte mehr Geld, und ich hatte dabei mit freundlicheren, angenehmeren Kunden zu tun. Meine Anträge auf Milch-ab-Hof-Verkauf wurden unter strengen Auflagen vom Landratsamt genehmigt.

Bereits wenige Wochen später belieferte ich das Versorgungskrankenhaus, das städtische Krankenhaus, drei Altenheime und ein Kinderheim. Pro Tag verkaufte ich mehr als 400 Liter an meine eigenen Kunden. Für die Molkerei blieb oft nur noch ein einziger 20-Liter-Kübel übrig.

Der Herr Direktor sah das gar nicht gern. Er wandte sich an die Heime und forderte sie auf, auch Milch von seiner Molkerei zu nehmen – ansonsten müsse er die Preise für Butter und Käse erhöhen.

Als ich das hörte, ersuchte ich um ein Gespräch beim Herrn Direktor im Büro. »Ich bin nicht Ihr Knecht«, sagte ich zu ihm, und ich glaube, ich sprach dabei etwas lauter als gewöhnlich, »ich bin eine freie Bäuerin. Sie haben nicht zu bestimmen, wohin ich meine Milch liefere. Wenn Sie meine Milch abnehmen, sie entrahmen und sie dann drei Tage später nach Tölz schicken, dann wird sie kaum besser sein, als wenn ich sie selber verkaufe.«

Er erzählte etwas vom Markt, den er zurückerobern müsse.

»Sie sitzen auf Ihrem samtenen Sessel und haben keinerlei Risiko«, erwiderte ich. »Wir Bauern arbeiten, wir melken, wir bezahlen. Das Futter bezahlen wir, die Ställe, den Traktor, den Diesel-Treibstoff, aber den Preis bestimmt ein anderer. Wir Bauern dürfen den Dreckbären machen, aber ins Geschäft einsteigen, das dürfen wir nicht. Milch direkt vom Bauern, das ist ja unhygienisch. Da müssen sich vor dem Verkauf erst noch zehn andere in unserer Milch die Finger waschen, dann wird sie plötzlich sauber und wertvoll. Auf Wiedersehen, mein Herr.«

Von diesem Tag an legte mir der Direktor keine Steine mehr in den Weg. Das besorgte jemand anderes.

Zunächst lief alles noch wunderbar. Ich kaufte mir ein robustes, immer einsatzbereites Auto und startete jeden Morgen gegen halb sechs Uhr zu meiner Rundfahrt. Die Schwestern im städtischen Krankenhaus wollten die Milch möglichst früh, am besten noch in der Nacht, damit sie aufrahmte. Sie schöpften Rahm ab, um den für Diabetiker zu hohen Fettgehalt zu drücken, bereiteten so aus der Milch Sahne, Joghurt, Topfen und Käse.

»Trinkt die gute Zwicker-Milch«, empfahl die Hebamme dort allen Müttern, auch mir, als ich Martin entbunden hatte – in diesen Tagen fuhr meine Tante die Milch aus.

Im Altersheim strickten mir einige Bewohnerinnen sogar

Handschuhe und einen Schal, um sich für die »Stöcklmilch« zu bedanken, die sie zuletzt in ihrer Jugend getrunken hatten. Die Altenpflegerinnen erzählten mir, die Milch aus der Molkerei brenne ständig an. Sie sei so fettarm, daß man sie nur im Wasserbad erhitzen könne. Nach einem Tag würde sie bereits stinken und müßte weggeschüttet werden. Und Joghurtkulturen ließen sich mit der Molkereimilch schon gar nicht anlegen.

Milch direkt vom Bauern schmeckt eben einfach besser und ist wesentlich gesünder als Milch, die in der Großmolkerei für den Supermarkt abgefüllt wird.

Um das zu verstehen, muß man wissen, was in der Molkerei mit der Milch geschieht. Zunächst wird sie auf vier Grad heruntergekühlt. Dann wird sie wieder erhitzt, sie wird pasteurisiert, homogenisiert, und am Ende sind alle Bakterien tot. Diese bakteriellen Milchleichen sind aber keineswegs gesund, sondern ziemlich giftig. Sie faulen, doch das merkt keiner, denn man impft die Milch ja vor dem Verkauf noch mit verschiedenen Kulturen – doch dadurch erweckt man sie nicht mehr zum Leben.

Alle paar Jahre werden die Hygienevorschriften so verstärkt, daß nur unter immensem Einsatz von Chemikalien der niedrige Keimgehalt erbracht werden kann.

Statt immer mehr Chemikalien einzusetzen, würde es völlig genügen, die Milch ganz natürlich säuern zu lassen. Eine solche Milch ist tatsächlich gesund – und aus ihr entstehen nährstoffreiche Lebensmittel wie Buttermilch, Joghurt oder Käse.

Auf den Milchpreis, den sie erzielen, haben die Bauern übrigens keinerlei Einfluß. Die Molkerei schickt eine Abrechnung und überweist den Preis, den sie für richtig hält. Der Bauer muß das akzeptieren. Manchmal heißt es, eine Fettprobe sei schlecht gewesen oder die Milch hätte zu viele Keime gehabt – dann senkt die Molkerei ihren Einkaufspreis, ohne daß der Bauer nachprüfen könnte, ob diese Behauptungen auch stimmen.

Die als minderwertig eingestufte Milch wird von der Molkerei verarbeitet und teuer weiterverkauft – sie muß die minderwertige Milch ja schließlich veredeln. Und wie macht sie das? Mit Wasser? Mit Chemikalien? Oder mit beidem? Auf solche Nachfragen habe ich nie eine Antwort bekommen.

Heute müssen die Bauern bereit sein, sich knebeln zu lassen, damit die Molkerei überhaupt noch einen Liefervertrag mit ihnen abschließt. Sie müssen Kühlmaschinen und andere Geräte anschaffen, die teilweise bis zu 50 000 Mark kosten. Die Kühlanlagen sind nötig, weil die Anfahrtswege immer weiter werden und die Milch immer länger unterwegs ist, seit die kleinen Molkereien dichtgemacht haben, die es früher einmal in jedem Dorf gab.

Pech haben übrigens auch jene Bauern, deren Kühe nicht funktionieren wie die Roboter. Wenn die Kühe zu fröhlich sind und mehr Milch geben als üblich, dann zahlt ihr Besitzer dafür Strafe. Er hat nämlich sein Milchkontingent überschritten. Viele Bauern verfüttern die Milch dann lieber an ihre Kälber oder schütten sie weg. Es gibt Leute, die sich wundern, warum manche Bauern so verbittert sind. Aber es ist eben traurig, das, wofür man hart gearbeitet hat, im Boden versickern zu sehen.

Zweimal im Jahr kam der Amtstierarzt zu mir auf den Hof, um den Zustand meiner Kühe und die Qualität meiner Milch zu überprüfen. Diese Gesundheitskontrollen verliefen reibungslos und ohne Beanstandungen – bis zu dem Tag, als plötzlich ein neuer Amtstierarzt bei mir auftauchte.

Auf einmal zogen sich die Euterkontrollen über viele Stunden hin. Der Arzt wuchtete einen großen Tisch in meinen Stall und stellte eine lange Reihe von Reagenzgläsern auf. Er selbst konnte nicht melken. Deshalb übergab er mir ein Paar Chirurgenhandschuhe, die ich anziehen mußte. Anschließend nahm der Arzt sich eine Kuh nach der anderen vor: Ich reinigte jede einzelne Zitze dreifach, mit einer chemischen Lösung, mit Wasser und mit Watte. Dann mußte ich die Zitzen ins Reagenzglas halten und einige Tropfen Milch hervorquetschen.

Nach dieser Prozedur hatten fast alle Kühe gereizte Euter, einige bekamen Entzündungen. Sie waren das Melken zu einer bestimmten Zeit in einem bestimmten Rhythmus gewöhnt, nicht aber daran, ihre Euter halbe Tage lang in Reagenzgläser zu halten.

Diese Kontrollen ergaben noch nichts, was der Amtstierarzt ans Gesundheits- oder Ordnungsamt hätte melden können. Doch dieser Mensch tauchte trotzdem wieder bei mir auf. Diesmal nicht auf meinem Hof, sondern an einem Ort und zu einer Zeit, wo ich es nicht erwartet hätte.

Der Zeitpunkt war mit Bedacht gewählt: Ein Tag im Hochsommer, als schon morgens die Sonne vom Himmel brannte. Ich stellte meine Kübel wie üblich an der Krankenhauspforte ab, von wo aus der Hausmeister sie in den Keller trug. An diesem Tag verspätete er sich etwas.

Während ich noch wartete, tippte mir plötzlich jemand auf die Schulter. Ich drehte mich um und hatte den Lebensmittelkontrolleur vor mir. Ich wollte ihn vorbeilassen. Doch er erklärte, er müsse jetzt eine Milchprobe entnehmen.

In der prallen Sonne riß er den Deckel einer Milchkanne auf. Er füllte die Probe in ein Reagenzglas aus Plastik. Das Glas trug er eine Weile mit sich herum, bevor er es zur Untersuchung einschickte.

Dabei kam heraus: Der Keimgehalt meiner Milch war mehr als in Ordnung. Die Proben wiesen teilweise nur 7000 Keime pro Milliliter auf, erlaubt waren damals noch 500 000. Nur bei den Kolibakterien, da sah die Sache anders aus. Von ihnen schwammen zu viele in meiner

Milch, die Proben wiesen teilweise überhöhte Werte auf. Meine Milchlieferung wurde vorläufig gesperrt.

Sobald ich aber nachweisen konnte, daß die Zahl meiner Kolibakterien auf das erlaubte Maß gesunken war, durfte ich wieder liefern. Meistens dauerte es jedoch zwei bis drei Tage, bis eine Gegenprobe analysiert war. Ich beauftragte ein Institut für Lebensmittelchemie in Augsburg, meine Milch noch einmal zu überprüfen. Diesmal waren die Werte völlig normal. Damit, so dachte ich, sei die Angelegenheit ausgestanden. Doch das war ein Irrtum. Denn drei Tage später stand der Lebensmittelüberwacher schon wieder neben meinen Milchkannen.

Er entnahm seine Proben, füllte sie in Plastikgläser, schickte sie ein – und sperrte mir erneut die Milchlieferung. Ich ließ sofort eine zweite Probe entnehmen, die in Augsburg untersucht wurde. Ergebnis: Die Milch war einwandfrei. Ich durfte wieder liefern.

Von nun an wiederholte sich dieses Spiel regelmäßig, manchmal zweimal pro Woche. Mir kam schon der Gedanke, daß es sich nicht nur um Zufälle handelte, aber wie soll man das beweisen? Allmählich wurden meine Kunden unruhig. Eine Lieferung kann schon mal ausfallen, aber zweimal pro Woche, das war ein bißchen zuviel. Um meine Kunden regelmäßig beliefern zu können, kaufte ich zur Überbrückung die Milch bei einem Münchner Vorzugsmilchbauern.

Ich fragte mich, wieso bei Proben aus derselben Milchkanne jedesmal so unterschiedliche Ergebnisse herauskommen konnten. Der Chefchemiker in Augsburg wußte, weshalb das so war: »Wenn man diese Proben offen entnimmt und sie dann in Plastikgläsern verschickt«, so erklärte er mir, »dann kommt immer ein negatives Ergebnis heraus.« Kolibakterien vermehren sich rasend schnell, Proben dürfen nicht in der Sonne entnommen werden. Spätestens eine Stunde nach der Entnahme und dem Transport in der Kühlbox müssen sie bebrütet werden. Vor allem aber darf man die Milch nicht in Plastikgläser füllen. Sie gehört in sterile, doppelwandige Glasbehälter, wenn das Ergebnis korrekt sein soll.

Das alles störte meinen Kontrolleur nicht. Er tauchte weiterhin bei mir auf, nahm Proben, zu denen ich dann ein Gegenergebnis vorlegte. Allerdings immer mit Verspätung, denn meine Proben wurden ja nicht in Tölz untersucht, sondern in Augsburg. Dies war das nächstliegende Institut, das staatlich genehmigt war!

Um nun meine Kunden nicht zu verlieren, ließ ich mir etwas einfallen, was ich eigentlich für harmlos hielt: Ich fuhr nach München, kaufte einem dortigen Landwirt seine Vorzugsmilch ab und gab sie weiter an meine Kunden. Dabei machte ich keinen Gewinn. Ich wollte nur pünktlich liefern und verhindern, daß Säuglinge und alte Menschen auf ihre Milch verzichten mußten.

Mein Lebensmittelprüfer war ein geschlagener Mensch. Und zwar im wahrsten Sinne des Wortes. Einige Metzger aus Tölz hatten ihm einmal aufgelauert, ihm einen Sack über den Kopf gestülpt und draufgeschlagen – aus Wut darüber, daß er sie alle so schikanierte und jeden Monat einen neuen Prozeß anzettelte. Von da an ließ er die Metzger in Ruhe. Aber bei mir brauchte er vor einer Tracht Prügel ja keine Angst zu haben.

Der Mann erfuhr, daß ich meine Kunden trotz seiner Liefersperre mit Milch versorgt hatte. Er zeigte mich an. Der Prozeß vor dem Münchener Amtsgericht war auf drei Tage anberaumt.

Dieses Schicksal, und damit auch das meine, hatte schon oft am seidenen Faden gehangen. Immer wieder war der Hof Situationen ausgesetzt, in denen alles rettungslos verloren schien. Meine Mutter hatte mir oft davon erzählt, wie die Amerikaner den Hof sprengen wollten.

Meine Großmutter hätte wahrscheinlich »Gott« dazu gesagt, obwohl man es auch »Schicksal« nennen könnte oder »Bestimmung« oder eine »höhere Macht«. Es gibt viele Worte für diese göttliche Kraft, und ich meine, jeder muß sein eigenes Wort finden. Jeder muß in sich hineinhören.

Was die Religion angeht, so kann kein Papst und kein Pfarrer mir vorschreiben, was ich zu glauben habe. Religion heißt für mich: Ich bin, wie der Papst übrigens auch, meinem eigenen Gewissen verpflichtet. Ich höre, was mein Gewissen mir sagt, und danach handle ich.

Der Pfarrer schert mich wenig – und doch gehe ich gern in die Kirche. Jeden Sonntag. Der Kirchgang hat für mich Tradition, er gehört zu einem bayerischen Sonntag wie der Senf zur Weißwurst. Erst kommt die Arbeit im Stall, dann das Frühstück. Und danach kleiden wir uns festlich und gehen zur Messe.

Das ist ein Ritual, das ich bewahren will. Außerdem gibt es in Tölz einen guten Kirchenchor und ein hervorragendes Orchester. Es ist schön, an Festtagen die Messen von Händel zu hören, von Haydn und von Mozart. Religion ist Bildung, sagte schon einer meiner Anverwandten, Prof. Ritzler, um die Jahrhundertwende zu meiner Großmutter. Auch Schorsch empfand das so.

Für ein gestandenes Mannsbild gehört natürlich auch der anschließende Frühschoppen zum Kirchenbesuch. Mittags, wenn sie heimkommen, muß dann gekocht sein. Den Nachmittag verbringen sie dösend auf dem Sofa, gegen 16 Uhr geht es dann wieder in den Stall.

Der Prozeß, der mir wegen Nichteinstellung meiner Milchlieferung gemacht wurde, nahm groteske Züge an. Einige Kloster- und Krankenschwestern mußten als Zeuginnen aussagen. Sie mußten schildern, an welchen Tagen zu welcher Uhrzeit sie wie viele Liter Milch von mir bekommen hatten. Und sie sollten sich auch noch daran erinnern, was mit dieser Milch geschehen war. Wie wurde sie zubereitet, und wie bekam sie den Patienten?

Ich sah dem Staatsanwalt an, daß ihm noch mehr Fragen auf der Zunge lagen: Gab es da nicht ein paar Patienten, die aus unerklärlichen Gründen ins Koma fielen, nachdem sie von meiner Milch genippt hatten?

Ich glaube, er hat sich diese Fragen dann doch verkniffen. Und trotzdem kam ich mir vor, als sei ich wegen Mordes angeklagt.

Wie bei einem richtigen Schwurgerichtsprozeß waren auch mehrere Gutachter geladen. Sie schwelgten stundenlang in den Lebensgewohnheiten der koliformen Bakterien, stritten darum, welcher Keim unter welchen Bedingungen wie gefährlich ist. Dabei hatte ich doch sogar Vorzugsmilch geliefert. Aber das half mir nichts. Die Justiz filterte in diesen drei Tagen jeden Tropfen Milch heraus, der nicht den Anforderungen des Hygienegesetzes entsprach.

Als Zuschauer hätte ich die Verhandlung vielleicht komisch gefunden, doch hier ging es um meine Existenz, um die Frage, ob mir die Liefergenehmigung entzogen wurde oder nicht. Ich hatte meinen Stall ja auf Betreiben des Landwirtschaftsamtes gerade erst auf 50 Kühe hochgerüstet. Ihre Milch war zu dieser Zeit meine wichtigste Einnahmequelle.

Der Richter verurteilte mich zu einer Geldstrafe, die Liefergenehmigung war unstrittig. Ich bediente meine Kunden weiter pünktlich. Ein Frieden war offensichtlich nicht hergestellt. Das Urteil war damit immer noch schlimm genug.

Jetzt begann man von Amts wegen, die Kunden zu beeinflussen und zu verunsichern. Sie wurden gehörig unter Druck gesetzt. Man teilte ihnen mit, sie würden sich strafbar machen, wenn sie sich weiterhin von mir beliefern ließen. Einigen jungen, ausländischen Krankenschwestern wurde sogar damit gedroht, sie müßten mit ihrer Ausweisung rechnen, da eine weitere Milchabnahme verhängnisvolle rechtliche Folgen haben könnte.

Es dauerte nur wenige Wochen, und ich hatte fast alle meine Kunden verloren.

Der Hausmeister eines Altenheims erzählte mir später, der neue Liefervertrag mit der Großmolkerei sei schon bald wieder gekündigt worden. Damit die Milch nicht binnen kürzester Zeit sauer wurde, mußte sie abgekocht werden. Die abgekochte Milch schmeckte den Bewohnern nicht mehr, sie wollten das Zeug nicht trinken. Das Altenheim verteilte dann keine Milch mehr, sondern nur noch Fruchtsäfte.

Es gab nur eine Möglichkeit für mich, meine Milchwirtschaft zu erhalten: Ich mußte wieder an die Molkerei liefern. Doch Xaver Wolfsteiner ist nicht der einzige, der Einfälle hat. Auch wir Bauern können denken. Und wir können uns wehren. Ich beschloß, mir eine neue Molkerei zu suchen, außerhalb von Tölz und möglichst eine biologische.

Ich fand sie rund vierzig Kilometer entfernt, in Andechs. Für meine Kühe war die Umstellung auf Biomilch kein Problem, sie hatten nie Tiermehl, Antibiotika oder Wachstumshormone fressen müssen. Im Sommer hatten sie frisches Gras auf der Weide, im Winter, wenn sie im Stall standen, fütterte ich sie mit Heu. Ihre Milch war den Tölzer Behörden nicht gut genug, aber sie entsprach den strengen Richtlinien für biologische Milch.

Die Molkerei in Andechs war sofort bereit, einen Liefervertrag mit mir zu schließen. Sie bot mir einen guten Preis für jeden Liter Milch. Ich mußte mir allerdings eine Kühlwanne kaufen, da die Molkerei die Milch nur jeden zweiten Tag abholte, immer nachts um drei Uhr. Die neue Molkerei wollte mir die Wanne vorfinanzieren, ihren Preis später vom Milchgeld abziehen. Insgesamt kam ich auf den gleichen Verdienst wie bei meiner Privatlieferung – ich mußte jetzt aber keine Milchkübel mehr spülen und sparte mir die Anfahrtswege.

Nur ein Problem gab es noch: die Großmolkerei. In meinem Vertrag mit der Genossenschaft stand eine Kündigungsfrist von zwei Jahren.

»So lange müssen Sie eigentlich liefern«, erklärte mir der Molkereidirektor. Doch dann erinnerte er sich offenbar an unser Gespräch von früher. Und so fügte er grinsend hinzu: »Sie können zwar nicht kündigen, aber wir könnten Sie rausschmeißen.«

»Gute Idee«, sagte ich, »dann schmeißen Sie mich raus, und zwar schnell. Oder muß ich Ihnen noch einen Anlaß liefern ...«

»Schon gut«, unterbrach er mich, »Frau Sappl, ich entziehe Ihnen hiermit die Mitgliedschaft.«

Ich freute mich, daß die Industrie von nun an noch weniger an mir verdiente als bisher. Ich brauchte keinen Kunstdünger zu kaufen und keine Spritzmittel. Statt dessen baute ich wieder Getreide für den Eigenbedarf an. Ich brauchte nämlich Stroh für meine Kühe, das nicht aus einem Betrieb stammen durfte, in dem chemische Mittel eingesetzt wurden.

Für meinen Hof begann eine richtig schöne Zeit. Ich stellte Lehrmädchen ein, die mir halfen. Außerdem beschäftigte ich Melker – Taglöhner, die manchmal aushalfen.

Wir bauten Gerste, Weizen und Hafer nach biologischen Richtlinien an, ohne das Land dabei auszubeuten. Wir hielten wieder Schweine und Hühner, wir butterten mit unserer Milch. Die Arbeit machte Spaß und sicherte uns allen das Auskommen. Ich wünschte mir, es würde so bleiben.

## 11.
# *Beste Verhältnisse*

Der Leiter des Baureferats hatte es plötzlich eilig. Ich hatte den Verkaufsvertrag meines Waldgrundstücks kaum unterschrieben, da mußte Albert Pichl auch schon weiter. »Ein dringender Termin«, entschuldigte er sich, »Sie verstehen schon.«

Ehrlich gesagt, bis ich wirklich verstand, vergingen noch einige Monate. Denn die Tölzer Stadträte zogen ihre Fäden nicht im Licht der Öffentlichkeit. An diesem Tag beim Notar fiel mir nur auf, daß Albert Pichl mir nicht ins Gesicht sehen wollte. Er zog seine Ausfertigung des Vertrages sofort an sich, nachdem ich unterschrieben hatte, so, als wollte ich sie ihm wieder wegnehmen. Er verschwand, und ich habe ihn eine ganze Weile nicht wiedergesehen.

Schon lange Zeit zuvor, als wir uns beim Notar trafen, saß irgendwo in der Nähe ein Architekt an seinem Schreibtisch. Er zeichnete Pläne für das Gewerbegebiet, das bald auf meinem – nunmehr ehemaligen – Grundstück entstehen sollte.

Am 10. Februar 1983, gerade mal fünf Wochen nach dem Verkauf, schickte der Architekt seinen »Vorschlag für den möglichen Gestaltungsbereich einer Erweiterung des Gewerbegebietes« an die Stadt Bad Tölz. Fünf Tage später schrieb ein Mitarbeiter des Finanzministers an den Bürgermeister: »Im Auftrag von Herrn Staatsminister Streibl danke ich Ihnen ... für Ihre Bereitschaft, zu einer befriedigenden Lösung der Grunderwerbsprobleme der Firma Messebau XY beizutragen.«

Dieser Dank fällt nicht ohne Gegenleistung aus. Noch im selben Brief äußert sich das Finanzministerium auch sehr positiv und bereitwillig »zur Frage nach Steuererleichterung«.

Am 17. Februar 1983 tagte der Verwaltungsausschuß des Tölzer Stadtrates. An diesem Tag kamen die Herren Stadtpolitiker ganz offiziell zu einem Beschluß, den sie schon lange vorher ausgekungelt hatten. Ein Beschluß, von dem Albert Pichl schon längst gewußt hatte, als er mir vorgelogen hatte, mein Grundstück würde in zwanzig Jahren kein Gewerbegebiet. Und dieser Beschluß lautete wörtlich: »Der Ausschuß beschließt die Aufstellung der 18. Änderung des Flächennutzungsplanes sowie eines qualifizierten Bebauungsplanes für das Gebiet Farchet-Ost.«

Das bedeutete, mein früheres landwirtschaftliches Grundstück wurde zu Bauland, und sein Wert stieg damit schlagartig um ein Vielfaches.

Noch allerdings war es nicht soweit. Denn am 26. April 1983 tagte der Stadtrat, dessen Mitglieder zumeist christlich-sozial, einige aber auch sozialdemokratisch eingestellt waren. Diese Politiker hatten es in der Hand, den an mir geplanten Betrug noch zu verhindern.

Ich weiß nicht, wie lange und wie ernsthaft die Herren an diesem 26. April debattierten. Ich weiß auch nicht, ob sie an diesem Tag nur über den zu erwartenden Gewinn gesprochen haben oder auch darüber, was gerecht ist und was menschlich und was moralisch vertretbar. Ich weiß nur: Es waren an diesem Tag vierundzwanzig Stadträte anwesend, die sich an der Abstimmung beteiligt haben. Das Protokoll

1 Der Zwickerhof. Morgenwäsche am Brunnen, ca. 1906

2 Die Bewohner des Zwickerhofs und Sommerfrischler, 1896:
Ururgroßmutter Therese Öckler (vorne sitzend),
Großmutter Maria (Mitte stehend mit heller Schürze),
Professor Sigmund Rietzler (mit weißem Bart) mit Familie und Personal

*3 Oben: Manöverpause auf dem Zwickerhof, 1913 Großeltern Maria und Martin Sappl (Mitte stehend, mit dem kleinen Johannes), Tante Marie mit Mutter Anna an der Hand (Kinder links außen), davor liegend Onkel Martin, Tante Elisabeth und Tante Resl (Kinder 2. Reihe rechts außen stehend)*

*4 Die Großeltern Martin (in Erster-Weltkriegs-Uniform) und Maria Sappl mit Kindern: Johannes (jüngster), Martin (rechts außen), Marie, Resl, Elisabeth (Mitte von links nach rechts) und Anna*

5 *Stadtkinder aus dem nahegelegenen Kinderheim vor dem Zwickerhof, ca. 1920*

6 *Feierabend auf dem Zwickerhof, ca. 1922*
*Anna, Marie, Resl, Elisabeth und die Großeltern (von links nach rechts)*

*7 Tante Marie, Großmutter Maria, Großvater Martin, Tante Elisabeth, Onkel Martin (unten von links nach rechts)
Mutter Anna (oben Mitte) und Onkel Örgel, der Großknecht (oben rechts), ca. 1924*

*8 Die Geschwister zusammen, ca. 1928: Tante Marie, Onkel Georg, Tante Elisabeth, Onkel Martin, Tante Resl, Mutter Anna (von links nach rechts)*

9 Onkel Martin

10 Gedenkmarterl für Martin Sappl, der mit 31 Jahren bei der Feldarbeit tödlich verunglückte

11 *Tante Elisabeth (2. von links) und Mutter Anna (2. von rechts) mit Freundinnen aus Berlin vor dem Zwickerhof, ca. 1936*

12 *Studierende der Landwirtschaft, Kloster Sankt Ottilien, ca. 1937: Onkel Georg in der obersten Reihe (3. von links)*

*13 Oben: Beim Heumachen: Tante Elisabeth, Onkel Georg und der spätere Landwirtschaftsminister Josef Ertl als Lehrling auf dem Zwickerhof (rechts)*

*14 Onkel Georg, ca. 1939. Er besaß den Hof von 1942–1953*

*15 16 17 Leonhardi 1950*

18 *Oben: In der ersten Klasse: Anneliese in oberster Reihe (5. von links)*

19 *Anna Sappl und Anneliese*

*20 Leonhardifahrt 1960, Anneliese vorn im dunklen Gewand*

*21 »Die drei Grazien« – Fronleichnam 1964*

22 *Fuchsjagd in Schwaiganger, 1976 (Autorin vorne Mitte)*

23 *Die erste Jagd mit Tassilo (Autorin 2. von links)*

*24 Georg als »Vorreiter König Ludwigs II.« zur Feier der 100jährigen Stadterhebung Rosenheim, 1964*

25 *Georg mit einer prämierten Stute, ca. 1981*

26 *Frühling auf dem Zwickerhof*

*27 Martins Taufe, 1982: Josef Ertl als stolzer Patenonkel*

*28 Martin beim Traktorfahren*

29 *Martin im Alter von drei Jahren*

30 Georg, 1984

*31 Martins Schulanfang, 1988:*
*Selbstgebastelte Schultüten gab's für beide*

*32 Oben: Josef Ertl hilft Martin bei den Schulaufgaben, 1988*

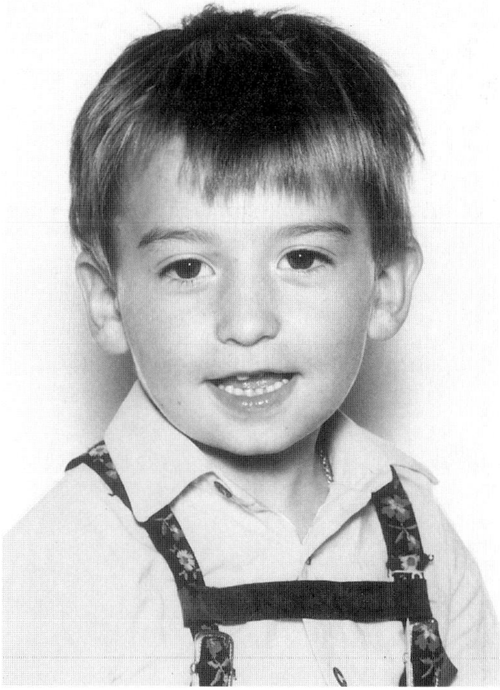

*33 Hansi, 1988*

34 *Fronleichnam 1988*

ihrer Sitzung begann mit dem Satz: »Nach Erwerb des ca. zwei Hektar großen Grundstücks Fl. Nr. 2595 der Gemarkung Kirchbichl bietet sich nun eine Erweiterung des Gewerbegebietes Farchet bis zur Staatsstraße 2072 an.«

Über diese Erweiterung stimmten die Stadträte also ab. Und das Ergebnis der Abstimmung lautete: Vierundzwanzig zu null.

Vierundzwanzig Stimmen für die Änderung des Flächennutzungsplanes und für die Aufstellung eines Bebauungsplanes. Kein einziger Stadtrat, der aufgestanden wäre und gesagt hätte: »Nein!«

Die Öffentlichkeit, und damit auch ich, wußte zu dieser Zeit noch nichts von dem geplanten Gewerbegebiet. Die Stadt zog es vor, ihre Bürger erst zu informieren, wenn nichts, aber auch gar nichts mehr zu ändern war. Aus gutem Grund. Denn außer mir hätten möglicherweise auch Naturschützer gegen die Pläne protestiert.

So aber ging alles seinen verwaltungstechnischen Gang. Als nächstes mußte die Regierung von Oberbayern den geänderten Flächennutzungsplan genehmigen. Um das zu erreichen, schrieb Albert Pichl am 28. Juni im Auftrag der Stadt an die oberbayerische Regierung: »Das Gebiet zwischen dem Gewerbegebiet Farchet und der Staatsstraße 2072 ist in der Waldfunktionskarte als regionaler Klimaschutzwald ausgewiesen. Dieser Bereich ist jedoch seit einigen Jahren abgeholzt und soll nun gemäß Beschluß des Verwaltungsausschußrates vom 17. Februar 1983 der Erweiterung des Gewerbegebietes nach Osten dienen … Schließlich handelt es sich hier um das einzige Gebiet im Stadtbereich, in dem der wirklich dringende Bedarf an Gewerbeflächen noch befriedigt werden kann.«

Von diesem »wirklich dringenden Bedarf« hatte Albert Pichl seit Jahren gewußt, schon lange, bevor er mit mir zum ersten Mal über den Kauf von Farchet-Ost verhandelte. Wie man sein Vorgehen juristisch nennt, erfuhr ich dann viele Jahre später von meinem Anwalt: »Arglistige Täuschung« nennt man so ein Verhalten, und natürlich auch »Betrug«.

Ich selber habe nicht von der Stadt erfahren, was mit meinem Grundstück geschehen sollte. Zu diesem Zeitpunkt hatte mir die Stadt den Kaufpreis längst überwiesen. Es war viel zu spät, den Verkauf noch rückgängig zu machen. Die Stadt konnte jetzt in aller Ruhe abwarten, bis die Regierung von Oberbayern den neuen Flächennutzungsplan genehmigte. Das geschah am 30. Januar 1984. Zehn Tage später wurde der Plan wirksam, und mit der Erschließung und dem Verkauf der Grundstücke konnte begonnen werden.

Für die Vergabe der neuen Gewerbeflächen kamen dreizehn Bewerber in die engere Wahl. Der erste hatte seinen Antrag bereits 1978 gestellt, die meisten Anträge stammten aus dem Jahre 1982. Die Messebau-Amigos des Finanzministers hatten ihren Antrag erst im November 1982 gestellt, als eine der letzten Firmen, – und doch stand »Messebau XY« an erster Stelle in der Liste der zu berücksichtigenden Bewerber. Die Firma ging später nur deshalb leer aus, weil sie in Finanznöte kam und ihren Antrag wieder zurückzog. Nicht berücksichtigt wurden von der Stadt die drei Unternehmer, die ich in meinem abgelehnten Erschließungsantrag aufgeführt hatte.

50 Mark hatte die Stadt mir pro Quadratmeter bezahlt. Etwa die Hälfte meines Grundes verkaufte sie dann für 165 Mark pro Quadratmeter weiter. Für die zweite Hälfte verlangte sie deutlich mehr: 220 Mark pro Quadratmeter, für manche Flächen auch 270 und sogar über 300 Mark. 300 Mark, das entspricht einem Aufschlag von 500 Prozent – eine Marke, die selbst von den schlimmsten Immobilienhaien kaum jemals erreicht wird.

Vom Gewinn der Stadt abzuziehen waren zwar noch die

Erschließungskosten, die aber mußten die Bewerber zum Teil selber tragen. Mein Anwalt hat ermittelt: Selbst bei den ersten Grundstücken, die sie für etwa 160 Mark verkaufte, machte die Stadt pro Quadratmeter immer noch rund 80 Mark Gewinn.

Es gibt aber noch eine viel wichtigere Summe, die mein Anwalt ausgerechnet hat, – die Summe nämlich, die mir eigentlich zugestanden hätte, die Summe, um die ich betrogen worden bin. Bei einem Durchschnittspreis von 200 Mark pro Quadratmeter lautet diese Schadenssumme: Zwei Millionen Mark. Darin noch nicht enthalten sind die Zinsen, die nach 1983 für diese zwei Millionen angefallen wären.

Auch meine Bank blieb nicht untätig in der Zeit, während die Stadt aus meinem Grund ein Gewerbegebiet machte. Nach und nach erhöhte sie meine verschiedenen Kreditrahmen. Die Mitteilungen, die ich darüber bekam, waren so formuliert, daß ich sie weder richtig verstanden noch mir ihren Inhalt gemerkt habe. Hin und wieder ging ich aber doch in meine Filiale, um mit meinem Sachbearbeiter zu reden.

Ich erzählte ihm von meinen Verkaufsverhandlungen mit der Stadt. Und ich bat, man möge doch ein gutes Wort für mich einlegen, das müßte doch ganz einfach sein, bei den hervorragenden Kontakten.

Kurz nach unserem Gespräch hat aber die Tölzer Filiale für mich einen neuen Kreditantrag bei ihrer Zentrale gestellt. Diesem Antrag fügte sie ein Begleitschreiben bei, in dem es unter anderem hieß: »Neuer Kreditantrag wegen Umschuldung in laufender Rechnung. Durch die Umschuldung haben wir die Möglichkeit, das bisherige Darlehen 9,5 Prozent netto fest bis 30. 11. 1984 auf 13,5 Prozent netto derzeit zu erhöhen.«

Anders gesagt: Durch die ständigen Umschuldungen und die immer neuen für mich völlig verwirrenden Kreditanträge hatte die Bank die Möglichkeit, ihre Zinsforderungen zu erhöhen, ohne daß ich es so richtig merkte. In meinem Kopf spukten immer noch die »billigen Gelder« herum, mit einem Prozent Zinssatz oder einer Zinsverbilligung von sechs Prozent. In Wahrheit knöpfte mir die Bank ein Vielfaches ab.

In ihrem Begleitschreiben schilderte die Filiale auch die Verhandlungen, von denen ich meinem Berater erzählt hatte: »Die Antragstellerin beabsichtigt, 20 000 Quadratmeter Grund zu veräußern ... Die Stadt möchte das Grundstück erwerben. Gespräche wurden bereits geführt. Frau Sappl akzeptiert nie den gebotenen Preis der Stadt Bad Tölz ... Beste Verhältnisse.«

Ja, für die Bank waren sie wirklich bestens, meine Verhältnisse. Und so erhöhte sie schon bald wieder einen meiner Kreditrahmen. Im Kreditantrag an die Zentrale hieß es: »Falls bis Ende 1983 kein Grundstücksverkauf erfolgt ist, erfolgt Bestellung einer weiteren ausreichenden Grundschuld. Das Darlehen wird höher beantragt, um bis Ende 1983 für die Zinsbelastungen freien Raum zu haben.«

Meine Schulden stiegen also nicht, weil ich von den Krediten dauernd neue Ställe gebaut hätte. Sondern sie stiegen aus einem anderen, aus einem einzigen Grund: wegen der Zinsbelastungen.

Ende 1982 also verkaufte ich meinen Grund in Farchet Ost. Am 24. Februar 1983 überwies mir die Stadt dafür exakt 999 282,50 Mark. Das war erheblich mehr Geld, als mir jemals an Krediten ausgezahlt worden war. Mit diesem Geld, so dachte ich, würde die Bank meine Schulden tilgen.

Mein Sohn Martin brachte neues Leben auf den Zwickerhof. Georg und ich unternahmen plötzlich viel mehr gemeinsam, wir gingen wandern, fuhren zu den Ritterspielen nach Kaltenberg oder zu den Fuchsjagden auf Herrenchiemsee – und Martin nahmen wir überallhin mit. Auch bei der Stallarbeit oder draußen auf dem Feld war er fast immer in meiner Nähe. Säuglinge sind leicht in das alltägliche Leben auf einem Bauernhof einzubeziehen. Und wenn sie größer werden, spielen sie mit echten Ferkeln, riechen an richtigem Heu – sie müssen sich keine Bilderbücher anschauen, die das Leben auf dem Bauernhof zeigen.

Auch meine Lehrmädchen liebten das Kind. Vor allem Andrea, die Martin in seinen ersten vier Lebensjahren aufwachsen sah. Für ihn war sie wie eine große Schwester, für mich wie eine ältere Tochter. Schon die Knechte und Mägde aus meiner Kinderzeit hatten zur Familie gehört, und das war auch heute noch so. Andrea mußte nicht nur melken, Kälber aufziehen und Hühner füttern, sie war auch bei allem dabei, was wir in der Freizeit unternahmen. Wenn im Sommer die Heuarbeit hinter uns lag, nahmen wir uns oft mal einen halben Tag frei – wir erledigten am Morgen rasch die Arbeit im Stall, fuhren danach zum Baden an den Chiemsee oder gingen bergsteigen.

In dieser Zeit kamen auch häufig Bauernburschen zu uns, die uns bei der Waldarbeit halfen. Natürlich kamen sie nicht wegen der Bäume so gern, sondern weil immer nette Mädchen da waren und weil es immer recht lustig zuging. Einmal in der Woche fuhr ich Andrea und die anderen zum Tanz der Bauernjugend. Und ich nahm sie auch immer zu den größeren Ausflügen mit, zu den Ritterspielen und Fuchsjagden. Ich wollte, daß die Mädchen etwas erleben, daß sie später schöne Erinnerungen haben an die Zeit auf dem Zwickerhof, die Zeit ihres Erwachsenwerdens. Es ist nämlich eine sehr kostbare Zeit. Die Mädchen sollten genauso gerne an ihre Lehrjahre zurückdenken wie ich an die meinen.

Eigentlich wollte ich gleich nach der Mittleren Reife eine landwirtschaftliche Lehre machen. Ich hatte damals bereits eine Lehrstelle auf einem Einödhof am Ammersee, doch ich konnte sie nicht antreten. Und das lag an unserem damaligen Knecht.

Der Mann hatte offenbar Probleme damit, sich von Frauen sagen zu lassen, was er arbeiten sollte. Er nörgelte jedenfalls immer häufiger an dem herum, was meine Mutter ihm anschaffte. Und eines Tages war er verschwunden, über Nacht, ohne jemandem etwas davon zu sagen. Am Tag als die Heuernte begann, standen meine Tante und meine Mutter plötzlich alleine da.

Mir blieb gar nichts anderes übrig, als in diesem Sommer die Arbeit des Knechtes zu machen. Ich fuhr den Traktor, half den beiden bei der Heuarbeit.

Es war nicht das erste Mal, daß meine Mutter und Tante Elisabeth Probleme mit ihren Mitarbeitern bekamen. In diesen Jahren bröckelte die Idylle aus früheren Zeiten. Um die Jahrhundertwende war der Großknecht noch ein überaus angesehener Mann, und auch die anderen Knechte und Mägde fühlten sich als Teil des Hofes, als Teil einer großen Familie; es waren fröhliche, zufriedene Menschen.

Das harmonische Bild der alten Großfamilie ist keine späte Verklärung: Auf den alten Fotos sind die Knechte und Lehrmädchen in ihren Festgewändern zu sehen, sie lachen und strahlen in die Kamera – so sehen keine Menschen aus, die »geknechtet« und unterdrückt werden.

Erst im Laufe der Jahrzehnte wurde das Wort »Knecht« zu einem Schimpfwort. Knechte und Mägde, das waren arme Wichte, die es im Leben zu nichts gebracht hatten, die immer nur die Drecksarbeit machen mußten. Obwohl das gar nicht stimmte. Es gehörten eine gute Schulung, umfassendes Wissen, Organisationstalent, Geschicklichkeit, Ausdauer und Fleiß dazu, auf einem Bauernhof zu arbeiten. Und es ist bei aller körperlichen Anstrengung bestimmt eine schönere und erfüllendere Arbeit, als irgendwo am Fließband zu stehen. Für mich macht es einen großen Unterschied, ob ich den ganzen Tag mit irgendwelchen Behörden verhandelt habe oder ob ich von früh bis spät draußen auf dem Feld war und gemäht habe – nach dem Mähen bin ich körperlich müde, aber fröhlich; ich sehe, was ich getan habe und bin stolz darauf. Außerdem ist unsere Arbeit vielseitig. Wir mähen und misten ja nicht bloß, sondern müssen – gerade was die Tiere angeht – immer wieder neue und schnelle Entscheidungen treffen. Wir müssen wissen, was zu tun ist, wenn eine Kuh kalbt, oder wie gefährlich es ist, wenn sich ein Stier im Draht verheddert.

In den sechziger Jahren wurde es immer schwieriger, gute Arbeitskräfte für die Landwirtschaft zu finden. Die Bezahlung war tatsächlich nicht allzu üppig, konnte es gar nicht sein. Wer nur aufs Geld schaute, fand in den Städten die lukrativeren Angebote. Und zu dieser Zeit schauten alle aufs Geld.

Das Arbeitsamt vermittelte meiner Mutter und meiner Tante bald nur noch abgestürzte, gestrauchelte Existenzen.

Einmal schickte uns das Arbeitsamt einen Knecht, der gerade vierzehn Jahre Zuchthaus wegen Mordes hinter sich hatte, was man uns natürlich nicht mitgeteilt hatte. Wir bemerkten leider schon bald, daß der Mann seine kriminelle Vergangenheit nicht hinter sich gelassen hatte. Meine Tante ertappte ihn dabei, wie er nach dem Verkauf eines Kalbes unsere Schränke durchwühlte, auf der Suche nach der Geldkassette. Der Mann flüchtete, brach aber Stunden später in einem Tölzer Waffengeschäft ein. Wir lasen davon am nächsten Tag in der Zeitung – und bekamen Angst, er würde zu uns zurückkehren, uns erschießen und sich die

Kassette doch noch holen. Doch er blieb nach seinem Raub spurlos verschwunden. Monatelang. Dann fand man ihn im Allgäu in einem Heustadel. Tot. Er hatte sich bei dem Einbruch offenbar verletzt, war später in dem Stadel an Wundstarrkrampf gestorben.

Dieser Knecht war unter den ehemaligen Gefängnisinsassen auf unserem Hof allerdings der einzige, mit dem wir schlechte Erfahrungen machten. Es fragten immer mal wieder Zechpreller oder Obdachlose bei uns um Arbeit nach, die gerade aus dem Tölzer Gefängnis entlassen worden waren und nicht wußten, wohin.

Die meisten dieser Menschen kamen nie zur Ruhe. Man mußte schon Geduld mit ihnen haben: Wenn sie am Monatsende ihren Lohn bekamen, trugen sie ihn oft in die nächste Kneipe und versoffen ihn. Eine halbe Woche lang ließen sie sich auf dem Hof nicht mehr blicken. Dann aber kehrten sie zurück und machten ihre Arbeit. Es waren freundliche Männer, die nie aggressiv oder ausfällig wurden. Sie funktionierten nur nicht ganz so präzise wie die meisten. Und deshalb warf der Staat sie in den Müll. Er steckte sie wegen Kleinigkeiten ins Gefängnis, und nach ihrer Entlassung konnten sie dann sehen, wo sie blieben. Man mußte sich arrangieren, mit allen auskommen, ob es nun solche Leute waren oder die agrarwissenschaftlichen Studenten, die später bei mir ihr Praktikum machten.

Statt meine Lehre anzutreten, blieb ich mit sechzehn Jahren also zunächst daheim auf dem Hof. Im folgenden Herbst besuchte ich eine landwirtschaftliche Fachschule in Miesbach, danach die katholische Landvolkshochschule in Petersberg. Dort erteilte uns ein Professor aus München Kunstunterricht, wir besuchten Opern und Vorträge. Die Patres an der Schule waren längst nicht so altbacken wie die Nonnen im Internat.

Als ich 20 Jahre alt war, drängte es mich, endlich Neues

von der Welt zu sehen. Sosehr ich meine Heimat liebte, ich mußte mir einen größeren Blickwinkel verschaffen, eine weitere Perspektive, um nützliche Erfahrungen einbringen zu können, wenn ich später einmal den Hof übernahm.

Mein Traumland war damals die Schweiz. Ich brachte sie in Verbindung mit Schillers Willhelm Tell, dem unerschrockenen Nationalhelden, mit Hauptmann Blunschli, der so ungemein liebenswert von O. W. Fischer in »Helden« dargestellt worden war, und – wie könnte es anders sein – mit glücklichen Kühen und edlen Pferden. Ein Volk der kühnen Reiter, da man noch eine berittene Armee unterhielt.

Als ich dieses glückliche freie Land im Mai 1964 bereiste, haben sich meine Vorstellungen in etwa bestätigt, an allen Ecken und Enden begegnete ich frisch-fröhlichen Reitern, und ich war überzeugt, daß Prestige keinerlei Rolle spiele, sondern pure Natur- und Tierliebe!

Selbstbewußt, niemals unterwürfig, eigensinnig, mit tiefen bäuerlichen Wurzeln, so sah ich diese liebenswerten Nachbarn. Sie hatten das nötige Rückgrat, ihre Tradition und ihre Eigenständigkeit beizubehalten. Hoffentlich besinnen sich die Eidgenossen auch heute noch ihres Schwurs am Rütli, denn sollten sie sich der Europäischen Union anschließen, hätten sie ihren Eid gebrochen, sie würden dieselbe Knechtschaft und Wirren der Bevormundung erfahren, wie es viele in unserem Land nun erleben. Vom Preisverfall ganz zu schweigen!

Aber zurück zu meinen ersten Eindrücken. Die Lehrbetriebe, die ich mir im Mai 1964 ansah, gefielen mir alle, und es wurde mir schwer, zu entscheiden, wohin ich gehen sollte. Die Familie Elmer, die Direktorenfamilie der kantonalen Landwirtschaftsschule Zürich in Wetzikon, hatte es mir beim Vorstellungsgespräch besonders angetan. Der Direktor, ein hochdekorierter Militär und überaus angesehener Agrarfachmann, hatte gerade Besuch von seiner

Mutter, einer herzlichen alten Bergbäuerin aus Chur in Graubünden. In ihrer mütterlichen Sorge hatte sie für ihren Sohn eine zwei mal zwei Meter große schafwollene Bettdecke als Geschenk mitgebracht. Sie war in kunstvollen Mustern gestrickt. Wie viele nächtliche Stunden mußte sie wohl neben ihrer schweren täglichen Arbeit darüber verbracht haben?

Diese hingebungsvolle Fürsorge hat mich an mein Zuhause erinnert, ich spürte: Die Freude, die man schenkt, strahlt zurück. Ich entschied mich, an dieser Land- und Hauswirtschaftsschule mein Praktikum zu machen. Da der Wissenschaft auch ein ebenso modernes Forschungs- und Praxisgut in unmittelbarer Nähe angeschlossen war, bekam ich einen tiefen Einblick in den biologischen schweizerischen Ackerbau und Viehzucht!

In den Schulferien arbeiten oftmals die Lehrer praktisch mit, so im vorbildlich geführten Garten oder beim Imkern.

Die Familie hatte drei Kinder im Alter von 13 Jahren bis 17 Jahren, mit diesen fuhr ich auch während der Expo, einer nur alle 25 Jahre stattfindenden Landesausstellung, 14 Tage nach Lausanne, wo Herr und Frau Elmer berufliche Funktionen ausübten. Es war eine wundervolle Zeit, die Expo ein rauschendes Fest! Das schon südliche Klima, die Helligkeit der Landschaft und die Beschwingtheit der Bevölkerung haben in mir ein Gefühl der Erinnerung aufkommen lassen, als wäre ich in eine vergessene Heimat zurückgekehrt! Ich konnte es damals nicht ahnen, aber vielleicht war ich in dieser Landschaft meinem zweiten Ich sehr nahe, dem Lande jenseits des Genfer Sees, dem Vaterland Savoyen!

Auf alle Fälle wollte ich nach meiner Rückkehr an der Volkshochschule Französisch lernen, diese melodische und heitere Sprache, die ich in der Klosterschule leider nicht als Wahlfach aufgegriffen hatte.

So viel könnte ich über diese Zeit erzählen, doch statt dessen soll mein Bericht stehen, der in der Jubiläumsausgabe der Vereinigung der Landwirtschaftlichen Auslandspraktikanten des bayerischen Bauernverbandes im März 1973 abgedruckt wurde.

### *Das Land meiner Väter rief!*

*Zwei Jahre nach meinem Schweiz-Praktikum zog es mich wieder in die Fremde. Es war gut, die Füße auch unter fremde Tische zu strecken, vor allem war es eine Bewährungsprobe für mich. Die fremde Sprache, die heitere Lebensart, das zog mich in den Bann. Mit der Vermittlung des Bauernverbandes war ich sehr zufrieden. Der 500 ha große Betrieb meiner neuen Familie befand sich in der Ile de France, 30 km östlich von Paris und paradiesisch gelegen. Die drei Söhne und zwei Töchter waren alle um die Zwanzig, außerdem fand sich ständig eine Schar internationaler Freunde auf dem Gut ein. Das prächtige Hofgeviert zeugte von einer ehrwürdigen Vergangenheit, die Wände waren ockergelb verputzt, die 1 ha große, ummauerte Hofinnenfläche zur Hälfte mit riesigen Granitsteinen gepflastert. Der andere Teil war das Refugium des behenden Gärtners, und der Treffpunkt der Jugend war der gepflegte Tennisplatz. Die Freizeit wurde gemeinsam verbracht, während die einen ritten, Tennis oder Boule spielten, saß die übrige Gesellschaft im Park und sah dem quirligen Treiben mit Freude zu.*

*Da die Kinder ihrem Studium in Paris nachgingen, war der große Tisch wochentags ziemlich leer, und Madame und Monsieur freuten sich, wenn »zufälligerweise« Monsieur Abbé unser Gut aufsuchte. Unsere Köchin Marie trug dann ein weiteres Gedeck auf, denn sie wußte, dieser bescheidene, sparsam lebende Geistliche hatte Hunger. In solchen Tagen verzichtete ich unauffällig auf mein Filetstück, Madame hat mir das hoch angerechnet, das schrieb sie auch meiner Mutter nach Hause.*

*Der Betrieb war auf Ackerbau spezialisiert. Auf Grund des überaus fruchtbaren Lößbodens gediehen vor allem Zuckerrüben und Getreide vortrefflich. Zur Ausnützung der Zwischenfrüchte sowie der Abfallprodukte hielt während der kühlen Jahreszeit Monsieur Benoir an die 30 bis 60 Ochsen in Freilaufmast. Wenn ich am frühen Morgen aus meinem Bett über den Hof sah, dann fuhren die Pferdeknechte mit ihren mächtigen Bretonenschimmeln über das holprige Pflaster. Die typischen hohen zweirädrigen Wagen waren mit dem Tierfutter beladen.*

*Im südwestlichen Hofanschluß, außerhalb der 400 Meter langen und 3 Meter hohen Umfriedungsmauer, befand sich die kleine Siedlung der Gutsangestellten. Auch Marie wohnte dort mit ihrem Mann, einem kernigen Bretonen. Zu Marie hatte ich einen guten Draht, obwohl sie kein Deutsch sprach, ich noch nicht perfekt im Französischen war. Madame sagte zu mir: »Marie spricht nur Kauderwelsch, von ihr können Sie unsere Sprache nicht gut lernen!«*

*Doch in einem hatte sie sich sehr getäuscht, wir verstanden uns prächtig! Marie redete bretonisch und ich bayerisch. Es mußten unsere keltischen Urlaute sein, die in uns erwacht waren. Ob unsere beiden Dialekte nun wirklich sprachlich verwandt sind, dies zu ergründen, hatte ich leider noch nie die Zeit!*

*Als der jüngste Sohn François in 40 km Entfernung an einem Reitturnier mit Sarabande teilnehmen wollte, bekam er von seinem Vater kein Geld für den Transport. So bat er mich, sein Pferd in Gesellschaft seiner ebenfalls berittenen Cousins nach Ferté le Jourant zu bringen. Wir ritten durch eine wunderschöne romantische Gegend entlang der Seine und Marne. Es war wenig Verkehr, trotzdem galoppierten wir durch fast mannshohe Getreidefelder, für mich unfaßbar.*

*Das Reitturnier fand anderntags im Naturpark eines hübschen, kleinen Landschlosses statt. Die Veranstaltung war unverkrampft und heiter. Die Zuschauer saßen in Grüppchen neben den Hindernissen im Rasen. Die Teilnehmer waren locker, und den Pferden schien es förmlich Lust zu machen, über den Parcours zu toben. Obwohl ich die Stute kurze Zeit zuvor trainiert hatte, machte ihr das Tanzen mehr Freude als das Springen! Dies tat jedoch der Fröhlichkeit von François keinen Abbruch!*

*Als den Pferdeknechten seines Vaters dies zu Ohren kam, dachten sie wohl, die Springunlust der edlen Stute liege an deren geringen Leibesumfang, und sie meinten es gut mit ihr und besonders François. Sie fütterten die Stute so übermäßig mit Luzerne und Hafer, daß diese kurz vor einer Kolik stand. Eigentlich tippte ich auf eine Vergiftung, da das Pferd schlimme Schweißausbrüche hatte.*

*Aus Berichten meiner Mutter wußte ich, daß einige Pferde meines Onkels, die 1949 vergiftet worden waren, durch den Rat des Dr. Leich gerettet werden konnten. Um das Gift zu binden, sollte man Rahm und Milch geben. Dann unterpolsterte ich die Pferdedecke mit großen Mengen Stroh. Sie sollte weiterschwitzen, doch verkühlen sollte sie sich nicht. Das feuchte Stroh wurde stündlich erneuert.*

*Die Pferdeknechte belächelten mich, sie mochten das Reitpferd nicht, ja, ich hatte sie schon dabei beobachtet, wie sie es schlugen, weil Sarabande sich von ihnen nicht die Beine aufheben ließ. Daß sie zu mir Vertrauen hatte, verärgerte die stämmigen Männer.*

*Nachdem Sarabande einige Tage später durch Futterentzug (außer Stroh) die drohende Kolik überwunden hatte, wurde ich von allen respektiert. Besonders meine Gastfamilie freute sich, daß sie den Tierarzt gespart hatte, und Madame Benoir lobte mich beim festlichen Ostersoupeé inmitten der vielen Gäste: »C'est Anneli, une jeune fille Bavière. Elle est une excellent cousinière, une jardinière et une vétérinaire!«*

Meine Gastgeberfamilie hätte mich gerne noch länger bei sich behalten. Doch nach einem halben Jahr zog es mich zurück an den Ort, an den ich wirklich hingehörte, an den Zwickerhof. Auf dem Rückweg übernachtete ich in einer Jugendherberge in Straßburg. Und als ich am nächsten Morgen die Grenze passierte, da kam mir Deutschland auf einmal so schwermütig vor, so düster und ernst. Ihre leichte, lebensfrohe Art ist das, was mir von den Franzosen am stärksten in Erinnerung blieb.

Zurück im Ratzwinkl besuchte ich noch einmal eine Landwirtschaftsschule. Dort bereitete ich mich auf die Meisterprüfung vor, die ich schließlich mit 23 Jahren auf einem Hof in Weilheim ablegte. Von da an durfte ich mich Landwirtschaftliche Hauswirtschaftsmeisterin nennen und auch selbst Lehrlinge in diesem Fach ausbilden. Wobei zur Hauswirtschaft keineswegs nur Kochen und Gemüseputzen gehören, sondern auch Melken, Viehzucht, Außenwirtschaft. Eine Bäuerin muß nämlich fähig sein, den Bauern zu ersetzen, falls er einmal ausfällt.

Nach der Meisterprüfung pachtete ich den Zwickerhof von meiner Tante und meiner Mutter. Am 5. Januar 1975 übernahm ich ihn dann in eigener Verantwortung, der Kampf um meine Rechte begann!

Ich zahlte nach dem Verkauf von Farchet-Ost einen Teil meiner Schulden zurück, der Rest wurde als Festgeld angelegt. Für mich war jedenfalls damals die Sache mit meinen Schulden erledigt. Zinsbelege für das Festgeld habe ich nie gesehen. Und irgendwann war es plötzlich nicht mehr da.

Mein Anwalt ermittelte später: Im Laufe des Jahres 1984 buchte die Bank einen Teil des Festgeldes auf mein Kontokorrentkonto und die anderen Kreditkonten. Aber eben nur einiges. Von einem Teil nämlich weiß niemand, was damit geschehen ist, ob und wohin das Geld gebucht wurde. Wo diese Summe geblieben ist, darüber konnte die Bank weder mir noch meinem Anwalt eine Auskunft geben.

Mein Schuldenstand bei der Bank verringerte sich für kurze Zeit. Doch dabei blieb es nicht lange. Schon bald waren meine diversen Kreditrahmen wieder überzogen, die Bank berechnete mir bis zu siebzehn Prozent Zinsen. Und sie stellte immer neue Kreditanträge, erhöhte nach und nach meine Kreditlinien.

Auf einem ihrer Kreditanträge vermerkte die Tölzer Filiale: »Frau Sappl versucht, ob ihr die Stadt Bauland ausweist. Beste Wohngegend von Bad Tölz. Sie weiß, daß sie ohne weitere Grundverkäufe obige Kredite nicht zurückzahlen kann. Wir werden ihr bei den Gesprächen mit der Stadt und dem Landratsamt behilflich sein.«

Der Mann, der mir da behilflich war, das war mein Berater bei der Bank. Jener Mann, der mir versprochen hatte, er würde seine guten Beziehungen spielen lassen, falls ich jemals Bauland bräuchte. In anderen Fällen hatte es rund um den Zwickerhof mit der Erschließung von Bauland ja auch problemlos geklappt – so zum Beispiel beim Sohn eines Stadtrates. Nur bei mir, da stellten die Stadträte sich plötzlich quer. Man bedauerte das außerordentlich, versprach mir, man würde weiter am Ball bleiben. Schließlich ändern sich ja von Zeit zu Zeit die Verhältnisse im Stadtrat.

## 12.
## *Kälteschock*

Eigentlich fällt es mir sonst nie sonderlich auf, aber an einem Sonntagmorgen im August 1984 hörte ich plötzlich das Läuten der Kirchenglocken. Sechsmal dröhnten ihre Schläge aus über zwei Kilometern Entfernung zu uns herüber. Es war ein schwüler, gewittriger Morgen. Vielleicht lag es am Wetter, daß ich die Glockenschläge heute so deutlich vernahm. Vielleicht aber auch daran, daß ein ganz besonderer Tag heranbrach – der Tag, an dem mein zweiter Sohn Johannes zur Welt kommen sollte.

Ich verließ den Hof am frühen Morgen. Um 13 Uhr, zwei Stunden nach der Geburt, brachte Georg mich wieder nach Hause. Mit der rechten Hand stützte er mich, im linken Arm hielt er das Bündel Mensch, das gerade geboren worden war. In der Hofeinfahrt lief uns Martin entgegen, er schmiegte sich demonstrativ an mich. Es gefiel ihm überhaupt nicht, jetzt einen Nebenbuhler zu haben, mit dem er meine Zuneigung teilen mußte. Er wußte genau, daß von nun an nicht mehr er herumgetragen würde, sondern das Baby. Martin quengelte ständig an diesem Tag. Und in einem günstigen Moment schnappte er sich den Schnuller seines Bruders und vergrub ihn draußen in der Erde.

Am dritten Tag nach der Geburt ging es mir wieder besser, ich quälte mich nicht mehr mit Gedanken, die noch in ferner Zukunft lagen. Und Martin schenkte seinem Bruder ein Stoffbärchen.

Georg verbrachte jedes Wochenende bei mir und unseren Söhnen. Manchmal kam er auch unter der Woche für einen Abend, er brauchte auf der Autobahn ja nur eine halbe Stunde.

Die ersten Lebensjahre meiner Kinder wurden auch für mich zu einer wunderbaren Zeit. Es machte Spaß, mitzuerleben, wie diese kleinen Wesen die Welt entdecken, wie sie schauen, greifen, krabbeln und schließlich laufen. Ihr Vertrauen ins Leben schien grenzenlos. Und ein wenig von diesem Urvertrauen gaben sie auch an mich weiter.

Meine Pferdezucht und die Milchwirtschaft liefen gut in diesen Tagen. Von Zeit zu Zeit verkaufte ich ein Fohlen, meistens an Privatleute, die selbst einen kleinen Stall besaßen und von denen ich wußte, daß die Tiere dort eine gute Haltung hatten. Sie wurden nicht geschunden und mußten nicht den ganzen Tag in der Box stehen, wie das in vielen Reitställen der Fall ist. Mit der biologischen Molkerei in Andechs kam ich bestens zurecht, ich lieferte viel und gute Milch. Meine Erträge waren zufriedenstellend.

Die Menschen auf dem Zwickerhof fühlten sich wohl. Tante Elisabeth schaute manchmal vom Balkon, und was sie sah, sagte sie, gefiele ihr sehr. Voller Stolz blickte sie am Ende ihres Lebens auf das herab, was sie geleistet hatte, zufrieden betrachtete sie die Erde, in der auch ihre eigene Arbeit steckte. Ich glaube, mehr kann man einem alten Menschen kaum geben.

Die Lehrmädchen machten ihre Arbeit gern. Sie fütterten die Hühner und die Kälber, und natürlich lernten sie auch Melken, was sie bei ihrer Abschlußprüfung beherrschen mußten. Aber sie mußten keine schwere körperliche

Arbeit verrichten, nie den Mist im Schubkarren nach draußen fahren – das besorgten die männlichen Taglöhner oder die Praktikanten.

Meinen Söhnen schneiderte ich die ersten Lodenmäntelchen. Und schön bestickte, echte Schützenröcke für die Festtage. Ich nahm Martin und Johannes mit zur Fronleichnamsprozession. Und als sie zwei Jahre waren, durften sie bereits auf dem Leonhardiwagen sitzen, neben derselben mannshohen Barockfigur, die schon ich als kleines Mädchen angebetet hatte. Die Kinder müssen die feierliche Atmosphäre an diesem Tag mitbekommen, wenn sie noch klein sind, sie müssen das Läuten der Glocken hören und staunend dabei zusehen, wie die Alten den Wagen binden und schmücken. Denn wenn man zu lange wartet und die Kinder erst mit sieben oder acht Jahren teilhaben läßt, dann spüren sie das Besondere nicht mehr, das Heilige. Dann begreifen sie nicht mehr, worum es bei diesem Fest geht. Ich selber war als kleines Mädchen überwältigt vom Leonhardifest, und etwas davon wollte ich auch meinen Kindern vermitteln.

Die Zeit wirbelt alles im Leben durcheinander. Es gibt nichts, was uns ewig begleitet, nichts, was sich festhalten läßt. Martin und Johannes wuchsen aus der Wiege heraus, die Georg und ich ihnen geschenkt hatten. Sie trauten jetzt längst nicht mehr jedem, der ihnen begegnete. Und als ich ihre Wiege auf den Speicher stellte, da waren die friedlichen und harmonischen Tage auf dem Zwickerhof bereits gezählt.

Auf den Weiden rund um den Hof stehen natürlich Gatter und Zäune. Man braucht nicht viel Intelligenz, um eines der Gatter zu öffnen, und nicht besonders viel Kraft, um einen der Zäune durchzuschneiden. Allein die Außenzäune messen 5200 Meter. Ich brauche etwa drei Stunden, um sie abzugehen und zu kontrollieren. Jemand, der diese Zäune niederreißen will, braucht keine große Angst davor zu haben, von mir dabei erwischt zu werden, – selbst dann nicht, wenn ich ununterbrochen patrouillieren würde.

Irgendwann als meine Söhne noch sehr klein waren, fuhr ein Polizeiauto auf meinen Hof. Die Beamten teilten mir mit, einer meiner Zäune sei nicht in Ordnung. Eine Kuh habe diesen Tatbestand zur Flucht genutzt und stehe jetzt neben der Staatsstraße. Ich wurde zurechtgewiesen und belehrt, daß ich meine Zäune künftig in Ordnung zu halten hätte.

Ich fing die Ausreißerin ein und trieb sie zurück auf meinen Grund. Natürlich besah ich mir auch die schadhafte Stelle im Zaun. Der Draht war ganz offensichtlich nicht von allein zu Boden gefallen, es mußte ihn jemand niedergerissen haben. Ich konnte mir nicht vorstellen, wie meine Kuh das gemacht haben sollte. Da waren Menschen am Werk, und die Polizisten hätten das eigentlich bemerken müssen.

Zunächst maß ich diesem Vorfall nicht besonders viel Bedeutung bei. Vielleicht hatten ein paar Jugendliche einen dummen Streich ausgeheckt oder ein Betrunkener hatte sich ausgetobt. So was kann vorkommen, auch wenn es dumm und gefährlich ist, einen Zaun direkt an der Straße für solchen Unfug auszuwählen. Und selbst wenn die Polizisten recht gehabt hätten und mein Zaun tatsächlich schadhaft gewesen wäre – auch so was passiert, wenn es auch nicht zur Regel werden darf. Bei einer Zaunlänge von mehr als fünf Kilometern kann schon mal ein Pfahl morsch werden und umkippen, ohne daß ich es sofort bemerke.

In den folgenden Tagen überprüfte ich meine Zäune und fand sie weitgehend in Ordnung. An zwei oder drei Stellen hatte sich der Draht etwas gelockert, ich zog ihn wieder fest. Um so mehr wunderte ich mich, als wenig später erneut zwei Polizisten bei mir anklopften. Wieder war eine Kuh ausgebrochen, und wieder sollte ein schadhafter Zaun daran schuld sein.

»Das ist völlig unmöglich«, sagte ich, »ich habe die Zäune gerade erst kontrolliert.«

Doch die Beamten schienen meinen Einwand zu überhören, belehrten mich wie schon beim ersten Besuch und zogen wieder davon.

Von nun an kehrten sie regelmäßig wieder, in größeren und kleineren Abständen. Und offensichtlich legten sie auch eine Akte über mich und meine »Fälle« an, deren Inhalt sie weitergaben an das Ordnungsamt. Dort listete Xaver Wolfsteiner später auf, wie oft ich »die Weidezäune in unverantwortlicher Weise vernachlässigt« haben sollte: Er zählte acht Fälle im Jahr 1983, fünf Fälle im Jahr 1984 und weitere fünf Fälle allein in der Zeit vom 30. September bis 23. Oktober 1985.

Die Gefährlichkeit meiner Hunde wurde durch die Presse künstlich hochgespielt. Eine solche Häufung ausbrechender Tiere ist selbst bei einem nachlässigen Bauern schlichtweg unmöglich. Es sei denn, jemand hilft von außen nach. So war es auch bei mir, vielleicht nicht in allen, zumindest aber in den meisten »Fällen«, die Herr Wolfsteiner mir vorwarf. Doch weder er noch die Polizei ermittelten gegen jene Täter, die meine Zäune demolierten und meine Tiere von der Weide trieben. Erst allmählich ahnte ich, weshalb sie immer nur mich beschuldigten: Xaver Wolfsteiner sollte nach dem verlorenen Milchkrieg in meinen umzäunten Weiden ein neues Schlachtfeld sehen, auf dem er seinen privaten Feldzug gegen mich fortsetzen konnte.

Und es gab noch etwas, worauf er sich einschoß: meine Hunde. Viele Jahre lang hielt ich meine Großen Schweizer

Sennhunde, unbestechliche Wächter und treue Hofhunde. Vreni, die reinrassige Hündin, warf jährlich bis zu drei Welpen. Die Rasse der Schweizer Sennhunde ist sehr selten und wertvoll. So war diese Zucht für mich auch ein kleiner Zuerwerb. Die Welpen zogen wir einige Monate groß und gaben sie dann weiter. Die Schweizer Sennhunde sind die besten Hüterhunde, sie halten Menschen und Tiere zusammen und werden sofort unruhig, sobald einer aus der Familie fehlt. In der Viehherde zwicken sie auch einmal zu, wenn ein Tier in die falsche Richtung läuft. Natürlich verbellen sie auf dem Hof jeden Fremden, und das gehört ja auch zu ihren Aufgaben. Im Notfall schnappt und zwickt ein Schweizer Sennhund auch, aber er beißt nicht richtig zu. Wenn er das täte, bliebe von seinem Gegner nicht mehr viel übrig.

Dies alles muß man wissen, um das Vorgehen von Xaver Wolfsteiner wirklich verstehen und einordnen zu können. Denn er überhäufte mich über Jahre hinweg mit Bußgeldbescheiden und Anzeigen, die sich gegen das Verhalten meiner Hunde richteten: Immer wieder sollten sie in mörderischer Absicht harmlosen Spaziergängern aufgelauert haben.

Diesen Eindruck mußte zumindest haben, wer die Schreiben las, die Wolfsteiner mir schickte. Von den angeblichen Opfern allerdings konnte keines mehr als eine kleine Schürfwunde oder ein paar blaue Flecken vorweisen.

Falls ich jemals geglaubt hätte, Beamte seien faul, so belehrte Xaver Wolfsteiner mich eines Besseren. Unermüdlich schickte er mir Brief um Brief. Ein ums andere Mal verkündete er in diesen Schreiben den »Vollzug des Landesstraf- und Verordnungsgesetzes«, mit dem er einschreiten wollte gegen die »Störung der öffentlichen Sicherheit und Ordnung durch Haustiere«. Fast schien es, als wollte

Wolfsteiner einen Rekord aufstellen, als eifrigster verbeamteter Briefeschreiber der Welt. Vielleicht lagen aber auch einfach nur zu viele Steuergelder in seiner Portokasse.

Die vielen Besuche der Polizei, mein Ärger mit dem Ordnungsamt – das sprach sich natürlich auch unter meinen Nachbarn herum. Einer von ihnen, der Wurzer Max, wußte ganz besonders gut Bescheid. Das lag vielleicht auch daran, daß er mit Xaver Wolfsteiner guten Kontakt hatte und dieser ihn regelmäßig besuchte. Und manchmal machten sie sich wohl auch Gedanken – vermutlich auch darüber, wie man der Zwickerbäuerin das Leben noch ein bißchen schwerer machen könnte.

Vielleicht war es einem solchen Gedankenaustausch zu verdanken, daß mir die Polizei wieder einmal einen Besuch abstattete, der ausnahmsweise nicht meinen Hunden oder meinen Zäunen galt.

Am Morgen hatte ein befreundeter Bauer eine meiner Koppeln für mich geodelt. Der Odel war mit Mist vermengt und hatte sich als dünner Film über die Wiese gelegt. Im Laufe des Tages trocknete die Gülle dann in der Sonne.

Was ich zu diesem Zeitpunkt noch nicht wußte: Der Besitzer des Nachbargrundstücks hatte einen Fischweiher mit miserablem Wasser. Seine Forellen schwammen im Tiefmoor, was ihnen äußerst schlecht bekam. Sie waren verwurmt, von Parasiten befallen, und immer mehr von ihnen gingen ein. Der arme Mann konnte nichts dagegen tun. Aber für seine toten Fische sollte er trotzdem Geld bekommen.

Am Morgen also wurde meine Koppel geodelt. Und am Abend gegen 18 Uhr klopften zwei Polizisten bei mir ans Küchenfenster. Ich öffnete das Fenster, und einer der beiden fragte: »Haben Sie geodelt?«

»Wir sind Bauern«, antwortete ich, »wir odeln schon seit fünfhundert Jahren.«

»Wo haben Sie geodelt?«

»Gehen Sie einfach Ihrer Nase nach und schauen Sie, wo etwas Schwarzes auf der Wiese liegt.«

Die Polizisten besahen sich in der Abenddämmerung meinen Misthaufen. Dann kehrten sie zurück und erklärten: »Bei Ihrem Nachbarn sind die Fische kaputt. Sie haben heute Odel in seinen Weiher laufen lassen.«

»Können Sie das beweisen?« fragte ich.

Sie konnten es nicht. Und deshalb schickten sie am nächsten Tag die Kollegen von der Kripo. Die wiederum entnahmen Wasserproben von dem Bach, der zum drei Kilometer entfernten Weiher meines Nachbarn führt. Ein paar Monate später gab es eine große Gerichtsverhandlung.

Meine Ankläger taten so, als hätte ich meinen Odel direkt in den Weiher laufen lassen. Diesen Vorwurf zumindest konnte ich widerlegen. Aber ich konnte nicht beweisen, daß jeder Odeltropfen auf der Koppel geblieben war. Der Richter hielt es für möglich, daß ein Teil der Flüssigkeit in den Bach gelaufen und von dort in den Weiher gelangt war. Meine Versicherung mußte die toten Forellen bezahlen.

In dieser Zeit wurde meine Beziehung mit Georg für mich wichtiger denn je. Sicher, auch meine Mutter und meine Tante hielten zu mir, meine Lehrmädchen unterstützten mich, meine Kinder machten mir Freude. Aber der einzige Mensch, mit dem ich meine Sorgen wirklich teilen konnte, der mir zuhörte und vor dem ich auch mal weinen durfte, das war Georg.

Nach der Geburt meiner Söhne machten wir einige schwierige Tage durch, in denen Georg mit seiner Eifersucht kämpfte. Wir beide lernten viel in diesen Tagen, wir mußten erst einen Weg finden, alles unter einen Hut zu bringen: für die Kinder dazusein, für den Partner und jeder auch für sich selbst. Doch wir fanden einen Weg, der allen gerecht wurde, einen Mittelweg zwischen Nähe und Distanz. Unsere Partnerschaft gewann darüber an Tiefe. Jeder wußte: Ich kann mich auf den anderen absolut verlassen, er hält auch in schwierigen Phasen zu mir, gibt mir Geborgenheit und Halt. Wieviel das wert ist, wurde mir erst so richtig bewußt, als ich es plötzlich verloren hatte.

Georg hatte manchmal Angst davor gehabt, sein Herz würde ihn bald im Stich lassen. Er hatte sich vorsorglich operieren lassen. Aber wenn es tatsächlich eine Bestimmung gibt, dann haben wir keine Chance, ihr zu entgehen. Georg erlitt keinen Infarkt, sein Herz schlug munter bis zur letzten Minute. Und doch starb er früh und plötzlich und auf eine Art und Weise, mit der niemand gerechnet hatte, am wenigsten er selbst.

Es geschah in einer eiskalten Nacht im Februar 1986. Georg hatte sich seit Tagen auf eine Versammlung von Pferdezüchtern gefreut, zu der er eingeladen war. In einem Dorfwirtshaus, nur wenige Kilometer von Georgs Hof entfernt, wollten sich die »Roßerer« treffen, über Stammbäume diskutieren und über Auktionen reden.

An diesem Winterabend zeigte das Thermometer fast zwanzig Grad minus an – zu kalt für den Motor von Georgs Auto. Er nahm daher den Unimog, da dieser bei Glatteis immer noch am sichersten war.

Nach dem offiziellen Teil der Veranstaltung blieb Georg mit einigen Bekannten noch eine Weile sitzen. Sie tauschten Erinnerungen über Fuchsjagden aus, unterhielten sich über Gott und die Welt. Schließlich machte Georg sich auf die Heimfahrt.

Kurz vor seinem Hof führte eine Holzbrücke über einen kleinen Fluß, der im Frühjahr zur Schneeschmelze ziemlich reißend werden konnte. Der Unimog erreichte die

Brücke, ratterte über die Holzbohlen wie schon tausendmal vorher. In dieser Nacht jedoch waren die Bohlen an der Seite vereist. Der Unimog geriet ins Rutschen, drehte sich, durchbrach das Geländer, stürzte in den gefrorenen Fluß.

Das Eis brach unter der tonnenschweren Last sofort ein. Georg saß in einer tödlichen Falle. Er hatte zwar den Sturz, wie sich später bei der Obduktion herausstellte, unverletzt überstanden, aber er konnte die Türe nicht mehr öffnen. Innerhalb von Sekunden erlitt er einen Kälteschock und verlor das Bewußtsein.

Wenig später passierte ein Milchwagen die Unfallstelle. Der Fahrer sah den Unimog, rechnete aber nicht damit, daß jemand im Inneren des Fahrzeugs liegen könnte. Der Mann sagte einem Nachbarn Bescheid, der allerdings nur meinte: »Das muß der Unimog vom Georg sein. Wahrscheinlich ist er ihm gestern reingefallen ins Wasser. Er wird ihn schon wieder rausholen.«

Niemand kam auf die Idee, in den Unimog zu sehen. Erst eine Stunde später vermißte Georgs Schwester ihren Bruder. Sie ging die Wegstrecke ab, die er gefahren sein mußte. Als sie Georg aus dem Fahrzeug zog, atmete er noch. Er starb im Laufe des Tages im Krankenhaus.

Ich erfuhr erst am späten Nachmittag, was passiert war. Natürlich machte ich mich sofort auf den Weg Richtung Rosenheim. Martin, obwohl er erst drei Jahre alt war, wollte unbedingt mit zu seinem Vater. Unterwegs kaufte ich Blumen, die ich Georg zum Abschied in die Hand drücken wollte. Doch als ich im Krankenhaus ankam, ließen die Schwestern mich nicht mehr zu ihm.

# 13.
# *Vogelfrei*

Es gibt Ereignisse im Leben, die sich nicht mit Worten beschreiben lassen. Ereignisse, die nur jemand nachfühlen kann, der selber schon etwas ähnliches erlebt hat. Der Tod eines Menschen, der uns besonders nahesteht, ist ein solches Ereignis. Ich will gar nicht erst versuchen, all jene verzweifelten Gefühle zu schildern, die Georgs Tod in mir auslöste, nur daß es mir nicht leichtfiel, seinen Tod zu verarbeiten, einfach weiterzuleben mit meinem Schmerz und meiner Trauer.

Daneben gab es auch noch einige ganz nüchterne Tatsachen, deren Tragweite mir erst allmählich bewußt wurde: Es lebte jetzt kein einziger Mann mehr auf dem Zwickerhof; ich stand alleine da, mußte zwei kleine Kinder versorgen, mich um zwei alte Frauen kümmern, meine Milch liefern, misten und die Tiere füttern, die Zäune reparieren, die Koppeln in Ordnung halten, Heu machen und und und ... Bei all dem halfen mir ein oder zwei Lehrmädchen und gelegentlich der eine oder andere Taglöhner.

Ich bin ziemlich zäh und robust und belastbar. Aber es gab jetzt Tage, an denen arbeitete ich im Stall, und plötzlich liefen mir die Tränen übers Gesicht. Meistens wischte ich sie wieder weg, bevor mein Lehrmädchen etwas merkte. Und wenn mir das nicht rechtzeitig gelang, dann fluchte ich einfach los: »Diese verdammten Fliegen. Hab' schon wieder eine im Auge.«

Am 24. April 1986, kurz nach Georgs Tod, forderte mein Bankberater mich auf, meine Grundschuld zu erhöhen, und zwar nahezu auf das Doppelte. Für diesen Betrag durfte die Bank also Grundstücke von mir einbehalten und versteigern, falls ich meine Schulden irgendwann nicht mehr zurückzahlen konnte. Natürlich wurde das Wort »Versteigerung« vermieden. Von »Sicherheiten« wurde gesprochen, und zwar so geschickt, daß ich fast glaubte, der Eintrag von Grundschulden diene meiner eigenen Sicherheit und nicht etwa der Absicherung der Bank.

Ich machte also, was die Bank mir empfahl. Es wird schon richtig sein, dachte ich. Schließlich waren das Finanzexperten, die wußten, was sie taten, ich aber war eine Bäuerin und hatte außerdem zu dieser Zeit noch ganz andere Sorgen. Erst später bereute ich, daß ich nicht darauf bestanden hatte, mir alles haarklein erklären zu lassen. Ich bereute außerdem die Erhöhung der Grundschuld. Am meisten aber bereute ich, daß ich meine Bank überhaupt gewechselt hatte.

Natürlich fragte ich nach, wieso die Sache mit meiner Schuldentilgung nicht geklappt hatte. Doch mein Berater wich nur aus, meinte, es wäre doch alles halb so schlimm, nicht der momentane Stand sei entscheidend, sondern die Perspektiven. Und die seien doch ausgezeichnet, besser denn je, nicht wahr.

Statt mich zu beraten, versuchte er, mich einzulullen. Teilweise gelang ihm das auch, aber nicht ganz und gar. Immerhin war mir klar, daß ich unbedingt Grund verkaufen mußte, wenn ich meine Schulden loswerden wollte. Wie hoch diese Schulden genau waren, das wußte ich nicht. Niemand konnte mir das so genau sagen.

Ich schrieb an den Bürgermeister und verhandelte mit dem Leiter des Baureferats. So gut ich konnte, schilderte ich meine Lage. Ich bat darum, mir einen kleinen Teil meines Grundes als Bauland auszuweisen, einen Teil, der ohnehin in der Nähe des Tölzer Villengebietes lag. Ich verwies auf Nachbarn, die mit ähnlichen Anträgen erfolgreich waren. Ich erinnerte an meine Kinder und an die beiden alten Frauen. Ich appellierte an die Vernunft der Herren Stadtpolitiker, an ihren Sinn für Gerechtigkeit, an ihr Verantwortungsgefühl. Aber was auch immer ich unternahm: Alles, alles war vergebens. Man hielt mich hin und hielt mich hin – und irgendwann, wenn es nichts mehr hinzuhalten gab, dann lehnte man ab. Mit außerordentlichem Bedauern, versteht sich.

Nachdem ich meine Grundschuld erhöht hatte, hörte ich längere Zeit gar nichts mehr von meinem Bankberater. Er hatte mir ja mehrfach versprochen, mit der Stadt wegen meiner Grundstücke zu verhandeln – und ich wollte nun doch gerne wissen, ob diese Verhandlungen irgendwann zu irgendeinem Ergebnis geführt hatten oder vielleicht einmal führen würden. Ich versuchte einige Male, den Herrn anzurufen, doch er befand sich jedesmal gerade in einer dringenden Sitzung. Unterdessen kletterten meine Schulden weiter.

Die Polizei wurde in diesen Jahren zu einem regelmäßigen Gast auf meinem Hof. Anfangs redete ich noch mit den Beamten und rannte jedesmal los, um entlaufene Kühe und Pferde einzufangen, Gatter zu schließen und Zäune zu flicken. Aber irgendwann wurde es mir einfach zuviel. Zumal ich oft auch vergebens nach entlaufenen Tieren suchte, weil die Polizei einem falschen Alarm aufgesessen war.

Ich machte einfach die Tür nicht mehr auf, wenn die Beamten kamen, und vermutlich erstatteten sie dem Leiter des Ordnungsamtes ausführlich Bericht über meine Renitenz.

Dann verschärfte die Polizei ihre Strategie. Daß der Befehl dazu von Xaver Wolfsteiner kam, kann ich nicht beweisen, sondern nur vermuten. Jedenfalls kamen sie nicht mehr nur tagsüber, sondern bevorzugt mitten in der Nacht. Gegen zwei Uhr morgens fuhren sie mit Blaulicht und Sirenengeheul zu mir auf den Hof. Sie schalteten ihren Lautsprecher ein und riefen: »Frau Sappl, sehen Sie nach ihren Tieren.«

Manchmal kamen sie mehrmals pro Woche, offenbar wollten sie mich zermürben.

Mir schien, als ob einige meiner Nachbarn, die mir nach dem Brand noch so aufopferungsvoll geholfen hatten, jetzt ein Geschäft witterten. Nach allem, was ich sah, mußte ich annehmen, daß jemand die Zäune geöffnet hatte.

Es entwickelte sich unter manchen der Ellbacher Bauern zu einem regelrechten Sport, meine Tiere durch die Gegend zu treiben. Teilweise fand ich sie bis zu fünf Kilometer von meinem Grund entfernt, eine Strecke, die eine Kuh niemals freiwillig zurücklegen würde. Einmal jagten Unbekannte eine ganze Herde in einen umzäunten Jungwald – sie öffneten den Zaun, trieben die Kühe hinein und machten hinter ihnen wieder zu. Die Rinder wären jämmerlich verdurstet, wenn nicht zufällig der Waldbesitzer dort Holz gehackt und mich alarmiert hätte.

Auch meine Pferde brachen jetzt immer häufiger aus ihren Koppeln aus. Und zwar fast immer am Wochenende. Und jedesmal galoppierten sie in dieselbe Gegend, nämlich Richtung Ellbach. Laut Polizei und laut den Aussagen von Ellbacher Bauern machten meine Pferde das alles von ganz alleine. Es gab selbstverständlich niemanden, der sie entführt hatte.

Eines Sonntags klingelte wieder einmal mein Telefon.

Wir waren mit der Stallarbeit bereits fertig, hatten gefrühstückt und wollten uns gerade auf den Weg in die Kirche machen. Doch daraus wurde nichts.

»Deine Pferde sind schon wieder in Ellbach«, sagte jemand am anderen Ende der Leitung.

Ich sattelte zwei von den daheimgebliebenen Pferden, nahm einige Halfter in die Hand und ritt zusammen mit dem Lehrmädchen nach Ellbach. Wir waren diese Ausritte bereits gewöhnt. Wie sonst auch wollten wir zwei Pferde ans Halfter nehmen und sie am Seil zurückführen. Die übrigen würden uns dann von alleine folgen.

Doch heute war etwas anders. Als wir die Pferde entdeckten, ließen sie niemanden in ihre Nähe. In panischer Angst galoppierten sie davon. Es gab keinen Zweifel: Diesmal waren die Pferde nicht nur aus ihrer Koppel getrieben, sondern auch mißhandelt worden.

Die Pferde flohen in einen Wald. Erst nach Stunden fanden wir sie wieder, direkt an der Grenze zu einer meiner Weiden. Sie zitterten, warteten ängstlich darauf, daß wir das Gatter öffneten und sie zurückkonnten nach Hause.

Sefa, das Lehrmädchen, brach in Tränen aus, als sie die Pferde sah! Jemand hatte einem Wallach und zwei Stuten die Schweife abgeschnitten. Für die Tiere hieß das: Sie konnten sich für lange Zeit nicht mehr gegen Fliegen und Stechmücken wehren. Und für mich bedeutete es: Ich konnte die Rösser drei Jahre lang zu keiner Auktion mehr bringen – denn so lange dauert es, bis ein Pferdeschweif nachwächst.

Natürlich kam nie heraus, wer solche Bosheiten ersonnen und ausgeführt hatte, aber es mußten Ellbacher Bauern gewesen sein. In Ellbach wurden die Schweifhaare im Wald gefunden. Es gab nur einen Menschen im Ratzenwinkl, gegen den die Polizei eifrig ermittelte, nur einen, gegen den das Ordnungsamt vorging – und das war ich.

Xaver Wolfsteiner sammelte fleißig weiter seine »Fälle«.

So war zum Beispiel ein Jogger, der bei mir mehrere Zäune überklettert hatte, direkt am Haus vorbeigehechelt, und ich hatte ihm angeboten: »Beim nächsten Mal mach' ich die Haustür auf. Dann können Sie den kurzen Weg durchs Wohnzimmer nehmen.«

Diesen Jogger sollte Benny gezwickt haben. Es war nichts passiert, denn ich war mit Andrea zugegen, bis die schnaubende Gestalt meinen Hof verlassen hatte. Der Mann schrie nicht auf vor Schmerz, er beschwerte sich nicht, er hatte kein Loch in der Hose. Aber drei Tage später hatte ich eine neue Anzeige wegen eines Hundebisses am Hals.

Im Sommer ließ sich ein Passant mit einer Luftmatratze auf einer meiner Koppeln nieder. Dort zog er sich aus und sonnte sich zwischen meinen Kälbern. Ich fand diese Idee nicht so gut, vor allem, weil der Mann jedesmal das Gatter offenließ. Eines Tages erwischte ich ihn und forderte ihn auf, meinen Grund zu verlassen. »Ihr Grund?« schrie er mich an, »das ist nicht Ihr Grund. Ihnen gehört überhaupt nichts. Das ist das Eigentum der Allgemeinheit.«

Vor solchen Eindringlingen hat die Polizei mich niemals beschützt. Sobald aber eine meiner Kühe auf das Nachbargrundstück schaute, heulte sofort das Martinshorn.

Bad Tölz ist eine erzkatholische Stadt. Und so grob manche ihrer Bewohner auch sein mögen, ein paar Dinge gibt es doch, die heilig sind, die nicht angetastet werden. Dazu gehört die Totenruhe. An den Straßen in Oberbayern stehen häufig kleine Kreuze oder Tafeln, sogenannte Marterl, die an Menschen erinnern sollen, die an dieser Stelle verunglückt sind. Die Marterl werden normalerweise nie beschmiert oder gestohlen – einfach, weil das in unserer Gegend ein ungeheurer Frevel wäre, ein Tabubruch, so undenkbar wie eine Ohrfeige für den Pfarrer.

Seit dem schrecklichen Unfalltod meines Onkels war genau an der Stelle, an der mein Onkel Martin im Jahr 1933 tödlich verunglückt war, ein Marterl aufgestellt. Seit diesem Unfall standen dort ein Eichenkreuz und eine bemalte Blechtafel, die zeigte, wie das Unglück passiert war: Mein Onkel mit den durchgehenden Pferden und dem Gabelwender, der ihn überrollt. Die Blechtafel hatte ich durch eine rostfreie Kupfertafel ersetzt, in die ich den Hergang nach dem alten Vorbild eingravieren ließ.

Eines Tages war dieses Marterl weg. Es tat einfach weh, zu erleben, wie das Andenken an meinen Onkel für immer zerstört wurde. Der Diebstahl traf mich aber noch aus einem anderen Grund: Ich war sehr betroffen und dachte zuerst an eine mutwillige Zerstörung, aber es war nichts aufzufinden. Nun muß ich fast annehmen, es war gezielter Frevel.

Und wieder einmal war mein Kreditrahmen ausgeschöpft. Inzwischen war es schon Routine, die Bankfiliale in Tölz schickte einen neuen Kreditantrag in die Zentrale nach München. Und als Verwendungszweck schrieben die Herren dazu: »Umschuldungen des Kontokorrents auf Darlehen und Luft für weitere Zinsbelastungen. Eine weitere Grundschuld über mehrere hunderttausend Mark muß bestellt werden, da die Verkaufsverhandlungen schwierig und langwierig verlaufen und der Kredit nur auf Sicherheiten abgestellt ist. Falls der neue Kredit wieder durch die Zinsen ausgeschöpft und ein Grundstücksverkauf nicht in Sicht ist, sollte mit der Kundin ein beratendes Gespräch geführt werden, um uns nicht dem Vorwurf auszusetzen, wir hätten einer permanenten Schuldenaufstockung einfach tatenlos zugesehen.«

Meine Grundschuld erhöhte sich also nunmehr auf das Vierfache. Nur das »beratende Gespräch«, das mit mir geführt werden sollte, das fand auch jetzt nicht statt. Stattdessen stockte die Bank wenig später zweimal »intern« meinen Kontokorrent-Kredit auf. Zuerst auf das Drei-, dann das Sechsfache und noch mehr. Zuletzt hatte sich der Betrag in 14 Jahren durch überhöhte Zinsen um ca. 500 Prozent vermehrt. Intern, das bedeutete: Einfach so, ohne Unterschrift, ja sogar, ohne mich davon zu informieren. Meine Schulden waren gestiegen – und keiner der Herren von der Bank hielt es für nötig, mir auch nur ein Wort davon zu sagen.

Wir schrieben inzwischen das Jahr 1990. In diesem Jahr wurde in Bad Tölz ein neuer Bürgermeister gewählt. Ich stimmte für einen Kandidaten, den ich gut kannte, den Direktor meiner Bank.

Ich hoffte, mit ihm als Bürgermeister wäre es nur noch eine Frage der Zeit, bis ich endlich Bauland ausgewiesen bekäme.

Zur letzten Aufstockung meines Kreditrahmens gab die Tölzer Filiale ihrer Münchener Mutter gegenüber am 30. März 1990 folgende Stellungnahme ab:

»Die Kundin lebt bisher von der Substanz. Mit den Einnahmen aus der Landwirtschaft alleine können unsere Kredite nicht bedient werden. Die Kundin muß daher, wie von uns immer gefordert, Grundstücke verkaufen.

Frau Sappl weiß dies und bemüht sich bereits seit Jahren um Ausweisung von Bauland, um Grundstücke günstiger verkaufen zu können, bisher ohne Erfolg. Ob dies nunmehr – bei neuem Stadtrat und Bürgermeister – in den nächsten Monaten gelingt, ist unserer Meinung nach äußerst ungewiß.

Sie muß daher andere Grundstücke veräußern, notfalls auch zu niedrigeren Preisen. Es gilt nämlich zu überlegen, ob dies letztendlich nicht doch billiger kommt, als jährlich bei uns Zinsen zu bezahlen.

Wir können unser Engagement – auch in der beantragten Form auf erhöhter Basis – nach wie vor auf die werthaltigen Sicherheiten sowie das weitere vorhandene Immobilienvermögen abstellen.«

Das Engagement abstellen auf das vorhandene Immobilienvermögen. Klingt harmlos, so, als würde da jemand bloß mal einen Koffer abstellen. Die wahre Absicht ist leicht zu erkennen: Sie machte dabei gemeinsame Sache mit der Stadt – jetzt mit meinem ehemaligen Berater als Bürgermeister. Der Plan sah für mich so aus: Solange die Stadt mir kein Bauland auswies, konnte die Bank meinen Schuldenstand nach und nach erhöhen. Eines Tages, wenn mein Kreditrahmen endgültig ausgeschöpft war, würde die Bank meinen Grund versteigern. Als Käufer konnte entweder die Stadt direkt auf den Plan treten, oder sie schickte irgendwelche Strohmänner vor, die den Grund kaufen und ihn, wenn Gras über die Sache gewachsen war, weiterverkaufen sollten an die Stadt. Sobald mein Grund der Stadt gehörte, würde sie ihn erschließen und als teures Bauland weiterverkaufen – genau so, wie sie es bei Farchet-Ost schon einmal gemacht hatte.

Am Ende hätten die Stadt und die Bank an mir Millionen verdient. Die Herren dort brauchten jetzt nur noch ein wenig Geduld.

## 14.
## *Ausgeschöpft*

Am 20. November 1990 unterrichtete mich Xaver Wolfsteiner von einem Entschluß: »Wir werden alle Möglichkeiten des Verwaltungshandelns ausschöpfen.«

Ebensogut hätte er schreiben können: »Wir werden alle Möglichkeiten ausschöpfen, Sie von Ihrem Hof zu vertreiben.«

Wolfsteiner erließ eine »sicherheitsrechtliche Anordnung«, die zunächst einmal die Freiheit meiner Tiere einschränken sollte. Darin hieß es wörtlich:

»I. Haustiere dürfen ab sofort nur mehr auf Weiden verbracht werden, auf denen eine massive gesicherte Umzäunung vorhanden ist.

II. Rinder und Pferde dürfen erst dann wieder auf Weiden verbracht werden, wenn die Voraussetzungen erfüllt sind.

III. Durch einen Sachverständigen ist bis 15. November 1990 der Nachweis zu erbringen, daß alle Zäune, in denen Vieh gehalten wird, den Erfordernissen eines geordneten landwirtschaftlichen Betriebes entsprechen.

IV. Für den Fall der Nichterfüllung vorstehender Anordnungen wird Zwangsgeld von DM 1000,– angeordnet.«

Diese Anordnung kam einem Weideverbot gleich. Und

ein Weideverbot würde für mich das Ende der biologischen Milchwirtschaft bedeuten. Eine reine Stallhaltung konnte ich nie und nimmer bewältigen – sie würde mich letztlich kräftemäßig und finanziell ruinieren. Für Biobauern ist sie außerdem unzulässig.

Schon zwei Jahre vor dieser Anordnung hatte mich ein Gutachter des Bayerischen Bauernverbands besucht. Er hatte meine Zäune kontrolliert und sie an einigen Stellen ausgebessert. Danach erteilte er eine Bestätigung »über den ordnungsgemäßen Zustand der Zäune«, die auch dem Ordnungsamt vorlag. Xaver Wolfsteiner erwähnte diese Bestätigung jetzt sogar in seiner Anordnung. Doch er fügte hinzu: »Wenige Tage später befanden sich wiederum vier Jungrinder auf der Staatsstraße. Die Polizei stellte fest, daß der Weidezaun östlich des Zufahrtsweges mindestens an sechs Stellen zwischen den Pfosten bis zum Boden durchhing. An einer weiteren Stelle lag ein Pfosten mit daran befindlichem Draht am Boden.«

Für Wolfsteiner war das der Beweis: Ich vernachlässigte meine Zäune. Eigentlich hätte er sich lieber fragen müssen, wieso ein Zaun gleich an sechs Stellen durchhängen konnte, der wenige Tage zuvor noch völlig in Ordnung war? Es dauert nicht »wenige Tage«, sondern Wochen und Monate, um einen Zaun derart zu vernachlässigen. Es dauert aber nur wenige Minuten, einen Zaun niederzureißen. Doch auf diese Idee wollte der Chef des Ordnungsamtes nicht kommen.

Jetzt also forderte Wolfsteiner von mir ein neues Gutachten durch einen Zaun-Sachverständigen. Und zwar bis zum 15. November 1990. Doch den Brief, in dem er das forderte, diesen Brief bekam ich erst am 20. November. Selbst wenn ich gewollt hätte: Xaver Wolfsteiner ließ mir gar keine Chance, seine Forderungen zu erfüllen.

Und er war noch nicht einmal bereit, meine Sicht der

Dinge auch nur zur Kenntnis zu nehmen. Auf der letzten der vier Seiten seiner Anordnung teilte er mir nämlich mit: »Von einer Anhörung wurde abgesehen, da eine sofortige Entscheidung wegen Gefahr im Verzug und im öffentlichen Interesse notwendig erscheint (Art. 28 Abs. 2 Nr. 1 BayVWVfG).«

Nachdem ich Wolfsteiners Brief gelesen hatte, dachte ich an Georg. Ich hätte ihm die Anordnung jetzt gezeigt. Georg wäre aufgestanden und hätte gesagt: »Annelies, vergiß nie, wie das mit der Scheiße ist – im Winter schneit sie's zu, und im Sommer wächst Gras drüber.«

Aber Georg war schon lange tot. Und außer ihm gab es niemanden auf dem Zwickerhof, mit dem ich meine Wut hätte weglachen können.

Leider erließ Xaver Wolfsteiner nicht nur Anordnungen – die mich zwar zornig machten, die ich aber wenigstens ignorieren konnte. Ihm fielen auch Aktionen ein, von denen er wußte, daß er mich damit sehr direkt und schmerzhaft treffen konnte. Vor einer dieser Aktionen warnte mich eines Morgens ein Bekannter. »Paß auf, Annelies«, sagte er, »heute nachmittag um vier kommen sie und holen deine Hunde.«

Zu dieser Zeit hatte Vreni drei Junge, deren Tochter Cilli vier Junge, die gerade erst acht Wochen alt waren. Ich holte etwas Heu auf den Speicher und baute den Welpen dort ein verstecktes Nest. Vreni und Benny brachte ich zu einem befreundeten Bauern, der sie in einer Pferdebox unterbrachte. Dann fuhr ich zur Kanzlei meines damaligen Anwalts. Doch der hatte geschlampt und nichts unternommen. Er meinte nur, es sei zu spät, um noch Widerspruch gegen die Aktion einzulegen.

Ich raste zurück zum Hof. »Martin, Hansi«, rief ich, »kommt schnell, wir müssen die Hunde vom Speicher holen.«

Jedes Kind nahm zwei Welpen unter die Arme, ich packte die übrigen drei. Wir schwitzten. Vor Anstrengung und aus Angst um die Hunde. Aber wir schafften es rechtzeitig, vom Hof wegzukommen. Martin und Johannes weinten, als sie die Hunde in einer fremden Pferdebox zurückließen.

Unterdessen spielten sich auf dem Zwickerhof dramatische Szenen ab. Ein Fuhrunternehmer brachte mir an diesem Nachmittag eine Ladung Bahnschwellen für meine Zäune. Als er in den Rückspiegel sah, bemerkte er hinter sich drei Polizeiautos. Er gab Gas, hoffte, in den Feldweg zu meinem Hof einbiegen zu können, bevor ihn die Polizei einholte und womöglich kontrollierte. Dann bog er ab – und fühlte sich noch mehr verfolgt. Drei Polizeiwagen und acht zivile Autos fuhren ihm nach, und das nur, so glaubte er, weil an seinem alten Lastwagen das Nummernschild wackelte. Er konnte ja nicht ahnen, daß dieser Einsatz nicht ihm galt, sondern meinen Hunden.

Seiner Beschreibung zufolge sah es auf dem Hof aus wie bei einer Großrazzia nach einem Mord. Überall standen Autos, Männer mit Gewehren liefen herum. Der Amtstierarzt war da, ein Mitglied des Tierschutzvereins, ein Mann aus dem Tierpark. Sie fuchtelten mit einem Narkosegewehr herum, fahndeten überall nach meinen Hunden. Zwei Stunden lang durchsuchten sie den Hof, dann zogen sie wieder ab. Ich glaube, einige der Männer waren ziemlich zornig auf mich.

Wir warteten einige Tage, bis sich die Sache wieder beruhigt hatte. Danach holten wir Vreni, Benny und die Welpen wieder nach Hause auf den Zwickerhof. Alle Hunde hatten die Sympathie der Leute gewonnen, in deren Obhut sie sich befunden hatten. Die jungen Welpen konnte ich an liebevolle Villen- und Gutsbesitzer verkaufen.

Schon seit längerem verschwanden immer wieder Tiere von der Weide. Aus dem Stall meines nächsten Nachbarn holte ich mehrmals verschollenes Vieh, das er dort versteckt gehalten hat. Auch der Sohn eines Knechtes vom Nachbargut hatte sich einmal in der Schule verplappert, zu Martin gesagt: »Eure Sau hat gut geschmeckt.«

Später stellte ich den Nachbarn zur Rede. Doch er lachte nur und stritt alles ab. Ich solle mit Beweisen kommen, meinte er grinsend, nicht bloß mit Anschuldigungen.

Einmal konnte ich einen Beweis für einen Diebstahl tatsächlich liefern. Da entdeckte ich bei meinem Rundgang ein Auto mit einem Viehanhänger – und zwar mitten auf einer Koppel. Der Fahrer brauste davon, als er mich sah. Ich konnte mir aber das Kennzeichen notieren. Dann zählte ich die Jungrinder auf der Koppel ab: eines fehlte.

Ich rief sofort bei der Polizei an, bat die Beamten, den Wagen zu stoppen und einen Blick in den Hänger zu werfen. Doch der Polizist sagte nur: »Na schön, ein Auto parkt auf Ihrer Koppel. Aber das ist noch lange kein Beweis für einen Diebstahl. Der Fahrer kann doch sagen, er hätte Pilze gesucht.«

Der Mann wurde nicht kontrolliert. Ich zeigte ihn trotzdem an. Die Polizei mußte ihn vernehmen und fragen, was er auf meiner Koppel zu suchen hatte. Hinterher stand tatsächlich im Protokoll, er habe Pilze gesammelt. Ein Zufall? Oder eine Ausrede, die ihm von den Beamten empfohlen wurde? Ich finde jedenfalls, meine Mutter hatte recht, als sie einmal zu mir sagte: »Nichts mußt du mehr fürchten als den hinteren Roßhax, die betenden Weiber und die grinsenden Gendarmen.«

Seit der neue Bürgermeister gewählt worden war, hatte ich weder von ihm noch von der Bank mehr etwas gehört. An diesem Schweigen störte sich angesichts meiner Lage sogar die Zentrale der Bank in München. Die Herren dort fanden, man müßte doch wenigstens so tun, als würde man mich beraten. Und so schickte die Zentrale im Herbst 1990 einen Hausbrief an ihre Tölzer Zweigstelle. Darin hieß es unter anderem: »Wie bereits des öfteren telefonisch besprochen, wollen Sie bitte mit der Kundin Kontakt aufnehmen. Bitte geben Sie uns danach einen kurzen Situationsbericht. Das Engagement muß dem Vorstand zur Entscheidung vorgelegt werden, wie in Zukunft weiterverfahren werden soll.«

Jetzt endlich meldete sich wieder einmal ein Sachbearbeiter der Bank bei mir. Er bat mich um einen Auftrag für etwas, was die Bank sonst immer von alleine getan hatte, nämlich meinen Kreditrahmen zu erhöhen.

Mir war die Sache nicht geheuer. Bevor ich mich noch mehr verschuldete, wollte ich sichergehen, daß es irgendwann doch noch klappen würde mit dem Verkauf von Bauland. Das sagte ich meinem Sachbearbeiter auch. Und siehe da: Innerhalb weniger Tage vermittelte mir die Bank ein persönliches Gespräch mit Hartmut Walch, dem neuen Bürgermeister.

Diesmal hatte er endlich gute Nachrichten für mich. Mit dem neuen Stadtrat, versicherte er mir, werde jetzt alles besser. Er selbst stünde ja sowieso auf meiner Seite. Ein paar Wochen noch, meinte er, und die Stadt könnte mir ein konkretes und wirklich hervorragendes Angebot vorlegen.

Ich war beruhigt. Die Tölzer Filiale schickte den neuen Kreditantrag am 6. Dezember 1990 nach München. Sie fügte einen »bankinternen« Vermerk bei, in dem es hieß: »Verlängerung des Realkredits und Erhöhung wegen auflaufender Zinsen, und Umschuldung der Kontokorrent-Beanspruchung.

Aus der Landwirtschaft kann derzeit weder Zins- noch Tilgungsleistung erwirtschaftet werden.«

Und in einer zweiten Stellungnahme für die Kreditabteilung stand: »Sollte bis 30. April 1992 noch immer keine Entschuldung durch Grundstücksteilverkäufe eingetreten sein, werden wir auf eine weitere Grundschuldeintragung bestehen. Enormes Immobilienvermögen!«

Es folgte noch ein dritter Aktenvermerk. Darin betonten die Tölzer Banker, es sei »die Stadt nicht abgeneigt, einige Bauplätze auszuweisen. Beste Wohngegend, pro Quadratmeter DM 700!« Und ein paar Zeilen später: »Herrn Bürgermeister ist ja die finanzielle Lage von Frau Sappl bekannt, und er sagte, er werde sein möglichstes tun.«

Am 4. März 1991 unterzeichnete ich den neuen Kreditvertrag. Es war das erste Mal seit dreizehn Jahren, seit 1978, daß ich wieder einen solchen Vertrag unterschrieb.

Doch bereits wenige Monate später, am 3. Juli 1991, schickte die zentrale Kreditabteilung eine Mitteilung an die Filiale. Sie gebrauchte dasselbe Wort, das schon Xaver Wolfsteiner verwendet hatte – in anderem Zusammenhang, aber mit derselben Absicht. Wörtlich hieß es: »Die Kreditlinien von Frau Sappl sind voll ausgeschöpft.«

## 15.
## *Horankels Ring*

An einem Morgen im Sommer 1991 wollte ich wie immer meine Kühe melken. Die Nacht war kalt gewesen, Tau lag auf den Wiesen. Nach solchen Nächten spinnen die Stiere manchmal ein wenig, sie sind eher als sonst stur und aggressiv. Das war heute auch bei Horankel so. Er brüllte und stampfte zornig herum, während ich die Kühe von der Weide holte und sie in den Stall trieb. Anders als sonst weigerte sich der Stier, mit in den Stall zu kommen. Ich hatte es eilig, wollte Horankel heute nicht lange zureden. Also zog ich die Stalltür einfach ins Schloß. Sollte er doch draußen weiterbrüllen.

Nach dem Melken wollte ich die Kühe wieder auf ihre Weide treiben. Ich ging hinaus, um das Gatter zu öffnen. Dort allerdings stand jemand, der vierundzwanzig Zentner wog und mich nicht durchlassen wollte: Horankel, der sonst immer so brav war.

Ich versuchte, ihn zur Seite zu schieben. Doch der Koloß rührte sich nicht vom Fleck. Ich holte Vreni und Benny, die normalerweise gute Viehtreiber sind. Sie bellten ihn an – und er stand immer noch da, glotzte stur vor sich hin. Er senkte den Kopf, berührte mit der Stirn fast den Boden, aber er wich keinen Zentimeter. Ich nahm eine Schaufel und versuchte, ihn damit vom Gatter wegzujagen. Horankel tat keinen einzigen Schritt.

Schließlich holte ich einen Führstab, den ich in Horankels Nasenring verhakte. Jetzt endlich ließ er sich führen. Ganz langsam trottete er neben mir her. Ich hielt die Schaufel in der linken Hand, den Führstab in der rechten. Und plötzlich hörte ich ein lautes Scheppern. In dieser Sekunde verlor ich das Bewußtsein.

Als ich wieder zu mir kam, dachte ich zunächst, Horankel hätte mich nur umgestoßen. Doch dann sah ich den Hut, den ich eben noch auf dem Kopf hatte – er lag fünfzehn Meter entfernt im Kies. In diesem Moment wußte ich: Der Stier hatte mich ziemlich weit durch die Luft geschleudert. Jetzt stand er vor mir und senkte drohend den Kopf.

Der Karabiner an Horankels Nasenring hatte sich ausgehakt, er lag in der Nähe meines Hutes. Der Bulle kam näher. Er hob seinen Kopf wieder, hielt ihn jetzt direkt über mir.

Ich sah mich um, suchte nach einer Stelle, zu der ich fliehen konnte. Ich lag auf dem Kiesweg, ein paar Meter entfernt war die Beton-Güllegrube – ansonsten alles frei. Kein Versteck, nichts, wohinter ich hätte kriechen können.

Horankel senkte die Stirn wieder. Er fing an, mich langsam vor sich herzuschieben. Vollkommen bei klarem Verstand, begriff ich plötzlich: Ich konnte mich überhaupt nicht mehr bewegen. Meine Arme spürte ich noch, aber die Beine waren vollkommen taub. Das konnte nur heißen: Horankel hatte mir das Kreuz gebrochen. Sollte ich etwa für immer gelähmt sein?

Ein paar Meter weiter stand ein Holzhaufen, sperriges Holz von alten Obstbäumen, das wir zu Brennholz schnitten. Der Stier schob mich immer näher an diesen Holzstapel heran. Mir schossen Gedanken durch den Kopf, die ich für meine letzten hielt: Da drückt er dich gleich hin. Da zerquetscht er dich. Dann bist du weg.

Ich habe immer mit meinen Tieren geredet. Man muß kein Heiliger sein, kein Franz von Assisi, um sich mit Tieren unterhalten zu können. Es ist nichts besonderes, sondern ganz natürlich. Jeder von uns besitzt diese Gabe, doch die meisten haben sie schon lange vergessen. Wir bräuchten nur ein wenig Feingefühl, ein wenig Aufmerksamkeit – und schon wüßten wir genau, was die Tiere uns sagen.

Ein Pferd bleibt plötzlich stehen, hebt den Kopf, legt die Ohren an. Ein solches Pferd wittert möglicherweise Gefahr. Es kann sich wieder beruhigen, es kann aber auch jederzeit durchgehen. Ein Reiter, der auf sein Pferd hört, weiß das vorher.

Schon meine Mutter hat mit ihren Tieren gesprochen. Als Kind hielt sie zahme Rehe, die sie sogar mit zur Schule begleiteten. Dort wurden sie bis zum Ende des Unterrichts in ein Gatter gesperrt. Danach trabten sie wieder mit nach Hause. Die Rehe schliefen anfangs in einem Korb, der neben dem Bett meiner Mutter stand. Sie sprach jede Nacht mit den Kitzen, beruhigte sie, sobald sie aufwachten. Denselben Korb verwendete ich später für meine Hunde.

Meine Gans Adele watschelte jeden Morgen zu meinem Auto. Sie wußte, gleich würde ich mit den Kindern kommen und davonfahren. Ich brachte Martin und Johannes zum Zug, mit dem sie zur Schule fuhren. Diese Fahrt paßte Adele nicht, sie wollte mich nie vorbeilassen. Ich scheuchte sie jeden Morgen zur Seite, und sie lief bis zum Gatter hinter uns her. Dort blieb sie stehen und wartete, bis ich zurückkehrte. Es war ein gemeinsames Ritual, das wir da jeden Morgen vollzogen. Für Adele gehörte es zum Tagesbeginn wie für mich das Zähneputzen.

Ich redete auch mit Horankel. Wir respektierten uns

gegenseitig – bis zu diesem Tag. Und so wurde ich ein wenig leichtsinnig. Ich hätte nie gedacht, daß er mich jemals angreifen würde. Dabei hatte er mich an diesem Morgen gewarnt, als er vor dem Gatter stand und sich nicht rührte. Ich war zu ungeduldig gewesen, und so hatte ich Horankels Warnungen überhört, die Gefahr übersehen, die plötzlich von ihm ausging.

Mich überkam eine eigenartige, wohlige Ruhe. Eine Gelassenheit, wie ich sie bis dahin nie erlebt hatte. Ich spürte keinerlei Angst, überhaupt keine Panik. Ich lag auf dem Rücken, sah die Hörner des Stieres und war bereit, alles anzunehmen, was jetzt kommen würde. Ich konnte nichts mehr tun. Und es gab auch nichts mehr zu tun. Selbst der Gedanke an Martin und Johannes beunruhigte mich nicht. Ich hatte für sie, für den Hof, alles getan, was ich konnte.

Es gab keine Chance zu fliehen. Und es gab auch niemanden, der mir helfen würde. Meine Kinder lagen noch im Bett und schliefen, es war ja Ferienzeit. Am frühen Morgen war ein Helfer auf den Hof gekommen, der fünfhundert Meter weiter meinen Zaun reparierte. Ich wußte, er würde nicht aus purem Zufall herunterkommen zu mir. Und rufen konnte ich nicht nach ihm. Ich durfte ja nicht laut schreien, sonst wäre der Stier erst recht wütend geworden.

Es war wie eine göttliche Eingebung, plötzlich kam mir der Gedanke – eine winzige letzte Chance. Es war wirklich nur eine hauchdünne Chance, aber es war eben die einzige, die mir blieb.

Ich hatte blitzartig den Gedanken: Du könntest ihn am Nasenring erwischen.

In genau dieser Sekunde hob Horankel ganz leicht seinen Kopf. Die ganze Zeit über hatte er mich mit der Stirn geschoben, ich hätte gar keine Gelegenheit gehabt, den Nasenring zu packen. Jetzt aber sah Horankel mich an, sein Nasenring baumelte direkt über meiner Brust. Der Ring war nur wenige Zentimeter von meiner Hand entfernt. Ich mußte nur noch zugreifen.

Blitzschnell faßte ich zu, alle Schmerzen vergessend. Es gab jetzt zwei Möglichkeiten. Entweder Horankel würde noch wütender, er würde mit seinen Hörnern zustoßen und mich in den nächsten Sekunden töten. Oder aber er ließ sich gefallen, was ich mit ihm machte, und würde aufhören, mich immer dichter an den Holzstoß heranzuschieben.

Horankel stand auf einmal da wie ein Lamm. Er rührte sich nicht mehr vom Fleck, hielt seinen Kopf völlig ruhig. Ich rief nach meinem Sohn Martin. Er hörte mich nicht. Auch sonst hörte mich niemand.

Auch als ich ein zweites Mal rief, kam keine Antwort. Niemand kam, niemand half mir.

Der Stier würde nicht ewig so stehen bleiben und einfach abwarten, was nun weiter geschah. Du mußt etwas machen, sagte ich mir, die Geduld des Stieres währt nicht ewig. Aber was konnte ich tun?

Ich lag direkt vor dem Holzstoß. Vielleicht könnte ich mich an den Ästen ein wenig hochziehen, mich ein bißchen aufrichten. Zumindest wollte ich es versuchen.

Langsam streckte ich die rechte Hand aus. Ich bekam einen kräftigen Ast zu fassen. Zentimeter um Zentimeter zog ich mich aufwärts. Jede Bewegung jagte eine Welle durch meinen Körper, einen Schmerz, von dem ich glaubte, er würde mich gleich zerreißen. Ich hätte schreien mögen, doch ich durfte ja nicht. Und ich mußte außerdem mit der linken Hand immer Horankels Nasenring festhalten. Wenn ich diesen Ring losließ, wäre das mein Todesurteil: Horankel würde sofort nachstoßen.

Schließlich schaffte ich es, in eine wenigstens halbwegs sitzende Position zu kommen. Es gelang mir, einen großen, krummen Ast zwischen mich und den Stier zu bringen. Ich wußte, über solche Äste steigt Horankel nicht gern. Er würde mir jetzt wahrscheinlich nicht mehr allzu nahe rücken.

Wieder rief ich nach Martin. Er war endlich aufgestanden und hörte mich diesmal. Er kam näher, aber er verstand nicht, was passiert war. Er dachte, ich würde einfach so dahocken und mir einen Spaß mit Horankel machen.

»Hol einen Strick«, bat ich ihn, »einen Strick, der durch den Nasenring paßt.«

Martin wunderte sich. Er ging zum Stall, brachte ein altes und viel zu dünnes Seil. Er band es um den Nasenring und knotete es mit dem anderen Ende um einen der Äste. Sobald er damit fertig war, sagte ich zu ihm: »Und jetzt hol noch mal einen neuen Strick.«

In diesem Moment erst begriff Martin, daß ich nicht mehr aufstehen konnte. Er rannte zurück in den Stall, brachte den zweiten Strick, band auch ihn um einen Ast und um Horankels Ring. Dann schickte ich Martin zu Pauli, dem Helfer, der meinen Zaun reparierte und noch immer nichts bemerkt hatte.

Mittlerweile war fast eine Viertelstunde vergangen, seit ich Horankel am Nasenring gepackt hatte. Eine Viertelstunde, in der ich den Stier ununterbrochen ansah. Noch immer stand er da, schien völlig ruhig. Ein letztes Mal redete ich mit ihm.

»So, Horankel«, sagte ich, »jetzt hast du dein Leben verspielt. Erst wäre ich dran gewesen, aber jetzt mußt du dran glauben.« So gern ich Horankel gehabt hatte, ich würde ihn möglichst bald schlachten lassen. Kein Bauer behält einen Stier, der ihn einmal angegriffen hat.

Eilig liefen Pauli und Martin über die Wiese. Die beiden banden den Stier noch etwas fester an. Dann trugen sie mich zu zweit ins Haus.

Sie legten mich aufs Kanapee in der Wohnstube. Ein paar Minuten lang blieb ich ruhig liegen. Natürlich hatte ich starke Schmerzen. Doch es gab noch etwas, das mich jetzt durchströmte, ganz warm und ganz zart: ein wunderbares, ein überwältigendes Glücksgefühl. In diesen Minuten spürte ich, was es heißt, dankbar zu sein. Nicht einem Menschen, sondern dem Leben. Ein Gott hat mich beschützt, seine Hand über mich gehalten.

Für eine kurze Weile verschwanden alle Probleme.

Dann fing ich wieder an, zu denken. Jetzt kann mir niemand mehr etwas anhaben, dachte ich, jetzt nicht mehr – nachdem ich so was überstanden habe.

Ich bat meinen Sohn, mir das Telefonbuch zu bringen. Pauli bot an, mich ins Krankenhaus zu fahren, doch dorthin wollte ich nicht.

»Ins Krankenhaus geh' ich nicht«, sagte ich kurz.

Pauli runzelte die Stirn, doch er wußte offenbar nicht, was er darauf antworten sollte. Ich schickte ihn zurück zu meinen Zäunen.

Seit Generationen sucht man bei Knochenbrüchen den Heilpraktiker auf – ursprünglich alteingesessene Bauern, die außerdem gottbegnadete Knochenheilkundler sind. Ich rief den Kernzl an, um von ihm eine Diagnose zu erhalten. Der Mann kam sofort zum Zwickerhof. Er zog mich an den Füßen. Ich schrie auf vor Schmerzen. Er drehte mich um, tastete mein Rückgrat ab, das Becken, die Beine. Schließlich sagte er: »Du hast einen Beckenriß oder einen Beckenbruch. Genau kann man das nur auf dem Röntgenbild sehen. Du mußt dich untersuchen lassen.«

»Und sonst?« fragte ich, »was kann ich sonst noch tun?«

»Du kannst nur liegen.«

»Aber wo ich liege, das ist doch gleichgültig? Ich kann doch auch zu Hause liegen, nicht wahr?«

»Aber ja«, nickte der Heilpraktiker, »du kannst auch daheim liegen. Aber die Röntgenbilder, die solltest du wirklich machen lassen.«

Ich schickte Johannes nach oben, um mir die Krücken meiner Tante zu bringen. Es tat zwar höllisch weh, aber mit ihnen konnte ich mich doch einigermaßen bewegen.

Am Abend schleppte ich mich die Treppe hinauf in mein Schlafzimmer. Unterwegs mußte ich mich dreimal hinsetzen, ich wurde vor Schmerz fast ohnmächtig. Aber ich schaffte es.

Den Rat meines Heilpraktikers hatte ich nicht vergessen. Ich wollte mich möglichst bald röntgen lassen. Doch ein paar Tage wollte ich schon warten, bevor ich wieder ins Auto stieg.

Nach drei Tagen also fuhr ich ins Krankenhaus. Die Röntgenbilder zeigten: Ich hatte einen vierfachen Beckenbruch. Die Frau im Röntgenlabor schickte mich weiter zur Ambulanz. Sie meinte, ich würde dann dort aufgenommen.

Ich nickte und humpelte los – zum Ausgang. So schnell ich konnte fuhr ich zurück zum Zwickerhof.

Leider war die Angelegenheit damit nicht erledigt. Denn einen Tag später telefonierte ich mit meinem alten Freund Josef Ertl. Er beschwor mich, noch einmal ins Krankenhaus zu fahren, mich dort untersuchen und mir ein Attest geben zu lassen. »Wenn du das nicht machst«, warnte er mich, »dann zahlt dir die Berufsgenossenschaft keinen Pfennig.«

Dieses Argument leuchtete mir ein. Ich brauchte in den nächsten Wochen eine Melkerin, und die Kosten dafür mußte die Genossenschaft mir ersetzen – aber eben nur, wenn ich meinen Beckenbruch auch beweisen konnte.

Eine Woche nach meinem Zusammenstoß mit Horankel fuhr ich also erneut ins Krankenhaus. Die Ärzte dort machten bedenkliche Gesichter und riefen den Chefarzt. Der sah sich meine Röntgenbilder an diesem Freitag lange an. Dann sagte er: »Sie haben einen vierfachen Beckenbruch, wir müssen Sie dabehalten. Sie müssen mindestens sieben Wochen liegen.«

Ich gab mich einsichtig und bat nur darum, übers Wochenende noch einmal kurz nach Hause zu dürfen, um noch ein paar dringende Sachen zu erledigen. Am nächsten Montag wollte ich wieder zurück sein.

Der Professor willigte ein. Ein Pfleger und ein Assistenzarzt schoben mich im Rollstuhl zum Parkplatz, hoben mich ganz vorsichtig in mein Auto hinein.

Auf der Heimfahrt stellte ich mir vor, wie grauenhaft das wäre: Sieben Wochen im Krankenhaus zu liegen und an die Decke zu starren. Selbst einem gesunden Menschen bricht bei einer solchen Tortur doch der Kreislauf zusammen. Ich war heilfroh, dem Krankenhaus noch einmal entwischt zu sein.

# 16.
# *Gefangen*

Ich erholte mich gut von meinem vierfachen Beckenbruch. Die Knochen wuchsen wieder zusammen, ohne sich dabei zu verschieben. Durch das Reiten hatte ich einen kräftigen Beckenboden und starke Sehnen – beidem verdankte ich wahrscheinlich meinen guten Heilungsverlauf. Ich brauchte zwar einige Wochen Krücken, aber schon bald ging ich wieder wie üblich durch Bad Tölz, kaufte ein und brachte die Kinder zum Kindergarten und zur Schule.

Als mir dabei ein altbekannter Tierarzt begegnete und mich mit meinen Krücken sah, sagte er: »D' Leit sag'n, daß du das überlebt hast, is ned verwunderlich, aber daß der Stier überlebt hat!«

Er lachte hämisch. Ich tat so, als fände ich seine Bemerkung ebenfalls witzig. Aber in Wahrheit dachte ich bei mir: »Manderl, du bist mißgünstig.« Das hat sich im Laufe der Jahre wiederholt bestätigt.

Die Bank bat mich im Herbst 1991 wieder einmal zum Gespräch in ihre Tölzer Zweigstelle. »Ihre Kreditlinie ist leider ausgeschöpft«, erklärte mir der Nachfolger meines Beraters. Dazu lächelte er.

Ich wurde unsicher. »Heißt das etwa, ich muß mir Sorgen machen?« fragte ich.

»Aber Frau Sappl«, sagte mein Berater, »Sie wissen doch: Bei uns sind Sie in den besten Händen.«

»Ja, schon« sagte ich, »aber ich werde das Gefühl nicht los, daß mich diese Hände gerade an der Gurgel packen.«

Mein Berater lachte, als hätte ich einen Scherz gemacht. »Frau Sappl, ich kann Sie beruhigen«, sagte er schließlich, »ich habe bereits in der Zentrale vorgefühlt. An höchster Stelle. Und wissen Sie was: Die Herren Generaldirektoren sind bereit, Ihren Kreditrahmen noch einmal zu erhöhen.«

Bei diesen Worten zauberte er einen neuen Kreditantrag hervor. Wie ein Taschenspieler, der eine neue Trumpfkarte aus dem Ärmel zieht.

Ich las den Antrag durch. Er sah vor, meinen Kredit erneut zu erhöhen. Doch im nächsten Punkt hieß es: »Es wird eine neue Grundschuld bestellt.«

Ich verabschiedete mich, ohne diesen neuen Kreditantrag zu unterschreiben. Mein Anwalt vermutete später, dies sei der Grund gewesen, weshalb die Bank in den folgenden Monaten »das Ende der Geschäftsbeziehungen einläutete«.

Das Jahr 1992 brach heran. Ein Jahr, in dem Xaver Wolfsteiner weiterhin seine »Fälle« sammelte. Er führte genauestens Buch, und am Jahresende machte er Inventur. Dazu schrieb er eine Liste, die er mit der Überschrift versah: »Aufstellung in Sachen Sappl und Maßnahmen.« Er gliederte die Aufstellung in drei Spalten mit Datum, Ereignis, Maßnahmen. Insgesamt zählte er in diesem Jahr sechsundzwanzig Ereignisse, von denen ich hier nur einige zitiere:

»3. Februar 1992: Pferde auf Fahrbahn. Maßnahme: Keine Pferde mehr da.

7. Februar 1992: Pferde auf Fahrbahn. Maßnahme: Keine Pferde mehr da.

21. April 1992: Pferde entlaufen. Maßnahme: Kümmern sich?

7. Juli 1992: Pferd entlaufen. Maßnahme: ?

16. Oktober 1992: Kuh auf Fahrbahn. Maßnahme: Vertrieben?

23. Oktober 1992: Pferde auf Fahrbahn. Maßnahme: Keine Feststellungen.

28. Oktober 1992: Pferde auf Fahrbahn. Maßnahme: Keine Feststellungen.

1. November 1992: Pferd auf Wanderweg. Maßnahme: Sappl verständigt.

6. November 1992: Stier auf Fahrbahn. Maßnahme: Sappl belehrt.

23. November 1992: Pferde neben Straße. Maßnahme: Weggaloppiert.«

Diese letzte Maßnahme schien mir die sinnvollste: Weggaloppieren, das war doch das Klügste, was der Amtsschimmel machen konnte.

In zwei von drei Fällen, die Wolfsteiner mir vorwarf, war überhaupt kein Corpus delicti vorhanden. Ich züchtete aber Warmblüter und keine griechischen Dichterrösser. Kein einziges meiner Pferde hieß »Pegasus« und besaß Flügel. Und auch meine Kühe entschwanden nicht einfach durch die Luft. Ich muß aber zugeben: Eines meiner Pferde hieß »Witzbold.« Wahrscheinlich war er es, der ständig falschen Alarm gab und die Polizei damit auf Trab hielt.

Einige von Wolfsteiners »Fällen« betrafen neuerliche Hundebisse. Die erste Anzeige kam von zwei Radfahrern, die eines Morgens direkt hinter dem Hof an meinem Misthaufen vorbeifuhren. Um so weit in den Hofbereich einzudringen, mußten sie zuvor drei Gatter öffnen. Ich bekam nicht mit, ob Vreni und Benny nur bellten oder ob sie tatsächlich zwickten. Ich finde aber, direkt vor dem Haus ist es geradezu ihre Pflicht, einen Eindringling zu verbellen. Anders wäre es auf den Spazierwegen, die mindestens dreihundert Meter vom Hof entfernt liegen. Dort aber sprangen meine Hunde nicht von alleine herum. Ohne Begleiter entfernten sie sich nie weiter als zwanzig Meter vom Hof.

Soviel ich weiß, radelten die beiden Touristen fröhlich und ohne Schmerzen zurück nach München. Erst zwei Wochen nach diesem Vorfall erfuhr ich: Einer hatte eine Schürfwunde am Knöchel, der andere einen blauen Fleck.

Ein paar Wochen später wollte ich mich gegen Mittag gerade auf den Weg machen, um meine Kinder von der Schule abzuholen. Ich hörte, wie Vreni und Benny wütend bellten. Dieses Bellen kam vom Waschhaus. Ich rannte hin und entdeckte eine junge Dame. »Was machen Sie denn hier?« fragte ich.

Sie brüllte sofort los: »Das ist ein öffentlicher Weg. Ich weiß das, ich komme vom Landratsamt.«

Davon, daß einer der Hunde sie gebissen hätte, sagte sie kein Wort. Ich sah auch keine Verletzungen. Aber kurz nach unserer Begegnung muß die Dame vom Amt ihren Kollegen Wolfsteiner getroffen haben. Und schon war die nächste Anzeige fällig.

Ich hatte mich gegen diese Anzeigen zur Wehr gesetzt, nach Beweisen gesucht. Doch ich befand mich in einem rechtlosen Raum, Zeugen von meiner Seite fehlten, und schon bald bemerkte ich, daß Aussagen bei der Polizei verworfen oder gezielt verdreht wurden, wenn man meine Angaben nicht ganz abwies.

Am 5. Mai 1992 schickte mir die Münchener Zentrale meiner Bank einen Brief. Sie forderte noch einmal, was ich schon längst abgelehnt hatte, nämlich die »Bestellung einer weiteren Grundschuld zu unseren Gunsten auf Ihrem Anwesen in Bad Tölz, Ratzenwinkl.«

Andernfalls, so drohten die Herren, »müssen wir die gesamte Geschäftsverbindung mit Ihnen kündigen.«

Das taten sie dann auch wenige Wochen später, am 12. Juni. Und jetzt endlich erfuhr ich genau, welches Kreditkonto wie stark belastet war.

Der größte Teil dieser Summe entstammte einem einzigen Kredit. Mein Anwalt rechnete der Bank später vor, wie und mit welchen Summen sie mich unberechtigt belastet hatte. Als Zwischenergebnis hielt er fest: »Der Kredit von 100 000 Mark ist vom Jahre 1978 bis zur Vertragskündigung am 12. Juni 1992 auf 2,11 Millionen Mark angewachsen, und dies trotz der 1983 erfolgten Zahlung von einer Million Mark. Ausweislich der internen Bankvermerke resultiert diese Schuldenexplosion überwiegend auf Belastungen mit Zinsen und Zinseszins.«

Nach der Kündigung leitete die Bank die Zwangsversteigerung des Zwickerhofes ein.

Dann kam jene Nacht zum 23. Juni 1992, in der meine Mutter einen Schock erlitt, von dem sie sich nie mehr erholen sollte.

Ich hörte in dieser Nacht meine Hunde bellen. Im Halbschlaf dachte ich noch, sie verbellen vielleicht einen Marder oder ein anderes Tier, das ihnen zu nahe kam. Doch das Gebell wurde lauter und wütender – so wütend, wie ich es von Vreni und Benny kaum kannte, schon gar nicht nachts.

Es gab keinen Zweifel: Die Hunde witterten Gefahr. Jemand mußte auf das Hofgelände geschlichen und jetzt ganz in ihrer Nähe sein.

Mein Blick fiel auf den Wecker. Er zeigte 4.20 Uhr an. Der oder die Unbekannten da draußen konnten keine normalen Besucher sein.

Plötzlich erstarb das Bellen. Für ein paar kurze Momente hörte ich die Hunde noch jaulen, dann winseln – und dann war alles still.

Ich lauschte. Und hörte nichts. Hatten nicht eben noch die Grillen gezirpt? Warum hatten sie aufgehört?

Allmählich bekam ich Angst. Da draußen war etwas, das uns bedrohte. Vielleicht ein entflohener Mörder? Ein Auftragskiller? Ein Verrückter?

Ich schlüpfte in meinen Morgenmantel und schlich ans Fenster, spähte hinaus. Ich sah eine dunkle, schemenhafte Gestalt. Und gleich darauf eine zweite. Eine dritte. Es waren ziemlich viele, vielleicht ein Dutzend, die da in gebückter Haltung ums Haus schlichen. Einige von ihnen hielten Maschinengewehre in der Hand.

Jetzt hörte ich auch ihre Stimmen. Sie murmelten. Sie flüsterten. Sie standen jetzt direkt beim Haus.

Ich hörte ein leises Poltern auf dem Balkon. Einer versuchte über das Geländer zu klettern.

Ich begriff: Wir alle sind in größter Gefahr. Die Hunde konnten uns nicht mehr schützen, sie waren ausgeschaltet. Ich war allein mit zwei Kindern und zwei alten Frauen, die ohne Krücken nicht mehr das Bett verlassen konnten. Es gab keine Waffe im Haus, nichts, womit ich uns verteidigen konnte. Nicht einmal eine Schreckschußpistole. Ich schlich hinüber ins Kinderzimmer, sperrte die Tür von innen ab. Durch das Fenster hörte ich, wie der Holzboden des Balkons knarzte. Mir blieb beinahe das Herz stehen.

Immer mehr Eindringlinge kletterten auf den Balkon. Ich hörte ein metallisches Geräusch – sie stemmten die Balkontüre auf, die ins Zimmer von Tante Elisabeth führte.

Ich schloß vorsichtig das Fenster. Jetzt wachte Johannes auf. Er wollte wissen, was denn los sei. Ich legte meinen Zeigefinger an die Lippen, bedeutete ihm: »Pst.« Er spürte instinktiv die Gefahr und verhielt sich sofort ruhig. Auch Martin richtete sich in seinem Bett auf und horchte.

Ganz leise setzte ich jetzt Schritt vor Schritt, schlich noch einmal zur Tür. Kein Brett sollte knarzen, niemand bemerken, daß sich Menschen in diesem Zimmer befanden. Ich prüfte nach, ob ich die Tür auch wirklich verschlossen hatte. Der Schlüssel steckte, ließ sich nicht mehr weiterdrehen. Wie gelähmt stand ich da und wartete.

Wer waren diese Gestalten? Was wollten sie? Sie gingen durch das Zimmer meiner Tante, traten danach an das Bett meiner Mutter. Sie rüttelten die alte Frau, ließen dann aber wieder von ihr ab. Offenbar interessierten sie sich nicht besonders für die Greisinnen. Sie suchten etwas anderes.

Ich hörte, wie ihre Schritte näherkamen. Dann standen sie direkt vor der Tür. Einer drückte langsam die Klinke herunter. Da sich die Tür nicht öffnete, fing er an, daran zu rütteln. Dann ließ er die Klinke wieder los. Und für einen kurzen Moment lang herrschte Schweigen.

Doch plötzlich erhoben sich Stimmen. Mehrere Männer redeten durcheinander. Nicht besonders laut, aber mit einem aggressiven Unterton.

Sie traten gegen die Türe. Einmal. Zweimal. Dreimal. Das Schloß sprang auf. Eine Sekunde später blickte ich in den Lauf einer Pistole. Die Waffe zeigte direkt auf meinen Hals.

Ich stand starr vor Schreck. Martin ließ sich blitzartig zurück ins Kissen plumpsen, er stellte sich schlafend. Johannes saß regungslos da und weinte leise.

Sechs Männer drangen in das Zimmer ein. Einer riß die Schranktür auf, ein anderer rannte sofort ans Fenster, als müßte er dort Wache stehen. Jetzt erst erkannte ich: Die Männer trugen Uniformen.

Diese Mützen, diese Abzeichen, diese Pistolengürtel – ich hatte sie schon oft gesehen. Diese Männer, die ich für Schwerverbrecher gehalten hatte, es waren Polizisten.

Im ersten Moment war ich erleichtert. Doch dann überkam mich die Wut. »Raus mit euch, aber schnell«, rief ich.

»Vorsicht«, antwortete der mit der Pistole.

»Ist die geladen?« wollte ich wissen.

»Ja freilich«, zischelte es zurück, »wir sind doch hier nicht im Fasching.«

Ich versuchte, zwei der Polizisten aus dem Zimmer zu drängen. In diesem Moment sprang Martin aus seinem Bett. Er ging tapfer auf die Beamten los, zerrte an ihren Uniformen und rief: »Laßt sofort meine Mutter los. Ihr habt keinen Durchsuchungsbefehl.«

Ein Polizist stieß ihn zu Boden und zischte gehässig: »Du bist schon der gleiche Verbrecher wie deine Mutter.«

»Was habe ich verbrochen?« fragte ich. »Was wollt ihr von mir?«

»Das wirst du gleich merken«, raunzte einer.

Die Polizisten schienen es zu genießen, uns zu erniedrigen, uns hilflos und schlotternd vor sich zu sehen. Ich hatte nur einen dünnen Schlafanzug an, darüber meinen alten geblümten Morgenrock.

Ich rannte hinaus ins Schlafzimmer meiner Mutter, wo ein Telefon stand. Ich wählte die Nummer einer Freundin.

Mehrere Polizisten folgten mir. Einer riß sofort das Telefonkabel aus der Steckdose. Die anderen packten mich und zerrten mich aus dem Zimmer, die Stiege hinunter.

Ich hörte auf, mich zu wehren. Es waren einfach zu viele, die mich da halbnackt durchs Haus schleiften. Ich bemühte mich, ruhig zu werden. Dann fragte ich noch einmal ganz beherrscht: »Sagen Sie mir bitte, was Sie von mir wollen?«

»Wir holen Sie ab«, erwiderte einer.

»Und wo bringen Sie mich hin?«

»Das werden Sie schon sehen.«

Ich überlegte fieberhaft, was die Beamten vorhaben könnten. Siedendheiß fiel mir ein: Die Bank hatte mir ja die Zwangsversteigerung angedroht. Aber daß es so schnell gehen würde, damit hatte ich nicht gerechnet. Ich war mir sicher, sie würden mich zur Versteigerung führen, mich für immer vom Zwickerhof vertreiben.

»Bitte«, sagte ich mit zitternder Stimme, »bitte, ich möchte mich umziehen und kämmen.«

»Das brauchen Sie nicht, Frau Sappl«, antwortete der Polizist neben mir.

Ich erschrak noch mehr. Mit Mühe unterdrückte ich die Tränen. Aber ich wollte auf keinen Fall weinen, ihnen bloß nicht zeigen, was für eine panische, abgrundtiefe Angst ich hatte.

Die Haustür war von innen verschlossen. Für die Beamten war das Grund genug, wieder vom »Sie« zum »Du« überzugehen.

»Wo hast du den Schlüssel versteckt?« herrschte mich einer an.

»Er liegt in der Küche«, antwortete ich wahrheitsgemäß. Noch einmal versuchte ich, vernünftig mit den Polizisten zu reden. »Ich muß meine Kühe melken, meine Kinder zur Schule bringen«, sagte ich, »und ich habe zwei alte, bettlägrige Frauen zu versorgen. Meine Mutter hängt am Tropf, es könnte ihren Tod bedeuten, wenn ich ihn nicht um sieben Uhr erneuere.«

»Erzähl das doch deinem Friseur«, fauchte einer. Die anderen lachten.

Endlich hatten sie den Hausschlüssel gefunden. Sie zerrten mich hinaus auf den Hof. Dort standen gleich zwei »Zeiserlwagen«, dazu die große Limousine des Einsatzleiters.

»Bin ich denn eine Mörderin?« rief ich, als ich die Autos sah. Mein Zorn kehrte zurück, er ließ sich nicht länger unterdrücken. »Ihr kommt euch wohl recht stark vor, eine Frau durch die Gegend zu zerren«, blaffte ich sie an, »daran erkennt man euer Niveau.«

Sie stießen mich in einen der Busse. Ich sah noch, wie die Kinder verschreckt auf dem Balkon standen und weinten. In letzter Sekunde warf ich Martin den Hausschlüssel hinauf, rief ihm zu, er solle sofort die Freundin anrufen, die ich vorhin schon hatte alarmieren wollen.

Wir rasten davon, vorbei an den Kühen, die bereits am Sammelplatz vor dem Hof standen. Sie kamen jeden Morgen von alleine, standen neben dem Bach und warteten, bis sie gemolken wurden. Doch an diesem 23. Juni warteten sie vergebens.

Man brachte mich in den Sicherheitstrakt der Tölzer Polizeistation. Bevor ich aussteigen durfte, ging hinter den Autos ein Eisentor herunter. Sechs Polizisten führten mich hinein in die Wache.

Jetzt erst erfuhr ich, was der Einsatz dieses Sonderkommandos zu bedeuten hatte. Der Beamte auf der Wache übergab mir einen Vorführbefehl. Nein, ich hatte keinen Stadtrat ermordet, keine Bank überfallen, keine Bombe gelegt. Ich hatte noch nicht einmal einer Rentnerin die Handtasche gestohlen. Ich hatte überhaupt niemandem geschadet, keinem Menschen ein Leid zugefügt. Ich wurde nur deshalb zwangsvorgeführt, weil Vreni und Benny wieder einmal das Maul zu weit aufgerissen hatten. Ich wurde mit Gewalt an diesen Ort gezerrt wegen Schürfwunden und Prellungen, die harmlos waren im Vergleich zu denen, die ich in dieser Nacht davongetragen hatte.

Der Polizist in dieser Dienststelle erklärte mir, ich hätte eine Gerichtsverhandlung versäumt und müßte deswegen zwangsweise vorgeführt werden. So sei es vom Gericht angeordnet worden. Wo die Vorladung zu dieser früheren Verhandlung geblieben sein sollte, war mir ein Rätsel. Ich hatte dafür nur eine Erklärung. Die Post wurde bei mir meistens kurzerhand vor den Außenzaun geworfen. Dort lag sie und wurde oft genug vom Winde verweht. Der Anwalt, der mich damals vertrat, hat mich weder informiert noch gut vertreten.

Hinter mir fiel eine große, eiserne Tür ins Schloß. Vier Stunden lang saß ich in der Arrestzelle. Ich trug alte, löchrige Stallpantoffeln, dazu meinen Schlafanzug und den Morgenrock – und genau so, in diesem erbärmlichen Aufzug, wollten mich die Beamten um neun Uhr in den Gerichtssaal schleppen. Ich sollte zum Gespött werden, man wollte mich denunzieren als verrückte Schlampe.

In der Arrestzelle stand nur eine alte Pritsche, sonst gar nichts. Es gab kein Klo, kein Waschbecken, keinen Spiegel. Ich konnte mich nicht einmal waschen.

Während ich in der Zelle an die Wand starrte, versuchte Martin zunächst vergeblich, meine Freundin anzurufen – die Polizisten hatten ja das Telefonkabel aus der Wand und aus dem Hörer gerissen. Mit viel Mühe hatte Martin das Kabel schließlich wieder zusammengeklemmt.

Die Freundin fuhr sofort mit ihrem Wagen zum Zwickerhof. Gemeinsam mit Martin suchte sie Kleider und Toilettenartikel für mich zusammen. Gegen halb acht Uhr morgens standen beide bei mir in der Zelle.

Ich schämte mich sehr, vor allem vor meinem Sohn. Mich so vor ihm zeigen zu müssen, als Gefangene im Knast, das empfand ich noch einmal als schlimme Demütigung. Er mußte ja glauben, ich sei vielleicht wirklich eine Verbrecherin.

Martin wirkte verstört, er sprach kaum ein Wort. Er brachte mir mein Lieblingskleid, ein schwarzes mit kleinen bunten Blumen darauf, und die Haarspangen zum Frisieren. Dazu einen Kamm und ein Haargummi. Nur mit den Schuhen hatte er sich vertan. Er hatte mir ein Paar eingepackt, das mir schon längst nicht mehr paßte. Ich mußte in meinen verdreckten Stallschlappen vor Gericht erscheinen.

Meine Freundin fuhr die Kinder – Johannes war draußen im Auto geblieben – nach diesem Besuch in die Schule. Immerhin, die beiden waren versorgt – das beruhigte mich ein wenig. Allerdings mußte meine Freundin danach zur Arbeit, sie konnte sich nicht auch noch um meine Mutter und meine Tante kümmern. Die beiden lagen hilflos zu Hause, bekamen bis zum Nachmittag nichts zu essen. Viel schlimmer aber war: Es gab niemanden, der den Tropf meiner Mutter erneuert hätte.

Kurz vor neun Uhr brachte mich die Polizei zum Amtsgericht. Es waren alle möglichen Leute gekommen, nur der damalige Anwalt, den ich bis zu diesem Tag engagiert hatte, lag wohl noch im Bett.

Der Staatsanwalt verlas die Anklage. Er warf mir vor, insgesamt sieben Hundebisse nicht verhindert zu haben. Zu den Zeugen gehörten die beiden Radfahrer aus München und die Referendarin vom Landratsamt, nun Rechtsanwältin und Zwangsverwalterin. Auch jetzt behauptete keiner von ihnen, schwer verletzt worden zu sein. Es ging in allen sieben Fällen um kleine Kniffe, um Kratzwunden, um Risse in der Kleidung und Schürfungen. Die Verhandlung dauerte drei Stunden. Dann zog sich der Richter zurück, um über das Urteil nachzudenken.

Ich nutzte die Zeit für ein Gespräch mit dem Staatsanwalt – einem jungen Mann, der plötzlich etwas verlegen wirkte, als ich so direkt auf ihn zukam. Es schien ihm selber unangenehm zu sein, wie er mit mir umgehen mußte. Ich beschwerte mich bei ihm über die entwürdigende Zwangsvorführung. Er erwiderte, das sei nicht seine Idee gewesen. Der Richter habe die Vorführung angeordnet, und zwar in Absprache mit dem Ordnungsamt und der Polizei. Üblich sei ein solch hartes Eingreifen eigentlich nur dann, wenn akute Fluchtgefahr bestehe.

Ausgerechnet bei mir kamen die Ordnungsbehörden mit

»Fluchtgefahr« daher. Wäre ich wirklich geflüchtet, sie hätten mich liebend gern ziehen lassen. Doch den Gefallen, vom Zwickerhof zu fliehen, würde ich ihnen niemals tun.

Um 13 Uhr verkündete der Richter sein Urteil: Ein Jahr und zwei Monate Haft – ohne Bewährung!

Zum Glück wurde das Urteil nicht sofort rechtskräftig. Es gab noch die Möglichkeit, in die nächste Instanz zu gehen. Und so mußte ich meine Haftstrafe einstweilen noch nicht antreten, sondern durfte das Gerichtsgebäude als freier Mensch verlassen.

Für mich war klar: Ich würde möglichst bald in die Berufung gehen, gegen das Urteil kämpfen, solange ich konnte. Einstweilen aber hatte ich ein anderes Problem. Bei meiner Festnahme im Morgengrauen hatte ich natürlich nicht daran gedacht und auch gar nicht die Möglichkeit gehabt, meine Geldbörse mitzunehmen. Auch Martin hatte sie vergessen. Jetzt stand ich ohne einen Pfennig auf der Straße.

Und so mußte ich an diesem Tag auch noch betteln. Ich ging zum Bahnhofskiosk und lieh mir von der Verkäuferin zwanzig Pfennige. Damit konnte ich wenigstens eine Bekannte anrufen, die mich nach Hause brachte.

Ich fand ein Chaos vor. Meine Mutter lag apathisch im Bett, ich alarmierte sofort einen Arzt.

Draußen brüllten die Kühe vor Schmerzen. Niemand hatte sie gemolken. Jetzt litten sie an entzündeten Eutern, einige bekamen Milchfieber. Der Tierarzt konnte später die meisten Tiere retten, aber nicht alle. Eine Kuh starb. Drei weitere trugen Euterschäden davon, die sich nicht mehr heilen ließen. Diese Kühe gaben keine Milch mehr und litten unter chronischen Schmerzen. Eine Weile sah ich ihr Leiden mit an, doch nach einigen Wochen ließ ich sie schlachten.

Einen Tag nach meiner Verurteilung schrieb ich den Berufungsbrief gegen das Urteil und schickte ihn ans Gericht. Damit hatte offenbar niemand gerechnet.

## 17.
## *Am Rande des Abgrunds*

Ein Jahr und zwei Monate Gefängnis. Falls ich diese Haftstrafe jemals antreten müßte, es wäre mein sicheres Ende. Es gäbe niemanden, der sich um meine Kinder kümmern könnte, niemanden, der den Hof und seine Tiere versorgen würde. Vierzehn Monate, das wäre genug Zeit für meine Gegner, den Zwickerhof unter sich aufzuteilen. Für mich waren die Stunden in der Arrestzelle schon schlimm genug. Wenn ich mir vorstelle, ich dürfte vierzehn Monate lang meine Erde nicht mehr berühren, die Sonne nicht mehr sehen, den Stallgeruch nicht mehr atmen – das ginge über meine Kräfte.

Und Xaver Wolfsteiner und seine Gehilfen wußten das. Es genügte ihnen nicht, mich für die Hundebisse verurteilt zu sehen. Sie wollten mehr: Sie taten alles, damit das Urteil gegen mich auch tatsächlich vollstreckt wurde. Sie wollten mir jede Chance auf Bewährung rauben, mich nicht in Freiheit davonkommen lassen. Mein Widerspruch, der die Haftstrafe zunächst aufschob, hatte sie überrascht und vermutlich noch wütender gemacht. Sie hatten mich an den Rand des Abgrunds gezerrt, aber der entscheidende Stoß war ihnen noch nicht geglückt. Das wollten sie nachholen. Also mußten neue Hundegeschichten her, neue Anklagen, und, wenn irgend möglich, ein neues und noch härteres Urteil.

Schon zwei Wochen nach dem Prozeß hagelte es neue Anzeigen wegen Vreni und Benny gegen mich: Die beiden Hunde sollten einen Radfahrer aus Wuppertal angefallen haben, wenige Tage später sogar eine achtundachtzigjährige Frau, die angeblich über meinen Viehtrieb geradelt war.

Und immer wieder fuhr die Polizei zu mir auf den Hof. Sie jagte die Hunde mit Spraydosen und Betäubungsgewehren. In manchen Nächten tauchten die Polizisten morgens um vier Uhr auf und hetzten die Hunde durch den Stall. Einmal blieben die Tiere nach einer solchen Aktion fünf Stunden lang spurlos verschwunden. Martin und Johannes weinten, sie glaubten, die Sennhunde seien tot – doch dann sprangen sie plötzlich wieder übers Feld. Natürlich hätte Xaver Wolfsteiner die Macht gehabt, sie einschläfern zu lassen, und er hat dies einige Male schriftlich angedroht. Aber so weit wollte er dann doch nicht gehen. Er hätte mich dann ja nicht mehr wegen immer neuer Hundebisse verfolgen können.

Die Hunde wurden im Laufe der Zeit immer klüger, ließen sich von den Polizisten nicht mehr so ohne weiteres einfangen. Sobald sie die Autos hörten, versteckten sie sich. Vreni kroch einmal drei Meter tief in den alten Backofen, der im Waschhaus stand – und entging so ihren Verfolgern. Nur die Welpen blieben völlig schutzlos zurück. Sie waren zu dick und zu unbeholfen, um davonzulaufen. Die Alten kehrten nicht zu ihnen zurück, solange die Polizisten den Hof durchkämmten.

Ich gab es bald auf, mich bei der Polizei über ihre nächtlichen Aktionen zu beschweren. Die Beamten auf dem Revier wollten oder durften meine Proteste sowieso nicht ernst nehmen.

Der neue Bürgermeister von Bad Tölz hatte mit seinem Stadtrat die Ausweisung eines Bauplatzes am Villengebiet »1200 $m^2$« verwehrt, dort wollte man mir ja jede Sanierungsmöglichkeit vereiteln. Wiederholt wurde ich aufgefordert, der Stadt ein Kaufangebot zu unterbreiten, was ich vehement ablehnte. Eine schriftliche Anfrage, was die Stadt eigentlich von mir wolle, lockte diese aus der Reserve. Sie wollte möglichst viel und sehr billigen Grund. Mein Vermögen ließ man mich nicht zur Sanierung einsetzen. Die Stadt aber wollte und will ihren Schuldenberg durch mein Erbe abtragen. So sah es aus. So legte mir die Stadt dann ein »hervorragendes Kaufangebot« für einige meiner Grundstücke vor. Hervorragend – das galt natürlich nicht für mich, sondern wieder einmal nur für die Stadt. 100 000 Quadratmeter wollte sie mir abkaufen. Und zwar für einen Preis von zehn Mark pro Quadratmeter. Das waren noch einmal vierzig Mark weniger als bei unserem Handel mit dem Gebiet in Farchet-Ost. Wie damals behauptete die Stadt auch jetzt wieder, es würde in absehbarer Zeit kein Baugrund aus meinem Land. Man sei nur an »Vorhaltenflächen« interessiert. Diese Vorhaltenflächen lagen allerdings verdächtig nahe am Tölzer Villengebiet.

Vielleicht meinten die Stadtherren ihr geradezu sittenwidriges Angebot sogar ernst. Denn sie wußten ja, daß die Bank den Zwickerhof versteigern wollte. Und damit wußten sie auch: Die Zwickerin befindet sich in höchster Not. Sie muß verkaufen, auch zu einem schlechten Preis, wenn sie ihren Hof wenigstens teilweise retten will. Also machen wir ihr ein ganz besonders niedriges Angebot.

Zehn Mark pro Quadratmeter für eine Fläche, die sich später um den siebzigfachen Preis weiterverkaufen ließ. Ein solch infames Angebot konnte und durfte ich nicht annehmen. Selbst wenn der Auktionator schon in meiner Küche gestanden wäre – für zehn Mark würde ich meinen Grund nie und nimmer verschleudern. Ich schrieb dem Herrn Bürgermeister eine Absage.

Und immer wieder tauchte diese Gestalt auf, die ich schon im ersten Kapitel beschrieben habe. Über Monate hinweg wußte ich nicht, wie der Mann hieß und was er von mir wollte. Er trug jedesmal dieselbe schwarze Lederkluft. Und er kam mit Vorliebe im Morgengrauen oder in der Abenddämmerung. Mein Sohn Martin entdeckte ihn als erster.

Ich stand eines Spätnachmittags gerade in der Wohnstube und bügelte unsere Sonntagsgewänder, als Martin aufgeregt hereinplatzte: »Mama, schnell, komm«, rief er atemlos, »da draußen steht so ein komisches Auto.«

Ich eilte hinaus. Direkt vor der Hofeinfahrt parkte ein Amischlitten. Der Fahrer saß noch im Wagen, ich konnte sein Gesicht nicht richtig erkennen. Langsam und vorsichtig ging ich auf das Auto zu.

Ich war vielleicht noch fünf Meter entfernt, da heulte plötzlich der Motor auf. Mit quietschenden Reifen drehte der Wagen um, raste über den Feldweg zurück in Richtung Staatsstraße.

Ein paar Tage später begegnete Martin diesem Mann erneut. Diesmal war er mit seinem Chevrolet auf eine Koppel gefahren und ausgestiegen. Martin beobachtete ihn dabei, wie er sich an den Zäunen zu schaffen machte. Natürlich hatte mein Sohn Angst, er wagte nicht, den Fremden anzugreifen. Aber immerhin ging er auf ihn zu, fragte ihn aus sicherer Entfernung, was er auf der Koppel zu suchen hätte.

Der Mann lachte und rief: »Scheiß dir nicht in die Hosen, Junge.« Dann machte er einen schnellen Schritt nach vorne, tat so, als wollte er Martin fangen.

Das Kind, zu dieser Zeit zehn Jahre alt, tat das einzig

Richtige und rannte, so schnell er konnte, zurück zum Hof.

Minuten später kehrte er gemeinsam mit mir auf die Koppel zurück. Doch jetzt schien es, als sei alles nur ein Spuk gewesen: Von dem amerikanischen Wagen und seinem Fahrer war nichts mehr zu sehen.

Doch schon am nächsten Tag tauchte der Mensch wieder auf. Ich begegnete ihm von jetzt an regelmäßig. Oft stand er stundenlang mit seinem Wagen vor der Hofeinfahrt, ohne auszusteigen. Dann wieder schlich er über die Koppeln. Und einmal traf ich ihn im Stall an, mit einem Besen in der Hand.

Der einzige Zweck seiner Besuche schien darin zu bestehen, uns Angst einzujagen. Der Mann redete nie, sondern machte immer nur seltsame, drohende Gebärden.

Meiner Mutter ging es zu dieser Zeit schon zu schlecht, um die Besuche dieses Mannes überhaupt wahrzunehmen. Meine Tante allerdings sah ihn vom Balkon aus häufiger herumschleichen. Doch sie verhielt sich wie der Frosch vor der Schlange. Völlig regungslos saß sie da, stumm und starr. Sie fragte nie, wer dieser Mann war und was er wollte. Sie nahm ihn hin wie einen bösen Geist, in dessen Gegenwart man sich am besten ganz still verhält.

Dann starb meine Mutter. Ich will nicht behaupten, ihr Tod sei verursacht worden durch den nächtlichen Polizeieinsatz und den folgenden Tag, an dem ich in der Arrestzelle saß und mich nicht um sie kümmern konnte. Ich sage nur: Es ging ihr in den Monaten nach dieser Kommandoaktion noch schlechter als zuvor. Wenn ich morgens zum Melken aufstand und im Halbdunkel nach meiner Mutter sah, dann fing sie jedesmal an, wild um sich zu schlagen. Ihre Augen weiteten sich vor Angst, sie stöhnte leise und schlug mit ihren dünnen, zerbrechlichen Fäusten durch die Luft. All das hatte sie vorher nie getan.

Als hätte die Bank vom Tod meiner Mutter gewußt, sperrte sie mir genau zu ihrem Sterbetag sämtliche Konten. Und noch einmal teilte sie mir mit, das Verfahren zur Zwangsversteigerung sei eingeleitet.

Ich konnte also die Beerdigung meiner Mutter nicht mehr bezahlen. Und so trauerte ich an ihrem Sarg nicht nur, sondern ich schämte mich zugleich. Ich schämte mich vor dem Bestattungsunternehmer, der jetzt glauben mußte, ich hätte ihn betrogen. Ich schämte mich vor den Trauergästen, denn ich fühlte mich, als stünde mir die Schmach meiner hohen Schulden ins Gesicht geschrieben. Und es dauerte ja tatsächlich nicht lange, bis jeder in Bad Tölz wußte: Die Zwickerin steht vor dem Ruin.

In den folgenden Monaten wurden mir sämtliche Einnahmen gepfändet. Ich bekam keinen Pfennig vom Milchgeld mehr ausgezahlt. Wenn ich eine Kuh verkaufte und einen Scheck dafür bekam, war auch dieses Geld weg – ich mußte also dazu übergehen, auf Barzahlung zu bestehen. Nur so konnte ich mich und meine Kinder gerade noch über Wasser halten.

Zwei Tage nach dem Begräbnis meiner Mutter schlugen wieder einmal die Hunde an. Ich fürchtete schon, dieser Zwangsverwalter schliche wieder ums Haus, und warf deshalb zuerst einen Blick durchs Fenster, bevor ich die Tür öffnete. Draußen stand eine alte Frau, die mir irgendwie bekannt vorkam. Wo hatte ich sie schon einmal gesehen? Wie lautete ihr Name? Beides lag mir auf der Zunge, doch es wollte mir nicht einfallen.

Ich machte die Tür auf. Die Frau strahlte übers ganze Gesicht. »Mei, Annelies«, sagte sie, »kennst du mich noch?«

Natürlich kannte ich sie. Jetzt fiel es mir schlagartig ein: Vor mir stand Anni, eine alte Freundin meiner Mutter, die wir seit Jahrzehnten nicht mehr gesehen hatten. Ich erinnerte mich aber noch gut an die hübschen, mit Zwergerln und Rehkitzen bestickten Röckchen, die sie mir als Kind genäht hatte. Später, als der Kontakt abgerissen war, hatte meine Mutter noch oft von Anni erzählt.

Ich bat sie herein. Sie sei zufällig in der Gegend gewesen, erzählte sie, und da habe sie sich gedacht, sie könnte endlich einmal wieder bei meiner Mutter und mir vorbeischauen.

»Du bist leider zwei Tage zu spät gekommen«, sagte ich.

Anni wußte sofort, was ich meinte. Irgendwie hatte sie gespürt, daß meine Mutter nicht mehr am Leben war. Ihre Fahrt ins Tölzer Land zu genau dieser Zeit war wohl mehr als ein bloßer Zufall.

Ich nutzte die Gelegenheit und fragte Anni nach meinem Vater. Sie kannte ihn schließlich, denn sie war mit seinem guten Freund, ebenfalls französischer Soldat, liiert und hatte mit ihm zwei Kinder. Sie hatte damals die Liebesgeschichte mitbekommen, die sich zwischen ihrer Jugendfreundin und dem Kriegsgefangenen aus Frankreich entwickelt hatte. Anni schilderte meinen Vater als klugen, besonders feschen und gewandten Menschen, der mich, so oft es ging, auf den Arm nahm und auf dem Hof herumtrug. Doch das war nicht jenes Geheimnis, das ich endlich enträtseln wollte. Ich hörte Anni eine Weile zu, dann unterbrach ich sie: »Weiß du, wo ich ihn finden kann?« fragte ich.

Anni zögerte. Sie selbst hatte keine Adresse, doch sie kannte eine Französin, die aus derselben Gegend stammte. Von dieser Frau bekam ich ein paar Tage später die Telefonnummer meines Vaters.

Danach vergingen noch einige Wochen, bevor ich wirklich den Mut fand, ihn anzurufen. Wie würde es wohl sein, zum ersten Mal in meinem Leben bewußt seine Stimme zu hören? Hätten wir uns überhaupt etwas zu sagen? Vielleicht würde er sofort wieder auflegen?

Schließlich faßte ich mir ein Herz und wählte seine Nummer. Er war selber am Apparat. Und er wußte auch ganz genau, wer ihn da anrief. Wir beide überwanden schon bei diesem ersten Gespräch die Scheu, miteinander zu reden. Wir waren uns völlig fremd, und auf eine sonderbare Art doch irgendwie vertraut. Mein Französisch holperte ein bißchen und hatte einen starken oberbayerischen Akzent, doch es reichte, um mich meinem Vater verständlich zu machen. Ich erzählte ihm, daß meine Mutter gestorben war. Und ich schilderte ihm meinen Kampf um den Zwickerhof. Er beschrieb mir seinen Hof in Savoyen und lud mich ein, ihn zu besuchen. Er selbst wäre auch gern zum Zwickerhof gefahren, doch mit über achtzig Jahren fühlte er sich den Strapazen einer so weiten Reise nicht mehr gewachsen. Ich versprach ihm, zu ihm in die Berge zu kommen, sobald mir das möglich wäre, sobald ich den Zwickerhof verlassen konnte, ohne fürchten zu müssen, bei meiner Rückkehr alles demoliert vorzufinden.

Bei diesem Vorsatz ist es bis heute geblieben. Zu meiner Angst um den Hof kam später noch eine Bewährungsauflage dazu, die es mir verbot, ohne weiteres das Land zu verlassen. Aber von Zeit zu Zeit telefoniere ich noch immer mit meinem Vater.

Ein paar Wochen nach Annis überraschendem Besuch stand im Spätherbst 1992 schon wieder jemand vor meiner Tür, den ich lange nicht mehr gesehen hatte: Der inzwischen pensionierte Landwirtschaftsminister Josef Ertl. Leider brachte er mir schlechte Nachrichten: »Jetzt gehen sie mit dem Keimgehalt auf 100 000 runter«, erzählte er.

Mit »sie« meinte er die Agrarbürokraten in Brüssel. Die neuen Werte für den Keimgehalt bedeuteten für die kleinen Bauern: Es wurde ihnen jetzt noch schwerer gemacht, ihre Milch ohne massiven Einsatz chemischer Mittel zu liefern.

Zum Glück hatte Josef Ertl auch noch eine gute Nachricht aus Brüssel für mich: »Ab Dezember«, sagte er, »wird die Ammenkuhhaltung bezuschußt.«

Diese Neuerung kam mir ausnahmsweise einmal gelegen. Denn die Milchwirtschaft war in letzter Zeit immer mühsamer für mich geworden. Schon bei optimalen Bedingungen wäre ich bis an die Grenzen meiner Kraft gekommen. Aber die Bedingungen waren in den letzten Monaten ja immer schlechter geworden. Ich mußte mich mit Banken und Behörden herumschlagen; meine Mutter und meine Tante waren krank und die meiste Zeit bettlägerig; ich selber hatte mich zwar von meinem Beckenbruch erholt, aber ganz so schnell wie vorher war ich doch nicht mehr unterwegs. Ich beschloß also, die Chance zu nutzen: Ich stellte meine Milchlieferungen ein und beantragte die Zuschüsse für die Mutterkuh-Haltung.

Innerhalb weniger Tage stellte ich die meisten meiner Kühe trocken. Die Kälber durften ab sofort an den Eutern ihrer Mütter nuckeln. Ich verlor damit zwar eine regelmäßige Einnahme, allerdings eine, die in den letzten Jahren immer geringer geworden war. Von nun an mußte ich mich natürlich darum kümmern, das Fleisch zu verkaufen. Und auch das war gar nicht so einfach. Die Zeiten waren vorbei, zu denen man noch ordentliche Preise für seine Rinder erhielt. Ich konnte jetzt nur noch davon träumen, 3000 Mark für einen Stier zu bekommen, wie das früher einmal üblich war.

Neben den schlechten Preisen gab es aber noch etwas, weshalb mir der Umstieg von Milch- auf Schlachtvieh auch wieder schwerfiel: Die Kälber taten mir einfach leid. Ich wollte sie nicht an einen Fleischgroßhändler geben, denn sie sollten nicht unter Qualen sterben und zuvor womöglich noch durch halb Europa gekarrt werden. Da war es mir lieber, die Tiere würden von hiesigen Metzgern geschlachtet.

Doch die Gerüchte, die in Tölz über mich in Umlauf waren, zeigten leider Wirkung. Keiner der dortigen Metzger wollte meine Tiere kaufen. »Ich rühr' mich schon, ich ruf' dich an«, sagten sie alle, wenn ich sie fragte, ob sie ein Kalb oder einen Stier bräuchten. Doch sie rührten sich nicht. Und so mußte ich mir letztlich doch einen Großhändler in München suchen.

# 18.
# Mit Schaum vor dem Mund

Ich sah nur noch eine Chance, den Zwickerhof vor der Zwangsversteigerung zu retten: Ich mußte jetzt endlich Bauland verkaufen. Die Verhandlungen stagnierten jetzt seit Jahren. Der Bürgermeister und seine Stadträte blieben eisern. Mich noch einmal zu übertölpeln, wie in Farchet-Ost, dazu waren sie selbstverständlich bereit. Doch mehr als zehn Mark für den Quadratmeter wollten sie nicht zahlen. Und wozu auch? Sie mußten ja nur noch wenige Monate warten, und dann könnten sie alles günstiger ersteigern, den ganzen Hof, und nicht nur ein paar Grundstücke.

Allein konnte ich dieses Geschäft nicht mehr verhindern. Ich brauchte Hilfe, so ungern ich sie auch in Anspruch nahm. Doch an wen sollte ich mich wenden? Mein einziger politischer Fürsprecher in Tölz war Rudolf Schreiner, jener Stadtrat, der mir beim Überfall des Zwangsverwalters geholfen hatte. Er besuchte mich oft auf dem Hof, und er setzte sich auch im Rathaus für mich ein. Doch er konnte wenig ausrichten, denn er gehörte nicht zur Stadtregierung, sondern war Mitglied der Grünen – als einziger Stadtrat kungelte er nicht mit der Mehrheit.

Ein grüner Einzelkämpfer in Tölz, das war rührend,

würde mich aber nicht vor dem Verderben schützen. Ich brauchte Fürsprecher.

Ich griff also zum Telefonbuch, sah unter »Bayerische Staatsregierung« nach und rief an.

»Guten Tag, mein Name ist Sappl. Ich möchte gerne den Innenminister sprechen«, bat ich die Dame in der Zentrale.

»Augenblick, ich verbinde«, antwortete sie.

Ich staunte. So einfach hatte ich mir die Sache nicht vorgestellt. Ein Minister, der persönlich mit den Bürgern sprach, das gefiel mir. Anscheinend hatte ich doch die richtige Partei gewählt.

Eine sonore Männerstimme meldete sich.

»Guten Tag, Herr Stoiber«, legte ich los, »ich will Sie nicht lange belästigen, aber ich befinde mich in höchster Not.« Ich fing an, das böse Spiel zu beschreiben, das meine Bank und die Stadt mit mir trieben.

Mein Gesprächspartner hörte mir geduldig zu. Dann allerdings stellte sich heraus: Er war gar nicht der Innenminister, sondern ein Herr aus irgendeinem Vorzimmer. Er verband mich mit einem Herrn in einem anderen Vorzimmer. Und der wiederum verwies mich an einen Experten, der mir sicher weiterhelfen könne. Leider erfuhr ich dann von der Sekretärin dieses Experten: Er macht gerade Urlaub. Aber es gibt noch einen Stellvertreter, und vielleicht könnte ja der …

Ich wurde hin und her verbunden, redete mir den Mund fußlig. Am Ende landete ich immerhin bei einem Oberregierungsrat. Er bat mich, mein Anliegen noch einmal schriftlich vorzutragen und wenn möglich auch Unterlagen beizufügen.

Das machte ich dann drei Tage später. Auf zwei Seiten erklärte ich, weshalb ich Bauland benötigte und warum die Stadt es mir nicht ausweisen wollte. Ich legte einen

Ablehnungsbescheid des Landratsamtes dazu, Eingabe- und Lagepläne, einen Grundbuchauszug und einen Antrag auf Nutzungsänderung. Danach wartete ich auf Antwort.

Zwischenzeitlich begann die Presse verwirrende und denunzierende Berichte gegen mich zu veröffentlichen. Daher überwand ich meine Scheu und verfaßte meinen ersten Leserbrief, um Klarstellung zu erreichen:

### *»Wohlwollen?«*

*»Eigentlich wollte ich mich zu den andauernden Hetzkampagnen durch die Presse gar nicht äußern. Sie sprechen für sich selbst, und die Leute mit Gespür und Vernunft ahnen die Zusammenhänge. Das hat sich anhand der Leserbriefe und der persönlichen Gespräche gezeigt.*

*Man sagt mir nach, ich wäre gefühlskalt. Ich gehe nur aufrecht meinen Weg und mein Gewissen ist unbelastet, das irritiert diejenigen, die mit allen Mitteln versuchen, mich zum Aufgeben zu bewegen oder mich in eine Verzweiflungstat zu treiben. Mir ist bekannt, daß der Hof seit Jahrzehnten von der Stadt Bad Tölz verplant wurde – dagegen wehrte ich mich, ich mußte die alten Rechte wahren, alle Angriffe kamen von außen. Soll das der Hof, der sich seit 1552 in Familienbesitz befindet, nicht wert sein?*

*Es wird gesagt: ›Sie sind dumm, sie hätten den Hof in dieser Lage zu einer Goldgrube machen können‹, zum Beispiel Golfplatz, Reitstall, Campingplatz usw. – ich sei altmodisch oder rückständig. Wofür hätten all die Generationen von Vorfahren geschuftet, gedarbt, gehofft? Sie haben alle für den Hof gelebt und nicht von ihm gezehrt, denn wir sind Bauern.*

*Daß man mir die Schande oder Ächtung einer Ver-*

*schuldung anhängen will, dazu gibt es keine Veranlassung. Der Hof, nach dem Brand stilistisch und handwerklich einwandfrei aufgebaut, hat eine enorme Wertsteigerung (zwei bis drei Millionen) erfahren, viele Generationen brauchen in das Gebäude nichts mehr zu investieren.*

*Wie soll man so ein Bauwerk in 15 Jahren allein durch landwirtschaftliche Einnahmen abzahlen? – die Erlöse für landwirtschaftliche Produkte sind doch ein Hohn!*

*Ein im Grundbuch und Kataster als ›Baulandvolumen 1200 qm‹ eingetragenes Grundstück war zur Sanierung eingeplant und Käufer vorhanden. Aber seit Bürgermeister Dr. Eckart Fadingers Zeiten wird ›Wohlwollen‹ vorgegaukelt und Stadt und Bank verzögern. Als gradliniger Mensch kann man solchen Vertrauensbruch nicht begreifen.*

*Mein Fall ist auch nicht der einzige, aber viele werden eingeschüchtert und trauen sich nicht, sich zu wehren. Es ist eine Schande, daß angestammte Familien verdrängt werden und Kommunen und Neureiche aus den Höfen dann reichlich Kapital schlagen.*

*Daß es in unserem sogenannten sozialen und zivilisierten Staat so viel Unmenschlichkeit gibt, der viele zur Flucht, in Krankheiten, bis hin zu Selbstmorden trieb und treibt, daran sind all jene schuldig, die immer ›wohlwollend‹, aber für sich selbst sind.*

*Geld verdirbt tatsächlich den Charakter und die Gier nach Ansehen und Erfolg kann sich zu Haß steigern – der unkontrollierbar wird. Einige Morddrohungen, an mich gerichtet, erbringen den Beweis, von den unzähligen Bosheiten ganz zu schweigen.*

*Traurig ist nur, daß sich verschiedene Leute dazu hergeben, bei solchen Gaunerstücken mitzuspielen. Aber das müssen sie ihrem Gewissen gegenüber selbst verantworten.«*

*Annelies Sappl*
*Zwickerhof*
*83646 Bad Tölz*

Nach drei Wochen schrieb ich noch einmal einen ähnlichen Brief, diesmal gleich an den Innenminister persönlich. Und wieder wartete ich gespannt auf irgendeine Reaktion.

Ich wartete nicht vergeblich. Schon nach wenigen Wochen hielt ich tatsächlich einen Antwortbrief in Händen. Den hatte zwar nicht Edmund Stoiber verfaßt, aber immerhin sein Referent. Der Herr Minister werde mein Anliegen wohlwollend prüfen, hieß es da, und man bitte mich um ein wenig Geduld. Auf dem Briefkopf stand eine Telefonnummer, die ich nach einer Weile weiteren Wartens auch anwählte.

Und so führte ich immer mal wieder ein Gespräch mit dem Herrn Referenten. Und jedesmal versicherte er mir, wie »wohlwollend gesinnt« die Bayerische Staatsregierung mir sei. Die Bauern seien schon immer tragende Säulen in unserem schönen Lande gewesen, und da sei es doch selbstverständlich, ihnen auch in schweren Zeiten zu helfen.

Nach solchen Gesprächen machte mir die Arbeit auf dem Hof wieder Spaß. Ich schöpfte Hoffnung und war überzeugt: Alles wird gut.

Der Polizei genügte es jetzt nicht mehr, mitten in der Nacht mit heulender Sirene über meinen Hof zu fahren. Die Beamten hatten jetzt offenbar die Anweisung bekommen, noch weiter zu gehen. Sie töteten eines meiner Pferde. Ein Fohlen, erst wenige Monate alt. Ich habe nie verstanden, weshalb es einen so grausamen und sinnlosen Tod sterben mußte.

Die Polizisten klopften abends gegen 22 Uhr an meine Tür. »Kommen Sie heraus, Frau Sappl«, rief einer, »Ihre Pferde sind schon wieder ausgebrochen. Es hat einen schweren Unfall gegeben.«

Ein Unfall? Wegen meinen Tieren? In heller Aufregung schlüpfte ich in meinen Mantel, folgte den Beamten zum Ort des Geschehens.

Sie führten mich an die Staatsstraße. Dort stand ein Auto auf dem Randstreifen, daneben eine Frau. Die Ärmel ihres Anoraks waren zu einer Schlinge gebunden, aus der ihr Arm hervorragte.

»Der ist gebrochen«, meinte sie, machte aber keineswegs den Eindruck, unter großen Schmerzen zu leiden.

»Wenn Sie wirklich den Arm gebrochen haben«, sagte ich, »wieso stehen Sie dann hier noch herum? Weshalb lassen Sie sich nicht ins Krankenhaus fahren?«

»Ich warte vorher noch auf den Abschleppdienst«, antwortete sie seltsam heiter.

Irgend etwas stimmte hier nicht. Ich kam mir vor wie in einer schlechten Komödie.

»Wir mußten leider Ihr Pferd erschießen«, sagte jetzt einer der Polizisten.

Welches Pferd? Ich sah kein Pferd.

»Es ist nach dem Unfall noch ein Stück weitergelaufen«, erklärte mir ein Polizist. Dann führte er mich in eine Waldschneise auf der anderen Straßenseite. Im Dickicht sah ich den leblosen Körper meines Fohlens. Es lag da wie schlafend. Ich konnte keinen Einschuß entdecken, keinen Riß im Fell, kein gebrochenes Bein. Aber vielleicht lag das ja auch nur an der Dunkelheit. Wenn das Pferd wirklich unter ein Auto geraten war, würde ich bestimmt am nächsten Tag irgendwelche Verletzungen finden.

Die Polizei nahm das Unfallprotokoll auf. Danach durfte ich gehen. Ich machte mich zu Fuß auf den Heimweg, sah von weitem, wie der Mond meinen Hof in ein fahles, unwirkliches Licht tauchte. Genauso unwirklich kam mir all das vor, was ich in der letzten Stunde erlebt hatte.

Am nächsten Morgen stand ich bei Tagesanbruch auf. Noch vor dem Frühstück machte ich mich auf den Weg zur Unfallstelle. Es hätte mich nicht gewundert, wenn ich alles nur geträumt, kein totes Fohlen und keine Spuren mehr gefunden hätte. Doch ich merkte bald: Mein Fohlen war wirklich tot. Und es gab auch Spuren. Und zwar lauter Spuren, die meinen Verdacht erhärteten, daß hier nicht alles mit rechten Dingen zugegangen war.

Zunächst untersuchte ich das Tier ganz genau. Ich strich ihm durchs Fell, drehte es von einer Seite auf die andere. Ich konnte auch jetzt nicht die geringste Verletzung entdecken. Es hatte nirgends geblutet. Das Fell war vollkommen glatt, es wies nicht die kleinste Schürfwunde auf. Und auch die Einschußstelle der Polizeikugel suchte ich vergebens.

Ich rief den Amtstierarzt an und Rudolf Schreiner, den Stadtrat. Der Tierarzt weigerte sich, zu kommen und das Tier zu untersuchen. Da ihm ohnehin nicht mehr zu helfen sei, sollte ich lieber den Abdecker rufen.

Rudolf Schreiner besah sich die Unfallstelle. Neben der Straße entdeckte er eine siebzig Meter lange Reifenspur, die von dem Unfallwagen stammte. Sie begann kurz hinter dem Friedhof, führte an meinem Zaun entlang gezielt bis zu dem Pfosten, an dem meine Pferde angeblich ausgebrochen waren. Wenn es tatsächlich einen Unfall gegeben hatte, so hatte die Fahrerin das Fohlen nicht zufällig auf der Straße gerammt, sondern hier auf dem Bankett.

Meine Zweifel wuchsen noch, als ich zusammen mit Schreiner meinen Zaun begutachtete. Von den drei Drähten waren die unteren beiden durchgezwickt worden. Der obere Draht war ganz geblieben. An ihm hingen die feinen, wollenen Haare eines Fohlens. Auf dem Boden fanden sich Hufspuren, und diese Hufe hatten auffallend viele Schweifhaare festgetreten – kein Pferd reißt sich so viele Haarbüschel von alleine aus. Offensichtlich waren mehrere Pferde an der Innenseite des Zaunes entlanggelaufen, und nicht auf der Straße, wie von der Polizei behauptet.

Diese Spuren ergaben für mich ein ziemlich klares Bild davon, was sich in der »Unfallnacht« wirklich zugetragen hatte: Jemand hatte den Zaun durchgezwickt und anschließend das Fohlen hinaus- und an der Straße entlanggetrieben. Die Mutterstute wieherte ängstlich und lockte so weitere Pferde an. Die Lücke im Zaun war jedoch zu klein, die Rösser konnten nicht wie das Fohlen unter dem oberen Draht hindurchtraben. Deshalb folgten sie dem Fohlen auf der Innenseite des Zaunes. Wären sie wirklich ausgebrochen, so hätten sie mit Sicherheit nicht von alleine den Rückweg gefunden, wie es mir die Polizei weismachen wollte.

In der Nähe des Zaunes entdeckten wir außerdem seltsame Löcher im Erdboden. Es sah fast aus, als wären dort Schrotkugeln eingeschlagen. Mein Jagdpächter erklärte mir später, diese Löcher stammten mit großer Wahrscheinlichkeit von Gummigeschossen. Vermutlich war auch mein Fohlen mit einem solchen Gummigeschoß getötet worden. Das würde auch erklären, weshalb ich keine Einschußstelle fand.

Ob dieser Unfall inszeniert worden war, um mir wieder einmal etwas anhängen zu können. Je mehr Gerichtsverhandlungen es gegen mich gab, desto größer wurde die Wahrscheinlichkeit, daß ich irgendwann doch noch im Gefängnis landen würde. Die nächste Verhandlung, wieder einmal wegen Hundebissen, stand ja bereits an.

Kurz vor diesem neuerlichen Prozeß ordnete das Gericht an, mich psychiatrisch untersuchen zu lassen. Ich vermute, daß der Anstoß dazu wieder einmal von Xaver Wolfsteiner kam. Zumindest unterstellte er mir, ich würde meine Hunde mit bedingtem Vorsatz zubeißen lassen, also mit Absicht. Sollte der Richter das genauso sehen, dann würde ich auf Jahre hinaus hinter Gittern oder in der Nervenheilanstalt sitzen – und das Ende des Zwickerhofes wäre besiegelt.

Aber noch war es nicht soweit. Zunächst holte mich die Polizei nur ab, um mich in die Landeshauptstadt zur Psychiaterin des Landgerichts München II zu bringen. Die Beamten kamen um sieben Uhr morgens, und ich stieg widerstandslos in das Polizeiauto. Immerhin durfte ich mich diesmal vorher ordentlich anziehen und kämmen.

Unterwegs versuchte ich freundlich Näheres zu erfahren. »Wissen Sie vielleicht, was dort mit mir gemacht wird?« fragte ich.

»Ein Depperltest«, antwortete ein Polizist und gähnte.

»Ah«, sagte ich, »dann schlägt mir die Psychiaterin bestimmt mit dem Hammer aufs Knie.«

Das sollte ein Scherz sein. Ich ahnte ja nicht, daß die Gerichtsgutachter tatsächlich mit den gleichen Methoden arbeiten, die ich in der Komödie vom braven Soldaten Schwejk gesehen hatte.

Nein, es war kein Witz: Die Psychiaterin holte tatsächlich ein Hämmerchen hervor und klopfte mir damit aufs Knie. Außerdem mußte ich seitenweise die Antworten zu den »Depperlfragen« ankreuzen. Schließlich führte die Gutachterin mit mir noch ein längeres Gespräch. »Weshalb sind Sie so uneinsichtig?« wollte sie wissen, und »wieso zwicken Ihre Hunde seit Jahren immer wieder irgendwelche Spaziergänger?«

»Das müssen Sie schon meine Hunde fragen«, antwortete ich, »ich hab' die Leute ja nicht gezwickt.«

Der Test dauerte drei Stunden. Danach wurde ich nicht in die Anstalt eingewiesen, sondern die Psychiaterin bescheinigte mir einen überdurchschnittlichen Intelligenzquotienten von 125 Punkten. In ihrem Gutachten fürs Gericht meinte sie lediglich, ich hätte eine gewisse Neigung zur Paranoia, zum Verfolgungswahn.

Vermutlich habe ich ihr einfach zuviel erzählt. Manches davon klang ja tatsächlich so unglaublich, daß man durchaus meinen könnte: Diese Bäuerin spinnt doch ein bißchen. Aber mein späterer Anwalt hat alle meine Angaben gewissenhaft überprüft. Er zumindest weiß, daß ich die reine Wahrheit sage. Wäre es anders, so hätte er mir schon längst empfohlen, eine Therapie zu machen. Und er hätte sein Mandat niedergelegt, wie fast alle meine Anwälte vor ihm.

Der Prozeß vor dem Amtsgericht brachte mir erneut eine Freiheitsstrafe ein: ein Jahr und zwei Monate ohne Bewährung. Wie schon bei meiner ersten Verurteilung legte ich auch diesmal Berufung ein.

Meine Telefonate mit der Bayerischen Staatsregierung trieben allmählich meine Telefonrechnungen in erschreckende Höhen. Ansonsten jedoch tat sich nichts. Im Laufe der Monate wurde mir klar, daß all die netten Gespräche mit dem Referenten des Innenministers eine reine Hinhaltetaktik waren – und sonst gar nichts. Die Stadt Bad Tölz dachte auch weiterhin nicht daran, mir auch nur einen Quadratmeter Baugrund auszuweisen.

Immerhin verbuchte ich mit meinem Widerspruch gegen die Zwangsversteigerung wenigstens einen Teilerfolg. Der Termin wurde verschoben. Aufgehoben wurde er allerdings nicht. Ich mußte jederzeit damit rechnen, daß mir die Bank einen neuen Versteigerungstermin ankündigte.

Das notwendige bürokratische Verfahren dazu betrieb sie weiterhin mit allem Nachdruck.

Unter meinen Tieren gab es einen weiteren mysteriösen Todesfall. Diesmal war kein Zaun durchschnitten worden, kein Fohlen auf die Straße gerannt, und kein Polizist hatte es in Notwehr erschießen müssen. Diesmal spielte sich der Todeskampf ganz in der Nähe des Hofes ab, auf einer meiner Weiden. Dort lag eines Tages eine tote Kuh, das Horn tief in die Erde gebohrt. Äußerlich wies das Tier keine Verletzung auf. Woran sie gestorben sein mußte, erkannte ich an ihrem Maul. Von dort tropfte nämlich dünner, rötlicher Schaum ins Gras. Es bestand kein Zweifel: Jemand hatte diese Kuh vergiftet.

Und mit großer Wahrscheinlichkeit starb einige Zeit später auch Benny, mein Berner Sennhund an einer Vergiftung. Er war eines Morgens nicht zum Füttern gekommen. Ich dachte mir nichts dabei, denn es gab Tage, an denen hatte Benny keinen Hunger. Sorgen machte ich mir erst, als er bis zum Abend immer noch nicht aufgetaucht war. Ich suchte ihn in der Tenne, wo er manchmal im Stroh schlief. Und ich fand ihn schneller, als mir lieb war: Mit glasigem Blick lag er da, steifgefroren. Und ähnlich wie meiner Kuh klebte auch ihm dünner, rötlicher Schaum an der Schnauze. Martin und Johannes weinten noch Wochen später über seinen Tod.

Im März 1994 schickte mir meine Bank eine »Forderungsaufstellung«. Auf elf Seiten standen Zahlen, Zahlen, Zahlen. Die Verfasser bezeichneten diese Ziffern als »schuldrechtliche Forderungen ab Juni 1992«. Das waren rund 40 Prozent mehr als bei der Kündigung meiner Kredite, einer Kündigung, die noch nicht einmal zwei Jahre zurücklag. Und die Bank teilte mir auch gleich mit, wieviel an täglichen Zinsen ich zu zahlen hätte: Um diese Summe aufbringen zu können, müßte ich einen Stundenlohn von über 140 Mark erwirtschaften – gerechnet bei einer 40-Stunden-Woche ohne Urlaub. Und von diesen 140 Mark bliebe kein Pfennig für die Tilgung übrig und auch kein Pfennig für unser tägliches Leben.

Ich heftete die Forderungsaufstellung in einem Aktenordner ab, den ich mir inzwischen angelegt hatte.

In diesem März sollte auch die Berufungsverhandlung wegen der Hundebisse stattfinden. Eine Verhandlung, die endgültig darüber entscheiden würde, ob ich ins Gefängnis mußte oder nicht.

Von meinem damaligen Anwalt hatte ich schon im vorigen Prozeß den Eindruck gehabt, als hätte er nichts anderes getan, als gelangweilt in seinen Akten zu blättern. Das Urteil schien ihn gar nicht zu interessieren. Mit ihm als Beistand schwante mir für die nächste Verhandlung nichts Gutes.

# 19.
# *Kurzer Prozeß*

Ich brauchte einen neuen Anwalt, wieder einmal. Es müßte doch Anwälte geben, die nicht einfach abwarten, bis alles vorbei ist, um dann ohnmächtig dazustehen und nur noch Honorare zu kassieren, oder vorher schon kassiert und dann kein Interesse mehr haben und Termine verschlafen, in den Verhandlungen sitzen und Männchen aufs Papier zeichnen oder die Akten verwechseln, die den Fall gar nicht kennen und einfach drauflos reden, oft den Mandanten um Kopf und Kragen bringen. Was ist das um Gottes Willen für eine Zunft? Oder man gerät an Riesenkanzleien mit Professorentitel und zwanzig anderen ehrenwerten Vertretern und wird von einem zum anderen verwiesen und muß auf Stundenbasis zahlen, auch für nächtliches Nachdenken. Denn die Veloursteppiche, die adretten Sekretärinnen in Armani-Kostümen, die hölzernen Wandpaneele, die Bibliotheken – das alles muß ja mitbezahlt werden, auch aus meinem kleinen Hundebißfall, über den dort jeder lacht. Und zum Termin erscheint dann ein Referendar.

Eines Abends hatte ich das Fernsehen eingeschaltet und geriet in eine Frauensendung, die »Mona Lisa« heißt. Dort wurde ein Mann vorgestellt, der offenbar irgend etwas Rechtliches für die Damenwelt getan hatte. Er hieß Dr.

Kolb und hatte einen Film gedreht, wie Frauen in Abtreibungsprozessen behandelt worden sind, damals in dem großen Prozeß in Memmingen. Der Mann war auch Anwalt, und es hieß, er werde sich einsetzen, wenn ihn ein Fall interessiere, auch ohne riesige Streitwerte, wenn es wirklich ums Ganze gehe. Ich glaubte ihm, was er da sagte, und beschloß, ihn aufzusuchen. Wenn er auch mit Fernsehen zu tun hatte, kam er vielleicht mit der Kamera in den Gerichtssaal, und wir hätten dann wenigstens ein Bild vom Richter. Ich rief dort an und bat um einen Termin, den ich am nächsten Tag bekam. Es war ein Freitag im frühen März, und am folgenden Dienstag war der Gerichtstermin vor dem Landgericht München in der Berufung. Herr Dr. Kolb, eine Rechtsanwältin Barbara H. und Anwälte Enders und Enders stand an dem Eingang zu der Kanzlei im dritten Stock in einem Schwabinger Altbau. Der Lift war so in einer Ecke versteckt, daß ich ihn beinahe übersehen hätte. Oben wurde ich bald hereingerufen. Dr. Kolb saß in einem Renaissance-Sessel hinter einem großen Holzschreibtisch im dunklen Hemd und einer verknautschten Jacke. Im Hintergrund blinkten einige Filmpreise, die aussahen wie Radioantennen, ein Bild von einem jungen Mädchen, offenbar seiner Tochter, und hinter ihm viele juristische Bücher mit Akten auf dem Schreibtisch, hinter dem Schreibtisch und neben dem Schreibtisch. Rechts an der Wand ein offenbar von einem halbverrückten Maler begonnenes Ölbild, auf dem siebenmal das gleiche mampsige Mädchengesicht ausprobiert war, dann hatte der Maler es offenbar aufgegeben.

»Ein Freund hat das gemalt«, sagte Dr. Kolb, »das Mädchen hat ihn in den Wahnsinn getrieben.«

Auf der anderen Seite hing eine riesige vergrößerte Grafik von der mittelalterlichen Belagerung einer Stadt. Landsknechte mit Spießen marschierten auf, Kugeln flogen hin und her, Mauern stürzten ein. Leitern flogen um. Die Fetzen flogen. »Die Belagerung von Murken durch Karl den Kühnen«, sagte Dr. Kolb, der meinen Blick bemerkte. »Aber Karl der Kühne hat verloren, das kann man hier nicht so genau erkennen.« Sein Blick verweilte noch auf dem Bild, und mit seinen verstruwwelten Haaren sah er eigentlich aus, als hätte er gerade dort teilgenommen.

»Also erzählen Sie mir Ihre Geschichte«, sagte er und lehnte sich zurück. Manchmal schüttelte er leise den Kopf, dann wirkte er selber wie ein schlafender Hund, seine Augen waren hellwach.

»Im Grunde geht es um mein Grundstück und meinen Bauernhof, den die Stadt haben will, aber zunächst geht es um meine Hunde.«

»Soll das heißen, man will zuerst die Hunde und dann das Grundstück? Wo ist da der Zusammenhang?«

Ich holte die Abschrift des Amtsgerichtsurteils von Wolfratshausen aus der Tasche und reichte sie ihm. »Ich bin hier wegen Hundebissen zu zwanzig Monaten Gefängnis verurteilt worden ohne Bewährung.«

Er machte große Augen und meinte: »Da müssen die Hunde ja die halbe Stadt Tölz gebissen haben. Was sind denn das für Hunde? Irische Wolfshunde?«

»Es sind Schweizer Sennhunde.«

»Doch eigentlich liebe und treue Tiere?«

»Ja«, sagte ich, »im inneren Bereich. Aber wenn halt Leute eindringen, verteidigen sie den Hof und die Familie.«

»Was heißt ›eindringen‹? Ist das Grundstück nicht abgezäunt?«

»Doch, aber Fremde reißen oft die Drähte auf und gehen einfach querfeldein und stören das Vieh. Das nennen sie Nähe zur Natur und lassen es sich nicht nehmen.«

»Und haben Sie keine Warnschilder, daß Wachhunde da sind und es sich nicht um Affenpinscher handelt?«

»Doch, aber die sind immer wieder abgerissen, und das Grundstück ist so groß, daß ich mit dem Aufstellen gar nicht mehr nachkomme.«

»Und haben Sie denn nicht genügend Angestellte und Helfer bei der Größe des Landes?«

»Nein, und das kommt ja daher, daß die Bank die Darlehen gekündigt hat und die Zwangsversteigerung betreibt und ich kein Bargeld mehr habe, aber meine Hunde brauche. Und die Stadt will am liebsten, daß ich verurteilt werde, damit die Versteigerung bald ungestört vonstatten gehen kann und sie sich daran beteiligen und das Grundstück billig kriegen, das weiß ich.«

»Ein ziemlich großer Zusammenhang«, meinte er. »Aber fangen wir mal mit diesem Urteil an.«

Er setzte seine Brille zurecht und begann zu lesen. Nach einiger Zeit legte er das Schriftstück zur Seite und sagte, daß er so ein Urteil bisher noch nie erlebt hätte.

»Für siebenmal einen Hundezwicker zwanzig Monate, das heißt, drei Monate Gefängnis für einen Vorfall, ohne Bewährung.«

»Es waren vorher schon mal ein paar andere Vorfälle, da gab es auch schon kleinere Strafen.«

»Ja, das steht ja auch da drin. Aber weil ein paar Wanderer, die selbst mitschuld sind, von Hunden gezwickt wurden, kann man doch nicht die Existenz von Ihnen, Ihren Söhnen und von Ihrem Hof zerstören. Was ist in den Richter gefahren?«

»Er muß irgendwie wütend gewesen sein, das hat man gleich gemerkt, und hat gemeint, man müsse wohl ein Exempel statuieren ...«

»Und hat Ihr Anwalt ihn denn nicht zur Rede gestellt?«

»Nein, er meinte, ich soll mich still und freundlich verhalten, sonst könnte es noch schlimmer werden.«

»Wie bitte?«

»Und er wollte auch keine Berufung einlegen.«

»Aber Sie haben doch Berufung eingelegt?«

»Ja, das hat der nächste Anwalt getan.«

»Den Sie jetzt noch haben?«

»Ja. Er heißt Laubenbacher und redet fürchterlich viel am Telefon, aber er hat sich die Akten nicht angesehen, und am nächsten Dienstag ist der Berufungstermin vor dem Landgericht hier in München.«

»Und was will er dort machen?«

»Er will die ganzen Zeugen, ich meine die Gebissenen, noch mal laden lassen und meine fast neunzigjährige Tante, die schwerkrank ist, vernehmen lassen.«

»Was hat Ihre Tante damit zu tun? Sie hat doch wohl niemanden gebissen?«

»Nein, aber sie soll bestätigen, daß die Hunde im Innenverhältnis harmlos sind.«

»So ein Unsinn! Und deshalb soll Ihre Tante mit Blaulicht zum Termin kommen? Meint er das im Ernst?«

»Ja, er meint, das könnte großen Eindruck machen.«

Dr. Kolb dachte nach. »Wollen Sie diesen Anwalt noch oder nicht?«

»Nein, sonst wäre ich ja nicht hier.«

»Gut. Dann schreiben Sie jetzt auf einen Briefbogen, daß Sie ihm das Mandat entziehen. Das kann ich kollegial verantworten. Wir faxen das durch und teilen das dem Gericht mit. Der Richter wird nicht entzückt sein, aber wir werden uns neu bestellen. Aber wir kennen die Akten nicht, und er muß uns Gelegenheit geben, den Fall zu kennen. Also muß er vertagen, und wir bekommen dann einen neuen Termin in zwei Monaten etwa.«

»Ist das sicher?« fragte ich.

»Das ist sicher. Alles andere wäre ein Verfahrensfehler, denn es handelt sich hier bei der Strafe um einen Fall von notwendiger Verteidigung.«

Mir fiel ein Stein vom Herzen. Ich schrieb den Mandatsentzug, das Schreiben wurde gefaxt. Gleichzeitig telefonierte Rechtsanwalt Kolb mit der anderen Kanzlei und erwischte Frau Laubenbacher, die wohl, das merkte ich an Kolbs enervierten Antworten, ein großes Gezeter erhob. Ich bekam auch nur soviel mit, daß ihr Mann schon alles vorbereitet hätte, auch den Krankenwagen für die »Überraschungszeugin«, und daß er sich wohl bei dem Richter beschweren werde. Dies aber, meinte Kolb, solle er lieber unterlassen, weil es ein Verrat der Interessen der Mandantin sei. Wie ich später erfuhr, hatte Rechtsanwalt Laubenbacher dennoch den Richter angerufen und sein Leid geklagt. Die Mandatsniederlegung wurde auch am selben Tag noch dem Gericht übermittelt.

Am nächsten Dienstag erschien ich pünktlich mit unserem neuen Anwalt vor Gericht. Ich merkte gleich: Es war eine Stimmung wie in einem Hexenkessel. Eine unnahbare Protokollführerin, ein paar geladene, verärgerte Journalisten, einige wartende Zeugen, sprich Gebissene, ein Staatsanwalt, der mit roten Ohren vor Empörung seine Akten auf den Tisch warf, und mein relativ gelassener Anwalt mit mir neben sich.

Das Gericht, Vorsitzender Koppler und zwei Schöffen, betrat ebenso aufgebracht den Gerichtssaal und setzte sich.

»Präsenz: Angeklagte mit einem neuen Verteidiger. Wie kommen Sie dazu, Frau Sappl, so kurz vor dem Termin Ihren Anwalt zu wechseln?«

Ich sagte: »Weil ich kein Vertrauen mehr in die bisherige Prozeßführung hatte.«

Und Kolb fügte hinzu: »Die Gründe haben sich erst kurzfristig ergeben, sind aber gravierend.«

»Das ist doch reine Prozeßverschleppung«, rief der Staatsanwalt dazwischen.

Kolb sagte. »Meine Mandantin stellt sich mit allen Konsequenzen diesem Verfahren, aber sie muß einen Berater ihres Vertrauens haben.«

»Sind Sie denn, Herr Rechtsanwalt, in der Lage, den Prozeß heute zu führen?«

»Keinesfalls, da die doch umfangreichen Gerichtsakten mir unbekannt sind und ich mich mit dem Prozeßstoff erst vertraut machen muß.«

»Das dachte ich mir«, knurrte der Richter. »Ich werde notgedrungen den Termin jetzt vertagen, aber ich ordne gleichzeitig an, daß die Angeklagte neben ihrem jetzigen Wahlverteidiger bereits einen Pflichtverteidiger zugeordnet erhält, falls es ihr einfallen sollte, bis zum nächsten Termin wieder einen neuen Anwalt zu nennen und wir vor der gleichen Situation stehen. Den Pflichtverteidiger werde ich binnen einer Woche bestellen. Bis dahin können Sie selbst Vorschläge machen. Was mich wirklich Mühe kosten wird, ist, den erschienenen Zeugen klarzumachen, daß sie, teilweise von außerhalb kommend, heute umsonst erschienen sind und wohl nochmals erscheinen müssen.«

Dann erging der Beschluß: Der Angeklagten wird neben dem Wahlverteidiger Kolb ein Pflichtverteidiger zugeordnet. Neuer Termin wird bestimmt auf den 13. Mai 1994. Der Richter Koppler nickte grimmig. Die Schöffen nickten ebenfalls grimmig, würdigten mich keines Blickes und verließen den Saal.

Der Staatsanwalt packte wütend seine Sachen zusammen, zog seine Robe aus und ging grußlos zur Tür, drehte sich noch mal zu Rechtsanwalt Kolb um und sagte finster: »Ich kann Ihnen nur eines sagen, Herr Rechtsanwalt, Gottes Mühlen mahlen langsam.« Dann knallte er die Tür, erschien aber nochmals zurück, da er irgend etwas vergessen zu haben schien und sagte: »Und gründlich.«

»Was hat der?« fragte ich den Anwalt.

»Wir haben ihn wohl provoziert.«

Ich hatte kein gutes Gefühl, obschon ich froh war, diesen Zeugen und dem im doppelten Sinne geladenen Staatsanwalt entgangen zu sein, der vielleicht auf lebenslänglich plädiert hätte.

Aber Rechtsanwalt Kolb schien recht vergnügt, er werde nun erst mal in Ruhe die Akten einsehen, etwas Interessantes finde man immer, und was den Pflichtverteidiger anbelange, sagte er, nennen wir einfach unsere Kollegin Enders. Dann sind wir alle in einem Boot.

Ich ging zu meinem Auto, holte meine Buben ab und begab mich ins nächste Café. Dort aßen wir Nußtorte zur Beruhigung, dann fuhr ich zurück auf meinen Hof.

Die mir nicht gut gesonnene Lokalpresse legte gleich am nächsten Tag, von einem enttäuschten Herrn Wolfsteiner instruiert, los: Zwickerbäuerin brüskiert das Gericht durch neuen Strafverteidiger und erzwingt Vertagung – Hundeprozeß wieder verschoben. Auch der Staatsanwalt wurde zitiert: »Ob Ihr diese Finte etwas nützt, ist eine andere Frage.«

Eine Woche verging, dann erhielt ich einen Anruf von Dr. Kolb. Er sei jetzt informiert, und wir müßten die Sache gut vorbereiten.

In der Zwischenzeit hatte auch mein vorheriger Anwalt, Herr Laubenbacher, mehrmals angerufen und versucht, meine Entscheidung wieder rückgängig zu machen. Er habe doch so ein gutes Verhältnis zu dem Richter, und die ganze Beweisaufnahme sei jetzt gefährdet. Ob ich da nicht einen schweren Fehler mache. Auch habe er schon Gespräche mit verschiedenen Stadträten geführt wegen eventueller Landerschließung, und genau das war für mich einer der Hauptgründe meines gesunkenen Vertrauens, da es sich um genau den Stadtrat handelte, der einen Teil meines Grundstücks wollte. Aber das hatte ich Herrn Laubenbacher schon vorher gesagt, eben bei jenem Besuch des Anwalts auf meinem Grundstück, wo er auch schon leise den Vorschlag brachte, ob er nicht selbst einmal ein kleines Stück Bauland erwerben könne. Das war auch der Tag, wo meine Schweizer Hündin Cilly ihn ins Bein zwickte, weil er so gebückt freundlich auf sie zugegangen ist, was Hunde bekanntermaßen nicht mögen. Hunde mögen keine Leute, die gebückt freundlich sind und geheime Dinge im Kopf haben.

Dr. Kolb saß vor dem Aktenstapel, der aus verschiedenen Hundeverfahren, darunter diversen falschen Anzeigen, entstanden war, und er war recht zufrieden.

»Das Wichtigste ist«, sagte er gleich, »wir brauchen und wollen keine Zeugen von Fällen, in denen sowieso die, wenn auch nicht schlimmen, Verletzungen feststehen, da ärztliche Atteste vorliegen. Und das sind genau die sieben Fälle, die im Urteil stehen. Wir geben sie einfach zu. Es bleibt uns sowieso nichts anderes übrig, aber wir vermeiden den Auftritt der Verletzten. Gebissene Zeugen sind die schlimmsten der Welt, weil sie Geld wollen und ihre Leiden maßlos übertreiben, während die ärztlichen Atteste sachlicher sind und aus einem Zwickmal kein amputiertes Bein machen. Das heißt, wir beschränken die Berufung auf das Strafmaß und schalten sämtliche jammernde Zeugen aus. Der Richter wird uns dankbar sein, und der Staatsanwalt mit seinen Gottesmühlen kann nichts dagegen tun. Vor allem wird vor Gericht nicht die Weihestimmung einer Kriegsopferversammlung entstehen.«

Ich war etwas skeptisch, weil ich meinte, daß manche von den Zeugen einfach gelogen hätten und vielleicht eigens von Herrn Wolfsteiner geschickt worden wären. Aber der Anwalt schüttelte energisch den Kopf. »Das werden die doch nie zugeben. Im Gegenteil: Sie würden noch viel mehr übertreiben, und mit den ärztlichen Attesten, die wir weiter benutzen können, werden wir sie sowieso zum Teil widerlegen, da steht nämlich oft nur etwas von blauen

Flecken, während die Zeugen beschworen, daß da eine Bißwunde gewesen sei und sie sich wochenlang unter Schock befunden hätten usw.

Unser Problem ist also nur der Richter selbst, wie er über die soziale Prognose denkt, die für die Bewährung entscheidend ist. Der Staatsanwalt und dieser fachkundige Zeuge.

»Wer soll das sein?« fragte ich.

»Ein Herr Wolfsteiner, Leiter des Amtes für öffentliche Ordnung.«

»Um Gottes Willen!« rief ich, »da haben die ja den Bock zum Gärtner gemacht! Herr Wolfsteiner ist ja gerade der, der immer wieder die Anzeigen gegen mich machte, auch ohne Grund.«

»Wir können ihn nicht wegkriegen«, meinte Dr. Kolb. »Die Staatsanwaltschaft besteht darauf. Aber vielleicht ist das gerade gut, daß er so voreingenommen ist. Solche Leute entlarven sich oft in ihrem Eifer. Und jetzt gehen wir am 13. Mai in die Verhandlung und machen was draus. Was anderes bleibt uns auch gar nicht übrig. Aber zwei Dinge müssen wir noch vorbereiten.«

Er meinte weiter, einmal sei dies die Anlage eines mit neuen Zäunen eingefaßten Hundereviers um das Haus. Wir müßten dem Gericht mit Fotos nachweisen können, daß die Hunde derzeit, drei an der Zahl, sicher untergebracht seien und nicht frei auf dem gesamten Grundstück herumlaufen können. Und zweitens müßten wir eine Art wirtschaftliche Interimslösung, ein Sicherheitsabkommen mit der Bank treffen. Denn der Versteigerungstermin sei ja schon auf Juli festgesetzt, und die Frage der wirtschaftlichen Weiterexistenz sei für die Zukunftsprognose und damit auch wiederum für die Aussetzung zur Bewährung entscheidend. Das mit den Hunden war mir zunächst gar nicht recht. Aber Dr. Kolb schickte einfach zum Wochenende einen wortkargen, untersetzten, bulligen Hausmeister in Begleitung zweier weiterer Hilfskräfte mit viel Holz und Draht und Diesel. Drei Leute begannen wie Roboter zu arbeiten und erstellten um das Haus herum ein Gehege, das aussah wie ein riesiger, häßlicher Kaninchenstall, den ich am liebsten gleich wieder abgerissen hätte. Aber Dr. Kolb selbst kam dann dazu und machte Fotoaufnahmen von dem neuen Gehege und den deprimiert schauenden Sennhunden dahinter.

»Wenn das kein Beweis ist«, sagte er, und er werde jetzt noch entscheidende Gespräche mit der Bank führen.

Und es kam dann doch ganz anders, als ich dachte. Irgendein guter Engel hatte einen Stern in die richtige Bahn gerückt, der das Verfahren zu meinen Gunsten beschien. Ich saß da in meinem Kostüm und meinem Hütchen neben meinem Wahlverteidiger und der Pflichtverteidigerin Enders, die sich genau abgesprochen hatten.

Das erste, was ich zu meinen Gunsten feststellen konnte, war, daß der Staatsanwalt fehlte. Ich meine, der mit Gottes Mühlsteinen. Statt dessen saß dort eine junge, sympathische Staatsanwältin, eine Hundeliebhaberin, wie sich später herausstellte.

Siegessicher, mit einer dicken Aktenmappe und in Begleitung eines mir nicht gerade gut gesonnenen Nachbarn, dem Wacker Schorsch, dem der Fischteich an der Staatsstraße und das Café gehörte, erschien Xaver Wolfsteiner. Beide setzten sich breit in die vorderste Zuschauerbank neben ein paar Presseleute und erwarteten meinen Untergang.

Dann betrat Richter Koppler mit zwei neuen Schöffen den Raum. Er schien immer noch etwas aufgebracht, wenn er auch durch den Verzicht auf Zeugenvernehmung, wie mir der Anwalt gesagt hatte, etwas besänftigt sei, denn dies bedeutete, daß der Fall in einem Tag erledigt werden könne.

»Nun haben Sie ja wohl eingesehen, daß es besser ist,

Termine nicht ständig zu verschieben, nicht wahr«, eröffnete er die Verhandlung. Der Ton war ziemlich rauh und die Stimme nicht freundlich. Es war wohl dies der Grund, warum Rechtsanwalt Kolb plötzlich aufstand und ein ganz offensichtlich vorbereitetes Blatt zur Hand nahm:

»Ich bedauere sehr, Herr Vorsitzender, den Antrag stellen zu müssen, Sie als befangen abzulehnen.«

Richter Koppler lief zornrot an, und ich dachte schon, jetzt ist alles wieder zunichte gemacht. Aber ich merkte auch eine leise Unsicherheit bei dem Richter aufkommen.

»Und was veranlaßt Sie dazu?« bellte er den Anwalt an.

»Das Aktenstudium, Herr Vorsitzender. Ich habe nichts gegen Sie persönlich, aber ich habe folgendes festgestellt: Erstens haben Sie in einem vorhergehenden Berufungsverfahren, wo es auch um Hundebisse ging, ohne direkten Anlaß Beamte beauftragt, das Verhalten der Hofhunde zu kontrollieren, ohne daß Frau S. davon wußte.«

»Darin sehe ich keinen Befangenheitsgrund«, konterte der Richter.

»Ja, aber entscheidend ist, daß zu dem damaligen Berufungstermin die Angeklagte erschienen war und Sie die Berufung dennoch durch Beschluß verworfen haben und ihr insoweit ein Rechtsmittel entzogen.«

»Die Angeklagte war damals nicht im Gerichtssaal. Deshalb habe ich so gehandelt.«

»Aus den Akten geht aber hervor, daß der Gerichtsdiener Ihnen die Anwesenheit der Angeklagten, die ihr Rechtsmittel wahren wollte, gemeldet hat. Sie mußte nur noch abwarten und saß in der Gerichtskantine. Davon haben Sie sich selbst überzeugt. Sie sind nämlich in die Kantine gegangen, und Frau S. wurde Ihnen gezeigt.«

Jetzt wurde der Richter verunsichert, und ich begriff, worauf der Anwalt hinauswollte. Das Vorgetragene konnte tatsächlich ein Grund zur Befangenheit sein.

Nach kurzem Nachdenken sagte der Richter, er schlage vor, daß man jetzt einfach verhandle. Vielleicht könne man zu dem Antrag später Stellung nehmen oder – so sagte er etwas deutlicher – der Anwalt könne ihn ja auch wieder zurücknehmen. Das war ein deutliches Zeichen; der Richter war kompromißbereit.

Von da an ging alles recht freundlich vonstatten. Ich schilderte die Art und das Verhalten meiner Hunde und mit welcher Gleichgültigkeit die Sommerfrischler und Wanderer in meinen landwirtschaftlichen Betrieb einbrechen und das Vieh irritieren und Zäune zerstören. Der Richter erwies sich als Hundekenner, indem er darauf aufmerksam machte, daß die Angriffslust im Rudel von Hunden sich verstärke. Genau wie bei den Menschen ja auch, meinte ich, und er gab mir wohlwollend recht. Die ärztlichen Atteste wurden verlesen, die Staatsanwältin sprach nicht von Bißverletzungen, sondern von Zuschnappern und Zwicken, denn bei wirklichen Bissen dieser großen Hundekiefer sähen die Verletzten ganz anders aus. Und es ging eigentlich alles ziemlich friedfertig vor sich, bis zu dem Moment, als Wolfsteiner vorgerufen wurde und aus Sicht des Ordnungsamtes etwas sagen sollte über die soziale Zukunftsperspektive, insbesondere die Führung des Hofes aus der Sicht der Gemeinde.

Und darauf hatte er nur gewartet. Die Aussichten seien ganz und gar düster: Ich verriegele den Hof, ich sei unzugänglich, immer wieder seien Zäune beschädigt, das Vieh laufe auf die Straße. »Hier«, rief er, »hier habe ich eine Liste zusammengestellt von Vorfällen aus den letzten acht Jahren.«

Er wedelte mit zwei Papierblättern herum, gab sie dem Richter und schaute sich triumphierend zu seinem Begleiter und den Vertretern der Presse um.

Der Richter las die Papiere aufmerksam, gab sie dann den Schöffen, der Staatsanwältin und meinen Anwälten.

»Da können Sie sich mal ein Bild machen, was da los ist«, kommentierte Wolfsteiner.

Mein Anwalt hatte die Papiere nun doch gelesen und sagte: »Ich sehe hier etwa zwanzig Meldungen über angeblichen Ausbruch von Vieh außerhalb der Weide oder auf der Straße. Darunter ist ein gravierender Vorfall mit einem kleinen Verkehrsunfall. Das Tier wurde wohl von Ihren Beamten erschossen, Herr Wolfsteiner?«

»Jawohl. Wir haben die Störung auf diese Weisung beseitigt.«

»Bei über der Hälfte der anderen Störungen«, sagte Herr Kolb nun, »ist aber vermerkt ›Meldung, aber kein Vorfall. Nichts aufgefunden, kein Vermerk, kein Tier vorgefunden‹.«

»Das ist mir auch aufgefallen,« sagte der Richter (und zu dem »Sachkundigen«), »gravierend ist das nicht, Herr Wolfsteiner. Haben Sie sonst noch was?«

»Ja natürlich, die Hundehaltung. Die Hunde sind nicht im geschlossenen Revier, sie laufen einfach frei herum und fallen jeden an, der in die Nähe kommt. Das hat ja der Erstrichter auch gesagt.«

»Wann haben Sie denn zum ersten Mal diese Frage überprüft?«

»Vor kurzem natürlich.«

»Wie kurz?«

»Letzte Woche wohl.«

»Das kann nicht sein«, meinte Dr. Kolb. Er holte einen Packen Fotos aus seiner Tasche und ging zum Richtertisch und breitete die Aufnahmen des »Hundezwingers« vor dem Gericht aus.

»Das hier ist ein festes Hundegehege. Es existiert bereits seit vier Wochen. Das müssen Sie doch gesehen haben.«

Wolfsteiner war ratlos, schließlich meinte er, es könnte auch länger hergewesen sein, daß er den Hof inspiziert habe. Seine Beamten jedenfalls hätten ihm vermeldet, da seien keine Hundezäune. Aber der anwesende Polizeibeamte, hervorgerufen, konnte dies auch nicht bestätigen.

Wolfsteiner wurde jetzt auf seinen Platz verwiesen und verzichtete auf weitere Aussagen. Dr. Kolb stand auf und erklärte, er nehme den Befangenheitsantrag zurück, zumal der Richter wohl das Opfer falscher Informationen gewesen sei. Die Beweisaufnahme war zu Ende, die Staatsanwältin spielte die Verletzungen herunter. Man habe hier im Vorverfahren maßlos übertrieben. Dr. Kolb wies auf die schwierige Situation der Bäuerin hin, legte aber eine Bestätigung der Bank vor, daß diese bereit sei, den Versteigerungstermin abzusetzen. Und die Pflichtverteidigerin meinte, man könne ja auch nur mit einer Geldbuße rauskommen.

Der Richter verkündete dann auch gleich das Urteil. Er hob das Urteil des Amtsgerichts auf und sprach eine Gesamtstrafe für alle bisher verhandelten und zur Anzeige gekommenen Hundeverfahren von einem Jahr aus, die aber zur Bewährung ausgesetzt würde. Dann schloß er die Verhandlung.

Wenn das Gesicht von Wolfsteiner Unzufriedenheit oder Ärger und Unverständnis ausdrückt, verändert sich, wie ich hier wieder feststellen konnte, seine Gesichtsform in der Regel von der einer fetten Kugel in Richtung eines schlaffen, birnenförmigen Medizinballs oder einer Pflaume. Die Backen hängen herunter, und ein fast bemitleidenswerter, kindlicher Zug von Ratlosigkeit breitet sich über seine Stirn. So war dies nach diesem Urteil, als er seine Papiere zusammensuchte und kopfschüttelnd mit seinem Nachbarsfreund Wacker Schorsch das Gerichtsgebäude verließ. Und ich wußte, daß er noch den ganzen Abend auch beim vierten Bier die Welt und die Gerechtigkeit nicht mehr verstehen würde. Ich verließ den Gerichtssaal als freier Mensch.

## 20.
## *Spurensuche*

Meine Gegner hatten sich zu früh gefreut. Der 13. Juli 1994 wurde nämlich doch nicht zum Tag meines Untergangs. Denn nachdem ich die geforderte Grundschuld bestellt hatte, setzte die Bank den Versteigerungstermin ab. Zumindest vorläufig. Das Schwert dieser Scharfrichter schwebte nach wie vor über mir – aber ob und wann es niedersausen würde, das war jetzt wieder völlig offen. Ich hoffte, es würde meinem Anwalt gelingen, die Stadt doch noch zum Einlenken zu bewegen. Sie brauchte mir ja nur 10 000 Quadratmeter Baugrund zu erschließen, und schon wäre mein Schuldenproblem gelöst. Otto Kolb begann, mit den Stadtherren darüber zu verhandeln.

Im Frühsommer dieses Jahres machte meine Tante eine seltsame Beobachtung. Sie saß an diesem Nachmittag wie so oft auf dem Balkon – und sah plötzlich in einiger Entfernung einen Wanderer über die Wiese stapfen. Der Mann trug einen Rucksack, und dieser Rucksack war leer.

Etwa eine Stunde später sah sie denselben Wanderer noch einmal. Er war jetzt augenscheinlich auf dem Rückweg. Noch immer trug er seinen Rucksack auf dem

Rücken. Aber jetzt war der Rucksack voll. Er beulte sich aus und hing tief nach hinten herab.

Tante Elisabeth berichtete mir sofort von ihrer Beobachtung und fragte mich: »Hat der vielleicht ein Kalb reingesteckt in den Rucksack?«

Dieser Gedanke erschien mir gar nicht so abwegig. Ich machte mich sofort auf den Weg zur Weide und zählte dort meine Kälber ab. Sie waren alle noch da. Allerdings fiel mir jetzt auf, daß einer von meinen Stieren fehlte.

Der war natürlich zu groß, um ihn im Rucksack wegzutragen. Aber nach den bisherigen Vorfällen konnte ich mir inzwischen auch die abenteuerlichsten Dinge vorstellen: Vielleicht hatte der Unbekannte den Stier abgestochen, Haut und Knochen im Boden vergraben und nur das Fleisch weggetragen. Das wollte ich genau wissen.

Noch am selben Tag alarmierte ich meinen Jagdpächter. Gemeinsam mit ihm durchkämmte ich das Gelände, suchte das Fell und das Gerippe meines Stieres. Es regnete, der Boden war naß und unwegsam. Nach einem halben Tag gaben wir unsere Suche auf, ohne auch nur einen einzigen Suppenknochen gefunden zu haben.

Ich habe nie herausgefunden, wer dieser Wanderer gewesen ist und was er in seinem Rucksack mitgenommen hat. Und acht Wochen lang sah und hörte ich auch nichts mehr von meinem Stier. Dann allerdings traf ich in Tölz zufällig einen Bekannten. Und der meinte beiläufig: »Sag mal, Annelies, dir geht doch ein Stier ab. Den hab' ich neulich gesehen. Er steht im Stall von deinem Nachbarn, dem Wurzer Max.«

Wieder zu Hause, griff ich sofort zum Telefon. »Hast du meinen Stier im Stall?« wollte ich von Max Wurzer wissen.

»Ja freilich. Warum?«

»Ich such' den schon seit acht Wochen.«

»Wirklich?« fragte er scheinheilig. »Der ist mir zugelaufen.«

Ich kannte den kleinen, finsteren Stall meines Nachbarn. In einen solchen Verschlag läuft kein Tier freiwillig hinein. Aber ich wollte nicht streiten und sagte deshalb nur: »Ich komm' dann gleich rüber und hol' den Stier.«

»Verkauf' ihn mir doch lieber«, sagte Wurzer.

»Von mir aus«, willigte ich ein, »wenn du mir zweitausend Mark für ihn gibst.«

»Ich geb' dir fünfzehnhundert.«

»Nein, dann hol' ich den Stier lieber zurück«, sagte ich kategorisch.

Ich machte mich also auf den Weg, trieb meine Kühe an der Grenze zu Wurzers Grund entlang. Sie sollten den Stier anlocken. Ich ging zu Wurzers Stall. Plötzlich stand er neben mir, baute sich bedrohlich vor mir auf. Ich bekam schon Angst, er würde mich niederschlagen. Es wäre nicht sein erster Angriff gewesen. Einmal hatte er mich am Kragen gepackt und gewürgt. Wir hatten häufiger Streit, meistens wegen der Zäune.

Mein Stier befand sich in einem erbärmlichen Zustand. Er war abgemagert. Und obendrein sonnenblind, denn Wurzer hatte ihn zwei Monate lang im Dunkeln stehen lassen. Als ich ihn hinaustrieb, brauchte der Stier eine Weile, bis er sich an das grelle Licht gewöhnt hatte. Dann stürmte er los, rannte den Zaun nieder und kehrte zurück zu seinen Kälbern. Hinterher mußte ich den Elektrozaun wieder zusammenflicken. Natürlich dachte Wurzer gar nicht daran, mir dabei zu helfen.

Die Streitigkeiten zwischen den Wurzer- und den Zwickerbauern haben eine lange Tradition. Meine Großmutter schrieb bereits am 22. April 1928 eine Notiz in ihr Tagebuch, in der von einem Prozeß »mit unseren übelwollenden Nachbarn« die Rede war.

Begonnen hatte die Sache noch einmal sieben Jahre früher, im Jahre 1921. Damals hatte der Wurzer-Sohn zu den Zwicker-Kindern gesagt: »Die Zwickerhütte gehört weggebrannt. Brennt sie der Vater nicht weg, dann brenne ich sie weg.«

»Wahrscheinlich war die Tat wohl beabsichtigt«, schrieb meine Großmutter in ihr Tagebuch, »wurde jedoch durch das Plappermaul des Buben vereitelt. Nun wieder am 4. Mai diese Drohung auf dem Schulweg. Am 5. Mai versetzte unser Vater dem Buben eine wohlverdiente Ohrfeige. Am 6. Mai ging unser Vater nach Beendigung des Gottesdienstes quer über die Marktstraße. Vor dem Wirtshaus ›Schafflerbräu‹ sprang ihm der Wurzer nach und stieß ihm mit dem Stock eines Regenschirms in den Hals, was eine sehr gefährliche Verletzung verursachte, einen halben Zentimeter neben der Halsschlagader. Das führte zu gerichtlicher Anzeige.«

Die Verhandlung verlief damals ohne Urteil, da der alte Wurzer ein paar falsche Zeugen auf seine Seite ziehen konnte. Ein paar Wochen später zeigte er wiederum meinen Onkel Martin an, der später den tödlichen Unfall mit dem Pferdegespann hatte. Martin sollte einen Meineid geschworen haben. Auch dieser Prozeß verlief im Sande.

Meine Großmutter berichtete weiter: »Viermal hatte der alte Wurzer die Pfarrer von Ellbach und Hechenberg geschickt um Versöhnung. Wo soll da Versöhnung am Platze sein, wo Lüge und falsche Anklage versuchen will, uns unser Heim zu nehmen und unserem Sohn mit meineidigen Ehrabschneidungen sein Leben zu ruinieren und zu vernichten? Diese Leute nähren sich nur von Neid und Haß.«

Die Prozesse zogen sich also hin bis ins Jahr 1928. Dann wurde, wie meine Großmutter zufrieden vermerkte, das Verfahren gegen Onkel Martin aufgrund einer Zeugenaussage der Tölzer Magd Rinner endgültig verworfen.

Schon meinen Vorfahren, das machten diese Aufzeichnungen deutlich, war es mit ihren boshaften Mitmenschen ganz ähnlich ergangen, wie sechzig Jahre später auch mir.

Im Frühherbst 1994 starb Reccona, die Stute, mit der ich meine Pferdezucht begonnen hatte. Sie wurde dreißig Jahre alt, und sie starb, das wenigstens beruhigte mich, eines natürlichen Todes – an Herzschwäche.

Wahrscheinlich spürte sie ihr nahes Ende. Jedenfalls wollte sie eines Abends unbedingt in den Stall, obwohl die Pferde zu dieser Jahreszeit noch draußen auf der Weide standen. Reccona konnte eigensinnig sein wie ein altes Weib. Ich ließ ihr ihren Willen, obwohl ich noch nicht wußte, was mit ihr los war.

Am nächsten Morgen lag sie im Stroh. Und das wunderte mich, denn alte Rösser legen sich eigentlich nicht mehr gerne hin. Nachdem sie auch beim Füttern nicht aufstand, wurde mir klar, daß ich den Tierarzt rufen mußte. Er gab ihr eine Spritze und meinte, in zwei Stunden hätte sich ihr Kreislauf stabilisiert, und sie würde wieder stehen. Doch als diese Zeit um war, lag Reccona immer noch. Der Tierarzt gab ihr noch eine Spritze – wieder vergebens. Reccona würde nicht mehr aufstehen. Nie mehr. Sie war zum Sterben in den Stall gekommen. Sie wollte nicht alleine sterben, sondern in meiner Nähe, und deshalb hatte sie sich nicht irgendwo auf der Weide verkrochen. Ich wollte nicht, daß Reccona eine Kolik bekam und unter Schmerzen verenden mußte. Deshalb rief ich am Abend den Tierarzt, ihr noch einmal eine Spritze – die letzte – zu geben.

Johannes, Martin und ich saßen in dieser Nacht noch lange neben Reccona im Stroh. Wir weinten und redeten kaum. Erst im Morgengrauen schickte ich die Kinder ins Bett.

Am nächsten Tag kam der Tierentsorger. Er bekam einen Wutanfall, als er die Stute im Stall liegen sah. »Warum liegt dieses Vieh noch hier drinnen«, schimpfte er, »warum habt ihr es nicht im Freien eingeschläfert. Ich hab' jetzt die Arbeit und muß den Kadaver nach draußen ziehen.«

»Jetzt hören Sie aber auf«, fuhr ich ihn an, »ich laß doch mein Roß nicht in der Kälte sterben, nur damit Sie es etwas bequemer haben.«

Der Mann sah mich verständnislos an. Ich glaube, er hat nicht verstanden, weshalb er mich so aufregte.

Die Verhandlungen meines Anwalts führten am 21. Dezember 1994 zu einem neuen Kaufangebot der Stadt: Diesmal wollte sie 271 000 Quadratmeter haben, ein Großteil davon wunderbar geeignet für eine spätere Bebauung. Bezahlen wollten die Stadtkämmerer rund 3,8 Millionen Mark – also rund 14 Mark pro Quadratmeter. Das war großzügig, verglichen mit früheren Angeboten. Und es war doch ziemlich dreist, verglichen mit den achtzig Millionen, die diese Fläche wert war, wenn man sie als Gewerbegebiet auswies. Mir blieb nichts anderes übrig, als wieder einmal abzulehnen.

Trotz allem verhandelten Otto Kolb und ich weiterhin mit der Stadt. Bei der Bank erreichte Kolb eine Verschiebung der Zwangsversteigerung bis nach dem 1. Januar 1996. So lange hatten wir also noch Zeit, mit der Stadt doch noch zu einem Ergebnis zu kommen. Allerdings gab es dabei ein Problem: Die Stadt war an einem solchen Ergebnis noch immer nicht ernsthaft interessiert.

Am 30. Mai 1995 schickte mir die Bank dann plötzlich eine Zahlungsaufforderung. Seit der letzten Forderungsaufstellung ein Jahr zuvor waren meine Schulden noch einmal um 20 Prozent gestiegen.

Im Sommer dieses Jahres schrieb meine Tante einen Satz in ihr Tagebuch, der mich seltsam berührte: »Seit siebzig

Jahren arbeite ich jetzt auf dem Zwickerhof, mit vielen Sorgen, Mühe und Arbeit – es war eine schöne Zeit.«

Sie ließ mich diesen Satz lesen, aber sie wollte mir nicht verraten, warum sie ihn geschrieben hatte. Für mich klang er so endgültig, so, als wäre bereits alles vorbei. Ich hatte mit ihr nie über die drohende Versteigerung geredet. Konnte es sein, daß sie intuitiv etwas spürte? Oder bezog sich dieser Satz, der sich so nach Abschied anhörte, gar nicht auf den Hof? Ich konnte mir nicht so recht vorstellen, daß Tante Elisabeth irgendwelche Todesahnungen hatte. Sie war zwar schon einundneunzig Jahre alt, aber doch recht rüstig. Wegen ihres künstlichen Hüftgelenks mußte sie auf Krücken gehen, ansonsten aber war sie gesund.

Eine Woche nach diesem Tagebucheintrag hörte ich nachts aus dem Nebenzimmer etwas poltern. Sofort war ich wach. Ich rannte hinüber, knipste das Licht an – und sah Tante Elisabeth neben ihrem Bett auf dem Boden sitzen. Sie war auf der Toilette gewesen, ohne dabei das Licht anzuschalten. Auf dem Rückweg war sie dann am Bett entlanggerutscht und zu Boden geplumpst. Doch zum Glück war ihr offenbar nichts passiert – jedenfalls hatte sie nichts gebrochen. Ich hob sie vorsichtig ins Bett zurück. Am nächsten Morgen rief ich einen Arzt.

Der Blutdruck war völlig normal. »Aber etwas blaß sieht sie aus«, meinte er, »vielleicht würden ihr ein paar Infusionen guttun. Wir sollten sie für ein paar Tage ins Krankenhaus bringen.«

Gegen diesen Vorschlag hatte ich nichts einzuwenden. Tante Elisabeth hatte solche Infusionen schon ein Jahr zuvor bekommen. Damals hatten sie ihr gutgetan, und es hatte ihr in der Klinik gefallen. Also fuhr ich sie wieder hin.

Am nächsten Morgen rief ich im Krankenhaus an, erkundigte mich, wie es meiner Tante ging und ob ich ihre Krücken vorbeibringen sollte. Doch die Schwester am Telefon beantwortete meine Fragen nicht. Sie meinte nur, ich solle vorbeikommen.

Als ich das Krankenzimmer betrat, war Tante Elisabeth nicht mehr ansprechbar. Sie hing an einem Sauerstoffschlauch und stöhnte leise vor sich hin.

»Sie hat einen Kreislaufkollaps gehabt«, erklärte mir die zuständige Ärztin.

Ich bat darum, meine Tante auf eine andere Station zu verlegen.

»Was wollen Sie denn«, fauchte die Ärztin mich an, »die ist doch schon so alt, die wird doch sowieso nicht mehr.«

»Meine Tante war noch gut beisammen, als sie hierherkam.«

»Das ist leider nicht wahr«, wies mich die Ärztin zurecht. Sie habe in der Nacht geschrien vor Schmerzen, so laut, daß ihr Morphium verabreicht werden mußte.

Tante Elisabeth hatte keine Schmerzen gehabt. Sie hatte nur schlecht gehört. Und nachts hatte sie oft geträumt und dann im Schlaf laut geredet. Ziemlich laut sogar, aber nicht vor Schmerzen, sondern wegen ihrer Schwerhörigkeit.

Die Ärztin hatte plötzlich zu tun. Und ich wußte, weshalb meine Tante halbtot vor mir lag. Sie hatte nie Schmerzmittel genommen, auch sonst keine starken Medikamente gebraucht – da war es kein Wunder, daß eine Dosis Morphium sie umhaute. In einem allerdings hatte die Ärztin wohl recht: Eine Verlegung machte jetzt nicht mehr viel Sinn.

Ich rief einen Pater an, der versprach, Tante Elisabeth am Nachmittag die letzte Segnung zu geben. Doch als er ankam, war sie bereits tot. Ich hatte kein Wort mehr mit ihr sprechen können.

Entgegen ihrer Zusage, noch abzuwarten, nahm die Bank das Verfahren zur Zwangsversteigerung wieder auf. Außerdem sperrte sie mir weitere Zahlungen aus dem zugesagten Sonderkredit. Bisher hatte ich nur die Hälfte davon in Anspruch genommen, zum größten Teil, um meine Gläubiger zu bezahlen – darunter die Stadt Bad Tölz mit ihren ständigen Mahnbescheiden. Die Bank wollte mich aushungern, mich zwingen, weit unter Wert an die Stadt zu verkaufen. Am 6. Juli 1995 machte mir die Stadt tatsächlich wieder einmal ein Kaufangebot: Für das gesamte Grundstück ohne den Hof, also für 875 000 Quadratmeteer, wollte sie jetzt 5,567 Millionen Mark bezahlen. Das waren genau 6,36 Mark für den Quadratmeter. Offenbar waren die Stadtherren sich sicher, daß mir keine andere Wahl bliebe, als zuzustimmen. Dabei hätten sie es allmählich schon besser wissen können. Denn selbstverständlich lehnte ich auch dieses Angebot ab. Die Stadt ihrerseits weigerte sich nach wie vor hartnäckig, mir die gewünschten Baugrundstücke zu erschließen.

Dann geschah etwas, von dem ich mir bis heute nicht sicher bin, ob es mir eher geschadet oder genutzt hat: Die Medien begannen nämlich, sich für meine Geschichte zu interessieren. Zuerst lief ein Beitrag im dritten Fernsehprogramm, dann besuchte mich eine Reporterin, die für das ZDF arbeitete. Sie drehte gleich zwei Filme über mich, einen für ein politisches Abendmagazin, den zweiten für eine Frauensendung am Sonntag. Sie beschrieb mich in ihren Beiträgen als »eine mutige Frau«, die von der Stadt kaputtgemacht werden soll, um billig an deren Grund zu kommen. Die Stadtherren, insbesondere der Herr Bürgermeister, kamen dagegen nicht ganz so gut weg, wie sie das von der heimischen Lokalpresse gewohnt waren. Und natürlich waren sie zornig, daß ihre Machenschaften jetzt einer größeren Öffentlichkeit bekannt wurden. Leider zerschlug sich meine Hoffnung, sie würden unter dem Druck dieser Öffentlichkeit endlich einlenken. Jetzt, so ließen sie mich wissen, würden sie mir erst recht kein Bauland ausweisen.

Und der Herr Bürgermeister erklärte einer großen süddeutschen Tageszeitung, man könne doch nicht jedem Bürger, der sich sanieren wolle, einfach Baugrundstücke ausweisen. »Das geht einfach nicht, das kann sich keine Stadt erlauben«, behauptete Hartmut Walch.

Nur beim Sohn des Ellbacher Bürgermeisters und Tölzer CSU-Stadtrates, da konnte sich die Stadt genau solche Ausweisungen sehr wohl erlauben. Der durfte sein Einfamilienhaus sogar mitten ins Naturschutzgebiet setzen. Von der Zeitungsreporterin danach gefragt, lachte der Bürgermeister nur und sagte: »Da will ich jetzt nicht drüber sprechen.«

Er wird schon gewußt haben, warum.

Mein Anwalt mußte im Laufe der Zeit einsehen, daß wir mit Gesprächen allein weder der Bank noch der Stadt beikommen konnten. Wir mußten beiden schon nachweisen, wie sie mich betrogen hatten. Nur dadurch konnten wir vielleicht das Verhalten dieser bürokratischen Riesen verändern.

Otto Kolb beantragte Akteneinsicht, wo immer er konnte. Dreimal besuchte er das Baureferat und das Liegenschaftsamt. Einfach machten die Behörden es ihm nicht: Zunächst verweigerten sie die Einsicht ganz. Das durften sie aber nicht, und so mußten sie schließlich nachgeben – doch plötzlich fehlte ein Teil der Akten.

Ganz besonders interessierte sich Kolb für die Vorgänge um Farchet-Ost, jenes Grundstück, das ich 1982 billig verkauft hatte und das kurz darauf zu Gewerbegrund geworden war – dort nämlich war der Betrug besonders offensichtlich. Das schwante wohl auch Albert Pichl, dem Leiter des Baureferats. Beim ersten Besuch meines Anwalts legte er ganz andere Akten vor als beantragt.

Beim nächsten Versuch hatte Kolb allerdings Glück. Diesmal war der Leiter des Baureferats nicht da, sondern nur ein städtischer Angestellter, der arglos alle Akten vorlegte, die er fand. Und so entdeckte mein Anwalt all die Papiere, aus denen ich bereits zitiert habe – vom Beschluß, meinen Grund sofort nach dem Kauf als Gewerbegebiet auszuweisen bis zu den Briefen, in denen sich der damalige Finanzminister für eine befreundete Firma einsetzte.

Mit diesem Material in der Hand wollte ich die Stadt am liebsten sofort verklagen. Sie sollte mir mein Grundstück zurückgeben oder mir die Summe nachzahlen, die Farchet-Ost beim Verkauf tatsächlich wert gewesen ist. Doch Otto Kolb mahnte mich zur Geduld. Er wollte noch immer versuchen, sich mit der Stadt gütlich zu einigen.

Ein weiteres Unrecht, dem ich zum Opfer gefallen war, betraf die Zinsen, die mir die Bank für meine Kredite berechnet hatte. Selbst einem Laien war sofort klar: Hier stimmte etwas nicht, hier sollte eine in Finanzdingen völlig unerfahrene Bäuerin übers Ohr gehauen werden. Bloß, was im Detail nicht stimmte, wo genau die Bank gegen Gesetze verstoßen hatte, das ließ sich nicht so einfach nachweisen. Die vielen Buchungen und Zahlen verwirrten selbst einen erfahrenen Juristen wie Otto Kolb. Er bat deshalb einen Anwalt um Hilfe, der sich auf Wirtschaftsrecht spezialisiert hat. Und dieser Anwalt stöberte monatelang in allen Bankunterlagen, die er auftreiben konnte. Schließlich bereitete er eine Klage gegen die Bank vor, die mehr als vierzig Seiten umfaßte. Aus dieser Klage gegen die Zwangsvollstreckung stammen alle Zitate, die ich in diesem Buch über meine Kontostände und über die Briefwechsel der Bank anführe.

Nachdem ich erfahren hatte, was für ein Spiel die Bank mit mir getrieben hat, wollte ich auch sie am liebsten sofort verklagen. Doch auch hier bat mich mein Anwalt um Geduld. Wie mit der Stadt wollte er auch bei der Bank versuchen, sich im Guten zu einigen.

# 21.
# *Hoffnungslos*

Die positiven Fernsehberichte über mich, die immer wieder verschobene Versteigerung, mein Widerstand gegen die Behörden – all das schürte den Zorn, den manche Nachbarn und Amtsträger gegen mich hegten. Die Mittel, zu denen meine Gegner griffen, erreichten vom Frühjahr 1996 an eine neue Dimension. Von da an nämlich waren es nicht mehr bloß Einzelfälle, bei denen meine Tiere unter mysteriösen Umständen qualvoll zu Tode kamen.

Es begann mit einer Ziege, die eines Morgens mit aufgeschlitztem Bauch im Stall lag. Kurz darauf erwischte es meine schönste Jungkuh. Innerhalb weniger Tage magerte sie plötzlich rapide ab. Sie fraß ganz normal, ihr Kreislauf funktionierte, aber ihr Euter schrumpfte zusammen wie ein Stück Leder. Dann stand sie plötzlich nicht mehr auf. Sie saß auf der Weide, fraß immer noch scheinbar munter drauflos, hatte aber keine Kraft mehr aufzustehen. Und sie versuchte es auch gar nicht, wie es etwa ein Tier macht, das verletzt worden ist. Nach einem halben Tag war diese Kuh tot. Woran sie gestorben war, konnte der Tierarzt nicht erkennen. Ich bat ihn, dem Tier etwas Blut abzunehmen und nachzuprüfen, ob es vergiftet wurde. Doch er meinte: »Das kostet Tausende von Mark, so viel ist die

Kuh gar nicht wert. Schließlich gibt es achthundert Gifte, die in Frage kommen. Fotografieren Sie die Kuh doch einfach.«

Ich schnitt ihr lieber ein Ohr ab und fror es ein, um meine Vergiftungsthese später vielleicht doch einmal beweisen zu können. Auch ohne Test war ich mir sicher, daß die Kuh vergiftet wurde, vermutlich mit Arsen – denn davon bekommen die Tiere diese braune, lederartige Haut.

Von den Zäunen, die mir jetzt öfter denn je von Unbekannten durchgezwickt wurden, will ich gar nicht weiter reden. Xaver Wolfsteiner sammelte jedenfalls zahllose neue Fälle, bei denen meine Tiere angeblich ausgebrochen waren. In Wahrheit wurden sie in den meisten dieser »Fälle« auf die Straße getrieben – wahrscheinlich in der Hoffnung, mir ein neues Strafverfahren anhängen zu können. In diesem Fall nämlich würde meine Bewährung, die ich beim Hundeprozeß erhalten hatte, widerrufen, und ich müßte doch noch ins Gefängnis.

Von allen Versuchen, mir einen Verstoß gegen die Bewährungsauflagen einzubrocken, möchte ich hier nur einen sehr hinterhältigen schildern. Es geht dabei um ein Ereignis, das mich am 7. Juni 1996 in Angst und Schrecken versetzte.

An diesem Tag verschwand mein Pony Viola von der Koppel und tauchte wenig später in Ellbach wieder auf. So ganz von alleine konnte sie diesen Weg nicht gefunden haben, denn als ich sie zuletzt sah, stand sie in einer Innenkoppel ganz in der Nähe des Hofes. Diese Koppel war umgeben von Holz- und Stacheldrahtzaun. Außerdem stand auch Violas Fohlen in der Koppel, und dieses Fohlen hätte sie niemals alleine zurückgelassen.

Jemand mußte also Viola am Halfter genommen und sie entführt haben.

Nur kurze Zeit später, gegen acht Uhr morgens, klingelte beim Leiter des Tölzer Tierheims das Telefon. Am anderen Ende der Leitung meldete sich Xaver Wolfsteiner. Der Chef des Ordnungsamtes teilte dem amtlichen Tierschützer mit, es sei »wieder einmal« ein Pferd von Frau Sappl ausgekommen und befinde sich in Ellbach.

Der Mann vom Tierschutz kam dann zu mir auf den Hof und erzählte mir, was passiert war. Ich bat ihn, zusammen mit meinem Sohn Martin und mit Netty, der Tochter einer Bekannten, nach dem Pferd zu sehen und es zurückzuholen. Die drei fanden das Pony mittags neben dem alten Pfarrhaus. Bei sengender Hitze hatte es jemand mit Bergseilen und Steighaken an ein eisernes Treppengeländer gebunden. Viola schwitzte und konnte sich kaum rühren. Netty besorgte in aller Eile eine Schüssel mit Wasser, die sie dem Pferd direkt unter die Schnauze halten mußte, da es sonst vor Angst nicht getrunken hätte.

Der Bauer, der das Pferd festhielt, weigerte sich, es herauszugeben. Er behauptete, das Pony hätte seinen Sohn vom Fahrrad gestoßen. Und die Polizei hätte ihm gesagt, er dürfe das Tier nicht zurückgeben, denn es handle sich dabei um ein Beweisstück, das beschlagnahmt werden müßte. Der Leiter des Tierheims wollte diese abenteuerliche Begründung nicht glauben und rief sofort bei der Polizei an. Der zuständige Beamte erklärte ihm: »Der Landwirt darf das Tier tatsächlich nicht herausgeben, und zwar auf Anordnung von Herrn Wolfsteiner.«

Martin gab Viola noch einige Mohrrüben, die sie jedoch nicht anrührte. Danach fuhr er mit Netty und dem Tierschützer zurück – ohne das Pony.

Ich rief meinen Anwalt an und fragte ihn, was ich jetzt tun sollte. Otto Kolb bat mich, einige Minuten auf seinen Rückruf zu warten. In der Zwischenzeit wollte er selbst bei dem Landwirt anrufen. Das tat er auch, erwischte dabei allerdings, ohne es zu ahnen, einen anderen Bauern mit demselben Nachnamen. Der wiederum tat so, als wüßte er über alles Bescheid: »Ja ja, die Frau Sappl soll nur kommen«, sagte er zu Otto Kolb, »wir Ellbacher sind doch keine Pferdediebe.«

Mit dieser frohen Kunde rief Kolb danach also bei mir an. Der zornige Landwirt sei recht freundlich gewesen, meinte er, und ich solle doch selber noch einmal hinfahren und das Pony holen.

Gegen halb zwei kam ich auf dem Bauernhof an. Viola stand noch immer nebenan in der Mittagshitze. Der Bauer, der sie festhielt, war nirgends zu sehen. Martin band das Pferd los und ritt zurück in Richtung Zwickerhof. Ich folgte ihm mit meinem Kleinwagen. Dreihundert Meter westlich von Ellbach kamen wir an einer Wiese vorbei. Dort brachte ein Bauer gerade sein Heu ein – und zwar derselbe, den ich gerade hatte besuchen wollen. Als er uns sah, sprang er vom Traktor und rannte schimpfend auf uns zu: »Ihr Pferdediebe, elendes Verbrecherpack.«

Ein wenig ärgerte ich mich schon über meinen Anwalt. Wie konnte er behaupten, dieser Mann sei »recht freundlich« gewesen? Tobend versuchte er, das Pony am Halfter zu fassen. Viola erkannte ihren Peiniger jedoch an der Stimme und ging durch. Sie galoppierte in ein Waldstück in der Nähe meiner Grundstücksgrenze. Dort konnte Martin sie endlich beruhigen. Mein Sohn versteckte sich mit dem Pferd hinter einer Baumgruppe und wartete, bis ich ihnen folgen würde.

Doch jetzt rannte der Landwirt vor mein Auto. Er fuchtelte wild herum und versuchte, mir den Weg zu versperren. Ich machte einen Schlenker, fuhr um ihn herum durch die Wiese und von da wieder zurück auf den Feldweg. Ich gab Gas. Im Rückspiegel sah ich, wie mir der Bauer schnaufend hinterherrannte.

Nach etwa 400 Metern stellte ich meinen Wagen ab. Die letzten 50 Meter bis zum Gatter meiner Koppel mußte ich zu Fuß durchs hohe Gras laufen. Ich öffnete den Zaun für das Pony – und atmete zunächst auf. Das Tier wenigstens war gerettet. Martin trieb es hinein, er selbst blieb jedoch bei mir. Ich hatte einfach Angst, alleine zu meinem Wagen zurückzugehen.

Dort sah ich jetzt, wie sich der Bauer am Auto zu schaffen machte. Wir hörten dumpfe Schläge, dann rannte der Landwirt plötzlich davon.

Ich stieg in meinen Wagen und fuhr los. Doch ich sollte nicht weit kommen. Schon auf den ersten Metern spürte ich, wie es auf der linken Seite holperte. Beide Reifen waren zerstochen. Martin und ich marschierten zu Fuß nach Hause.

Die Tölzer Polizei weigerte sich später, meine Anzeige gegen den rabiaten Landwirt aufzunehmen. »Es liegt bereits eine umfangreiche Anzeige vor«, erklärte mir der diensthabende Beamte, »Ihre Anzeige erübrigt sich.«

»Hat dieser Mensch etwa Selbstanzeige erstattet?« fragte ich. »Das kann ich ja fast nicht glauben.«

Später stellte sich heraus: Der Landwirt hatte mich gleich zweimal angezeigt. Zum einen, weil das Pony seinen Sohn vom Rad gestoßen haben sollte. Die zweite Anzeige galt mir. Er behauptete, ich hätte Vollgas gegeben und ihn überfahren wollen, als er sich mir in den Weg stellte. Dabei sei der Seitenspiegel meines Wagens zerbrochen und habe ihn am rechten Unterarm verletzt.

In der Gerichtsverhandlung verwickelte er sich später in Widersprüche. Der rechte Außenspiegel sei zerbrochen, behauptete er, während er in Wahrheit den linken zerbrach, als er sich am Wagen zu schaffen machte. Und als ihm der Richter die Folgen eines Meineids klarmachte, räumte er ein: Es könne auch sein, daß die Zwickerbäuerin ihm ausgewichen wäre.

Beide Anklagepunkte waren frei erfunden – meine angebliche Amokfahrt genauso wie der Rammstoß meines Ponys. Und deshalb wurde ich auch in beiden Fällen freigesprochen. Der Versuch war gescheitert, aus mir eine Wiederholungstäterin ohne Anspruch auf Bewährung zu machen.

Mein Anwalt Otto Kolb schöpfte neue Hoffnung. Es schien, als würden sich seine Versuche doch noch auszahlen, mit der Stadt und der Bank zu einer gütlichen Einigung zu kommen. Nach zahllosen Telefonaten gelang es ihm zumindest, viele der Beteiligten zu einem gemeinsamen Gespräch zu versammeln. Und so traf sich am 2. August 1996 eine illustre Runde im Rathaus von Bad Tölz: Der Bayerische Umweltminister, der Referent des früheren Innenministers und jetzigen Ministerpräsidenten, der Bürgermeister von Bad Tölz, der Baureferent, der Stadtbaumeister, mein Anwalt und ich.

Die Atmosphäre dieses Gespräches war außerordentlich harmonisch. Die Herren lächelten mich an. Einer redete mit Engelszungen auf den Bürgermeister ein: Es werde sich doch bestimmt eine Lösung finden lassen, die Stadt solle mir jetzt doch endlich ein bißchen Baugrund ausweisen. Ich bot der Stadt an, 16000 Quadratmeter Grund zu erschließen, wobei sie die Hälfte des Gebietes quasi umsonst bekäme. Der Herr Referent nickte dazu, und der Herr Umweltminister hatte sogar persönlich einen Kompromißvorschlag verfaßt, den er mir jetzt zur Unterschrift vorlegte.

Ich sollte auf meine Ansprüche in Farchet-Ost verzichten, hieß es da. Im Gegenzug würde die Stadt mit mir ihre Gespräche über die Ausweisung von Bauland wieder aufnehmen. Ich unterschrieb diesen Verzicht, allerdings geknüpft an die Bedingung, daß es tatsächlich zu einer Ausweisung von Bauland kommen würde. Der Herr Bürgermeister sagte zu, man werde bereits in der nächsten Stadtratssitzung darüber beraten. Er sei zuversichtlich, daß jetzt alles zu einem guten Ende käme.

Und weil die Gelegenheit günstig war, machte ich dem Herrn Umweltminister gleich noch einen Vorschlag. Ich bat ihn, meinen gesamten Hof unter Naturschutz zu stellen, als Pilotprojekt mit entsprechender finanzieller Unterstützung. Diesen Vorschlag begründete ich sogar schriftlich. Der Umweltminister versprach, alles genau und wohlwollend zu prüfen. Ich habe dann von ihm nie wieder etwas in dieser Sache gehört.

Bei unserem Gespräch im Tölzer Rathaus schüttelten wir uns zum Abschied alle freundlich die Hände. Vom Umweltminister bis zum Bürgermeister vermittelte mir fast jeder das Gefühl, er stünde voll und ganz auf meiner Seite. Lediglich beim Baureferenten hatte ich das Gefühl, er werde gegen mich arbeiten. Und bei den anderen war mir alles eine Spur zu freundlich und harmonisch verlaufen. Ich traute diesen Herren einfach nicht. Wenig später sollte sich zeigen, wie angebracht mein Mißtrauen gewesen ist.

Der Stall meines Nachbarn Max Wurzer hatte offenbar eine magische Anziehungskraft auf meine Rinder. Denn am 10. August 1996 lief ihm schon wieder eines zu, diesmal ein Kalb. Ich bat Martin, das Tier abzuholen. Doch Max Wurzer verlangte von meinem Sohn 500 Mark Lösegeld.

Ich alarmierte daraufhin einen Bekannten von Rudolf Schreiner, der als Kriminalhauptmeister bei der Kripo in München arbeitete. Er bot mir an, mit Wurzer zu sprechen und die Sache gütlich zu regeln. Wir machten uns gemeinsam zu meinem Nachbarn auf den Weg.

Wurzer sah uns schon von weitem kommen. Er stellte sich breitbeinig vor seinen Stall und wiederholte, was er bereits Martin gesagt hatte: 500 Mark wolle er haben, oder er gebe das Kalb nicht her. Zur Begründung sagte er: »Dieses Kalb hat einen enormen Schaden angerichtet.«

»Welchen Schaden?« fragte ich.

»Es hat eine von meinen Kühen angetrunken.«

»Da muß die Kuh aber viel Milch gehabt haben«, sagte ich, »wenn mein Kalb 500 Mark versoffen haben soll.«

Wurzer erklärte, der eigentliche Schaden bestehe in der höheren Zahl von Keimen, die durch mein Kalb in die Milch seiner Kuh gelangt seien. Er könne deshalb die Milch dieser Kuh nicht mehr mit der übrigen Milch mischen.

»Das klingt nicht sehr logisch«, antwortete der Beamte von der Kripo, »es leuchtet mir ein, daß vielleicht Keime über die Milch der Kuh in das Kalb gelangen können. Aber umgekehrt, vom Kalb in die Kuhmilch? Wie soll das gehen?«

Darauf wußte auch Wurzer keine Antwort. »Ich behalte dieses Kalb, und damit basta«, meinte er nur. Und dann fügte er hinzu: »Ich habe dazu eine Erlaubnis von der Polizei und vom Ordnungsamt in Bad Tölz. Herr Wolfsteiner hat mir gesagt: Wenn ein fremdes Kalb auf meinem Grund ist, dürfte ich es sofort erschießen.«

Der Mann von der Kripo sah das anders. »Was Sie da machen«, warnte er Wurzer, »nennt man Diebstahl, zumindest aber Unterschlagung. Damit machen Sie sich strafbar. Sie sind verpflichtet, das Kalb herauszugeben. Ihre Schadensersatzansprüche gegen Frau Sappl müssen Sie auf zivilrechtlichem Wege einklagen.«

Max Wurzer kam ins Grübeln. Schließlich meinte er: »Gut, ich gebe das Kalb kostenlos her. Aber nur, wenn mich jemand von der Tölzer Polizei anruft und mich dazu auffordert.«

Mein Begleiter meinte, das dürfte wohl kein Problem sein. Er kannte ja seine Kollegen von der Tölzer Dienststelle noch nicht. Doch das sollte sich rasch ändern.

Der Kripo-Beamte fuhr also zum Tölzer Polizeirevier. Er schilderte, was geschehen war und bat seinen Kollegen, bei Max Wurzer anzurufen. Doch der Tölzer Polizist antwortete: »Wir mischen uns in diese Angelegenheit nicht ein.«

Der Münchener Polizist meinte daraufhin: »Hören Sie mal, hier liegt doch eine Straftat vor. Es geht um Unterschlagung und Erpressung.«

Doch der Beamte in Tölz sah darin keinen Grund einzuschreiten. Dennoch rief er bei Wurzer an und fragte ihn: »Willst du das Kalb herausgeben?«

Wurzer wollte nicht.

»Na gut«, meinte der Beamte, »kein Geld, kein Kalb.« Damit legte er den Hörer wieder auf. Und zu seinem Kollegen aus München sagte er: »Ich sehe keinen Handlungsbedarf. Die Polizeiinspektion Bad Tölz wird hier nichts unternehmen. Auf Wiedersehen.«

Der Münchener Polizist schaltete schließlich die Kollegen aus einer Nachbarstadt von Tölz ein. Doch auch die ließen sich Zeit mit ihren Ermittlungen. Es vergingen fünf Monate, bis Max Wurzer mein Kalb endlich herausrückte.

Am 21. August erwachte ich gegen vier Uhr morgens vom Hufgetrampel meiner Pferde. Zu dieser Uhrzeit galoppierten sie sonst nicht durch die Weiden. Irgend etwas mußte sie aufgeschreckt und in Panik versetzt haben.

Noch in der Morgendämmerung weckte ich Martin. Wir gingen sofort die Zäune ab, denn ich fürchtete, es könnte wieder einmal jemand die Drähte durchgeschnitten haben. Wir fanden tatsächlich eine Stelle, wo der Draht durchhing. Ich zog ihn wieder an. Und plötzlich sagte Martin: »Eine Stute geht ab, die Nelke.«

»Vielleicht steht sie weiter unten«, mutmaßte ich, »an der anderen Koppel bei den Junghengsten.«

Wir sahen nach, doch auch dort war von Nelke nichts zu sehen. Irgend etwas Schlimmes mußte passiert sein. Denn kein Pferd verläßt ohne Grund die Herde.

Wir marschierten die Hügel hinauf in Richtung zur Stadtgrenze, suchten die anderen Weiden ab. Und plötzlich sahen wir sie. Nelke lag scheinbar friedlich im Gras. Ganz frisch sah sie aus, das Fell glänzte seidig, die Augen waren wach, der Kopf wirkte entspannt. Nelke ruhte sich offenbar aus, doch sie wirkte überhaupt nicht abgekämpft. Hin und wieder rupfte sie an den langen Grashalmen vor ihrer Nase. Wirklich ungewöhnlich schien nur, daß sie ganz alleine dalag, offenbar keinen Drang verspürte, in der Nähe der Herde zu grasen.

Langsam ging ich auf die Stute zu. Und plötzlich fiel mir auf, daß unter ihrem Schweif etwas heraushing, etwas Dunkles und Blutiges. Genau konnte ich nicht erkennen, worum es sich handelte; ein Fohlen konnte es jedenfalls nicht sein, Nelke war erst ein Jahr alt.

Ich ging näher hin, so nahe, bis ich trotz meiner schlechten Augen die Fliegen erkennen konnte, die auf dem Fleischklumpen hockten. Erst jetzt wurde mir klar, was da unter dem Schweif meiner Stute herausquoll: Es war ihre Gebärmutter.

Ich rannte zurück zum Hof und rief sofort den Tierarzt. Er meinte: »Wenn schon die Gebärmutter heraushängt, dann ist auch der Mastdarm durchgebrochen. Sie müssen das Tier notschlachten lassen.«

Trotz ihrer schweren Verletzung stand Nelke auf, als würde ihr nichts fehlen. Ohne auch nur einmal zu wiehern, ließ sie sich von mir den Hang hinunter zum Hof führen. Dort machte sich der Notschlachter an die Arbeit.

Natürlich alarmierte ich die Polizei. Doch von einem Tierschänder wollten die Beamten nichts wissen. Sie erzählten mir, ein Hengst habe die Stute die ganze Nacht über gedeckt und ihr dabei die Gebärmutter herausgerissen. Ich weiß nicht, welche Erfahrungen sie zu diesem Schluß veranlaßten. Unter Pferden jedenfalls sind solche Verletzungen beim Liebesspiel nicht üblich.

Zwei Tage nach diesem Vorfall lag ein Stier tot auf der Weide. Ein junger, gesunder Stier, den ich nur zwei Stunden zuvor noch hatte herumspringen sehen. Woran er gestorben war, konnte mir niemand sagen.

Und wieder einige Tage später muß ein Unbekannter mit einem Messer in meinen Stall geschlichen sein. Jedenfalls fand ich Kuno, mein Schwein, mit heraushängendem Mastdarm. Der Täter hatte das Tier in den After gestochen. Kuno drückte dann unter Qualen den Darm heraus. Auch ihn mußte ich notschlachten lassen.

Der Unbekannte, der meine Tiere so bestialisch schändete, wurde nie gefaßt.

Der Stadtrat von Bad Tölz hielt im September 1996 jene Sitzung ab, bei der der Bürgermeisteer meinen Antrag zur Ausweisung von Bauland besprechen wollte. Nach dieser Sitzung erklärte er meinem verblüfften Anwalt: Der Stadtrat hat sich mit dem Thema »Zwickerhof« überhaupt nicht beschäftigt. Der Grund, die Zwickerbäuerin von der Tagesordnung zu streichen, sei der letzte Fernsehbericht gewesen, über den der Stadtrat noch immer verärgert sei.

Mein Anwalt staunte. Ich allerdings wunderte mich nicht. Der angebliche Ärger über die Fernsehsendung war meiner Meinung nach nur ein Vorwand. Ganz offensichtlich wollte der Stadtrat weiter auf die Versteigerung warten …

Auch in diesem Herbst verließen wieder auffallend viele meiner Tiere ihre Koppeln und gingen auf den angrenzenden Straßen spazieren. Innerhalb einer Woche wollte die

Polizei einmal zwanzig Rinder zurückgetrieben haben, dann vier Kälber, schließlich ein Pferd. Am 30. September erschossen die Beamten einen Stier, der angeblich einen Unfall verursacht hatte. Was es mit dieser Häufung ausgebrochener Tiere auf sich hatte, erfuhr ich dann am 9. Oktober. Da nämlich schickte mir Xaver Wolfsteiner wieder einmal einen Bescheid. Und er begründete ihn mit den Vorfällen »in den letzten Jahren und der Zunahme in den letzten Monaten«, mit der »permanenten Gefährdung von Menschen auf öffentlichen Straßen und Wegen durch ausbrechende Pferde und Rinder«.

Dieser jüngste Bescheid von Xaver Wolfsteiner hatte es in sich. Seine wichtigsten Punkte lauteten: 1. »Die Weidehaltung von Rindern wird untersagt.«

2. »Die Weidehaltung von Pferden wird nur noch gestattet, wenn die Koppeln den Anforderungen des Gutachtens ... genügen.« Als Gutachter hatte das Ordnungsamt den Namen eines Mannes eingetragen, den ich nicht in guter Erinnerung hatte, – den Namen jenes Sachverständigen nämlich, der vor Jahren vergeblich versucht hatte, einen Teil meiner Jagd zu kaufen. Ich durfte nicht erwarten, von ihm ein erfreuliches Gutachten zu bekommen.

Selbstverständlich drohte mir Xaver Wolfsteiner in seinem Bescheid auch ein Zwangsgeld für den Fall an, daß ich den Anordnungen nicht nachkäme. 2000 Mark würde mich das kosten. Dieses Zwangsgeld könne so lange wiederholt festgesetzt werden, belehrte Wolfsteiner mich weiter, »bis die Anordnungen erfüllt werden«.

## 22.
## *Solange ich lebe …*

Das Land um den Zwickerhof besteht aus Weiden und Koppeln, so weit das Auge reicht. Aus saftigen Wiesen, auf denen zuerst die Kühe, danach die Pferde grasen. Und auf diesen Wiesen sollten jetzt Disteln wachsen, sie sollten verlottern und verkommen. Meine Kühe und Pferde sollte ich in den Stall pferchen, im Winter und im Sommer, bei Tag und bei Nacht. Das war der Todesstoß für meine Pferdezucht. Und auch eine Mutterkuhhaltung nach biologischen Richtlinien war für mich unter diesen Umständen unmöglich. Ich war zu einer Bäuerin geworden, die ihr eigenes Land nicht mehr nutzen durfte.

Mein Anwalt versuchte einmal mehr, mich zu beruhigen. »Für dieses Weideverbot gibt es keine rechtliche Grundlage«, sagte er.

»Erzählen Sie das mal dem Ordnungsamt«, antwortete ich.

»Das wird nicht viel nutzen«, sah Otto Kolb ein. Er hatte jedoch eine bessere Idee: Er wollte gegen diesen Bescheid vor dem Verwaltungsgericht klagen.

Bis zur Verhandlung würde es noch eine Weile dauern. Aber zum Glück begann gerade die Wintersaison – zumindest die Rinder stehen zu dieser Zeit ohnehin im Stall. Doch

Ende April beginnt der Austrieb, da müssen sie zurück auf ihre Weiden. »Bis dahin«, gab sich Kolb zuversichtlich, »haben wir die Kuh schon längst vom Eis und den Prozeß gewonnen.«

Ob mit oder ohne Weideverbot – die Schlinge um meinen Hals wurde immer enger. Noch hatte das Amtsgericht keinen neuen Termin für die Zwangsversteigerung angesetzt. Aber wenn es einmal soweit wäre, könnte ich diesen Termin wahrscheinlich nicht noch einmal hinauszögern. Und meine Hoffnung auf ein Einlenken der Stadt war ohnehin schon lange auf den Nullpunkt gesunken.

Was sollte ich tun? Es fiel mir schwer, einfach abzuwarten, ob Otto Kolb mit seinen Verhandlungen vielleicht doch noch Erfolg haben würde. Ich wollte selbst etwas unternehmen, irgendwas.

Ich betete, jeden Tag. Schließlich ist Gott die höchste Instanz. Dabei fiel mir ein: Ich könnte mich auch noch einmal an die zweithöchste Instanz wenden, die es in Bayern gibt – an den Ministerpräsidenten.

Ich schrieb Edmund Stoiber also noch einmal, bat ihn eindringlich, er möge doch bei seinen Parteifreunden in Tölz ein Machtwort sprechen.

Zurück kam eine nichtssagende Antwort, an der mir nur eines auffiel: Das »Wohlwollen« war inzwischen dem »Bedauern« gewichen.

Ich gab nicht auf und schrieb ihm erneut. Ob ihm aufgefallen sei, fragte ich ihn, daß genau in seinem Wahlkreis Bad Tölz/Wolfratshausen jeden Monat ein Bauernhof unter den Hammer käme? Und warum er nichts dagegen unternehme? Und weiter fragte ich ihn: »Haben Sie kein schlechtes Gewissen, bäuerliches Gewand zu tragen, während Sie gleichzeitig die Leute vom Hof jagen lassen, denen dieses Gewand wirklich zusteht?«

Im Auftrag von Edmund Stoiber schrieb sein Referent

zurück: »Ihre Vorwürfe sind in jeder Hinsicht unzutreffend.« Und, einige Zeilen später: »Eine Baulandausweisung durch die Stadt Bad Tölz zu Ihren Gunsten kann rechtlich nicht erzwungen werden, weil dies zum Kernbereich der verfassungsrechtlich garantierten kommunalen Selbstverwaltung zählt.«

Ein paar nichtssagende Zeilen, das war alles, was der Referent für mich übrig hatte. Ich konnte nicht glauben, daß der Ministerpräsident meine vorherigen Briefe tatsächlich selber gelesen hatte. Dann wäre doch bestimmt eine andere Antwort gekommen.

Also schrieb ich ihm noch einmal. Und diesmal schickte ich den Brief nicht an die Bayerische Staatskanzlei, sondern gab ihn direkt vor der Villa des Ministerpräsidenten ab. Ich fragte ihn in dem Brief, was für ein Ministerpräsident das sein soll, dem immer die Hände gebunden sind. Und ich fragte: »Warum wird mir nicht gesagt, daß Rechtsmittel eingelegt werden können, daß Verwaltungsgerichte und der Petitionsausschuß vom Bürger beansprucht werden können? Wieso wird der Wähler immer hinters Licht geführt?«

Auf all diese Fragen habe ich dann keine Antwort mehr bekommen.

Der Prozeßtermin kam gerade noch rechtzeitig: Am 10. April 1997 fand die Verhandlung wegen des Weideverbots statt. Nur wenige Tage bevor ich meine Kühe wieder ins Freie treiben wollte.

Und so trafen Xaver Wolfsteiner und ich uns wieder einmal dort, wo wir uns am häufigsten begegnen – vor Gericht. Nicht dabei war zu meinem Glück der Mann vom Pferdeverband, den Wolfsteiner in seinem Verbotsbescheid als Gutachter genannt hatte. Statt dessen erschien ein Mann vom Landwirtschaftsamt, von dem ich hoffte, er wäre wenigstens halbwegs neutral. Zehn Tage vor dem Prozeß hatte er meine Zäune besichtigt.

Dieser Gutachter empfahl mir mehr und bessere Zäune, er riet zum Nachspannen mancher Drähte und zur Erneuerung einzelner Pfosten. Er schlug vor, einige Zäune zu sanieren, da keine Weidesicherheit bestünde. Den wichtigsten Zaun, den entlang der Staatsstraße, hatte er allerdings nur im Vorbeifahren betrachtet. Eine grobe Vernachlässigung, wie vom Chef des Ordnungsamtes behauptet, warf er mir nicht vor.

Der vorsitzende Richter durchschaute sofort: Wolfsteiners Bescheide gegen mich waren alles andere als ordnungsgemäß. »Das Verfahren ist bisher sehr seltsam gelaufen«, sagte er. »Die Stadt hat die Betroffene nie gehört oder informiert. Bescheide sind unbegründet erfolgt, Beschwerden nie bearbeitet worden.«

Wolfsteiner verteidigte sich: »Die Zustellung war nicht möglich, weil Tore und Zäune zu sind.«

»Wenn die Zäune zu sind, dann kann doch auch keine Kuh heraus«, sagte der Richter trocken. Er zog sich mit den vier anderen Richtern zurück zur Beratung.

Danach empfahl er mir, mich vom Landwirtschaftsamt beraten zu lassen und so die Hindernisse bei der Weidesicherheit auszuräumen. Und an Xaver Wolfsteiner gewandt fuhr er fort: »Im übrigen sind gegen den Bescheid des Verbotes der Weidetierhaltung ernsthafte rechtliche Bedenken zu erheben.« Wolfsteiners Anordnung sei »nicht erforderlich und nicht notwendig« und außerdem »unverhältnismäßig«. Und: Er hätte mich zumindest anhören und vor seiner Anordnung eine Fachbehörde einschalten müssen.

Aus all diesen Gründen empfahl der Richter dem Ordnungsamt, das Weideverbot zurückzunehmen. Was Xaver Wolfsteiner schließlich auch zähneknirschend tat.

Meine Kühe und Pferde hatten ab sofort ihre Freiheit wieder.

Der Schuldenstand schwoll weiterhin an. Am 1. Mai 1997 hatte er sich allein aus Zinsen versiebenfacht. Diese Summe errechnete Otto Kolbs Kollege, der Wirtschaftsanwalt. Dabei legte er die Zinsen zugrunde, die von der Bank bei ihrer letzten Abrechnung angegeben wurden. Seither wächst mein Schuldenberg täglich weiter. Und das alles sind Forderungen aus Krediten, von denen ich höchstens ein Siebtel am Anfang erhalten habe.

Den Vermögensschaden, der mir durch meine »Vertragsbeziehung« mit der Bank entstanden ist, bezifferte der Wirtschaftsanwalt in seiner Klageschrift gegen die Bank von 1998 auf mehrere Millionen Mark. Nimmt man dazu noch die Summen, um die ich beim Verkauf von Farchet-Ost geprellt worden bin, so liegt ein enormer Gesamtschaden vor.

6,5 Millionen, die mir eigentlich zustünden. Und ich muß froh sein um jede Rechnung, die ich noch bezahlen kann. Kürzlich kam ich zu etwas Bargeld, bezahlte davon eine Rechnung der Tierärztin. Sie verlangte 50 Mark weniger, als ich gedacht hatte. Meine Freude darüber war riesengroß. Ich nahm meine Kinder, fuhr mit ihnen zur Konditorei, und jeder durfte sich ein Riesenstück Kuchen aussuchen. Solche Freuden hat niemand, der ständig im Geld schwimmt.

Es fällt mir nicht schwer, bescheiden zu leben. Die fünfzig oder inzwischen vielleicht auch schon achtzig Millionen Mark, die der Zwickerhof und seine Erde wert sind, das sind für mich nur abstrakte Zahlen. Ich fühle mich nicht als Millionärin, und ich lebe auch nicht so. Ich lebe als Bäuerin, und das möchte ich auch weiterhin tun. Das ist alles, was ich mir wünsche.

Die Klage gegen die Bank wegen »Unzulässigkeit der Zwangsvollstreckung« lag fertig auf dem Tisch. Ihr Streitwert: vier Millionen Mark. Doch Otto Kolb wollte diese Klage nicht beim Landgericht einreichen. Noch nicht. Denn bei der Bank wechselten einige Positionen in der Führungsetage.

Den neuen Vorständen schrieb Kolb am 20. Mai 1997 einen Brief, nachdem er zuvor schon mit ihnen telefoniert hatte. In dem Schreiben bedankte er sich für die grundsätzliche Bereitschaft der Bank, eine gemeinsame Lösung für den Zwickerhof zu suchen. Er lobte »Umsicht und Kooperationsbereitschaft« der neuen Führung. Dann entwarf er ein Sanierungskonzept, bat um den »Verzicht auf weitere Zinsen« und vor allem natürlich darum, die Zwangsversteigerung zurückzunehmen oder sie zumindest ruhen zu lassen.

Die Antwort der Bank ließ nur drei Tage auf sich warten. »Ihren Ausführungen zum Aufbau eines Sanierungskonzeptes vermögen wir uns nicht anzuschließen«, schrieben die Vorstände zurück. Auch auf weitere Zinsen wollten sie nicht verzichten und die Zwangsversteigerung nicht stoppen. Sie könnten das Verfahren dazu jedoch »jederzeit zum Stillstand bringen«, sollte sich doch noch »eine realistische Chance für eine Sanierung des landwirtschaftlichen Betriebes abzeichnen«. Im übrigen sei die Bank weiterhin bereit, sich »gemeinsam mit Ihnen und der Schuldnerin um eine sinnvolle wirtschaftliche Lösung zu bemühen.«

Auch nach dieser Antwort verhandelte Otto Kolb weiter mit der Bank. Über Wochen, über Monate. Im Januar 1998 dauerten die Gespräche immer noch an. Meine Schulden klettern weiter. Nach wie vor droht mir die Zwangsversteigerung, doch einen Termin dafür gibt es noch nicht.

Ich bin müde. Manchmal fühle ich mich so alt wie der Sekretär, an dem ich jetzt viele, viele Stunden zugebracht habe. Doch die Arbeit an diesem Buch hat mir auch Kraft gegeben. Ich weiß: Ich werde widerstehen. Und ich werde überstehen. So oft schien meine Lage bereits aussichtslos – und doch fand sich immer wieder ein Weg.

Ich muß immer wieder an die alte Fabel denken, die meine Patentante mir erzählte, als ich klein war, und die für alle Unverdrossenen gelten mag: Die Geschichte von jenem Frosch, der in den Milchkübel gefallen ist und wußte, daß er untergehen muß und rettungslos verloren ist. Aus Angst fing er an zu strampeln. Er strampelte die ganze Nacht, und in der Früh saß er plötzlich auf einem Klumpen Butter.

Wenn auch die Moral aus dieser Fabel »Wer strampelt, geht nicht unter« für manchen zynisch klingen mag und mit Sicherheit nicht für alle Fälle zutrifft und ich auch meine Ersatzansprüche nicht mit einem Butterklumpen vergleichen kann: Dem Frosch hat ja nicht nur seine Aktivität geholfen, sondern auch die Zeit und die Hoffnung.

Die Zeit ändert vieles und bringt nicht nur Enttäuschungen und Schulden, sondern auch Änderungen bei anderen Menschen und andere Meinungen. Gegner wechseln oder werden anders. Personen kommen und gehen, und diese Hoffnung hat mich nie getrogen. Eines Tages, nachdem die Presse über mich schrieb, hat auch das Klima in meinen Beziehungen zu Partnern und Geldgebern gewechselt. Neue, jüngere Geschäftsführer der Bank waren eines Tages da, mit denen ich neu verhandeln kann, die fair und objektiv genug waren, plötzlich auch Fehler in der Behandlung meiner Kredite zu sehen und an meine Existenz und meinen Betrieb zu denken, nicht nur an die Vollstreckung einer unmenschlichen Automatik, und die eine neue Vertragsbasis mit mir schaffen wollen.

Ich weiß, daß ich mein Ziel erreichen werde nach so viel Durchhaltevermögen und Mühen. Und dann hätte ich nicht umsonst gekämpft und auch nicht diesen Bericht umsonst geschrieben. Denn neue Möglichkeiten stehen an seinem Ende.

Ich habe dieses Buch geschrieben, um mir alles vor Augen zu führen. Eine Ordnung in das Chaos der letzten zwanzig Jahre zu bringen. Das aber gar kein Chaos war, wenn man es richtig betrachtet, sondern ein ständig betriebener Plan. Und um meine Angst zu überwinden vor allem, was noch kommen mag.

Ich schrieb das Buch auch für meine Söhne. Sie sollen den Beweis haben, daß ich alles Erdenkliche getan habe, um unser Lebensziel, unsere Verbundenheit zum Land zu erhalten. Sie sollen das begreifen und in diesem Sinne fortführen.

Ich schreibe es auch für das Land selbst. Für alle, die die Natur lieben und einen Sinn dafür haben, daß wir nicht nur unsere Geschichtsbücher brauchen, um uns zu begreifen, sondern die Welt erhalten müssen, in der wir leben. Ein Land, mit dem wir verbunden sind und das unsere Heimat ist.

Ich will es auch schreiben für alle Frauen, die durch harte Arbeit ihre Existenz erhalten, und zeigen, daß wir nicht immer nur dann wehrhaft sind, wenn Männer hinter uns stehen, nur weil die in der Lage wären, einem Herrn Bürgermeister oder einem Bankdirektor einen Kinnhaken zu versetzen, der ihn aus seiner Lederhose oder seinem Sonntagsanzug hebt, wenn es sein müßte. Die Unerschrockenheit ist es, die wir allein brauchen, und da haben Frauen oft Klügeres und Endgültigeres auf die Beine gestellt. Und es ist mir egal, ob man es Hysterie oder weibliche Sturheit nennt oder sonst irgendwie.

Und ich habe meine Geschichte auch geschrieben für alle

Bauern, die in eine ähnliche Situation geraten sind und Gefahr laufen, ihre Höfe zu verlieren an Banken, Gemeinden oder Spekulanten, denen es ja nicht um Naturschutz oder Landschaftserhaltung geht, sondern um Industrie und Profite, an denen alle beteiligt sind.

Ich wollte aufmerksam machen auf meinen Kampf gegen den Schein der übermächtigen Gegner. Doch es geht noch um viel mehr, denn ich bin nicht die einzige, die einen solchen Kampf führen muß. Nicht die einzige, die der Willkür von Politikern und Behörden und Geschäftemachern ausgeliefert ist. Überall in diesem Land kämpfen Leute um ihre Existenz, und überall gibt es Frauen, die mit eigener Kraft ihre Kinder durchbringen müssen und dabei von niemandem unterstützt werden.

Dieses Buch soll all jenen Mut machen und Kraft geben, die glauben, sie könnten nichts tun gegen bürokratische Willkür und Geschäftemacher. Wir alle können sehr wohl etwas tun. Jeder kann aufstehen und sagen: »Nein«, und zwar so laut, daß es alle hören.

Und nicht zuletzt habe ich dieses Buch geschrieben um der Wahrheit willen. Diese Seiten sollen die Geschichte des Zwickerhofs erzählen und verhindern, daß seine Geschichte irgendwann einmal verdreht wird. Natürlich habe ich sie auch zum großen Teil aus meiner Erinnerung geschrieben. Ich habe mich bemüht, alles wahrheitsgetreu wiederzugeben. Es war nicht allein meine Erfahrung. Der Schriftverkehr der Bank ist dokumentiert. Ebenso die von mir zitierten Vorgänge um Farchet-Ost und die Zitate aus den Bescheiden der Ordnungsämter und des Herrn Wolfsteiner. Ich habe dafür das Aktenmaterial verwendet, das meine Anwälte gesammelt haben.

Ich hoffe aber, ich muß nicht immer wieder Anwälte beschäftigen. Ich möchte endlich erfahren, ob die Stadt zu ihrem Verhalten steht und ob ich Ersatz für den Schaden erhalte, der mir entstanden ist, als man mich um mein Grundstück in Farchet-Ost brachte. Ich möchte, daß die Stadt diese Summe bezahlt, und darum werde ich klagen. Und ich werde auch endlich wissen, welche Summe ich der Bank endgültig schulde bei vernünftigen und fairen Zinsen. Und darauf besteht alle Aussicht. Bei den neuen Gesprächen, die ich mit den neuen Herren der Bank führe. Ich möchte meine Schulden begleichen und einen Teil meines Landes verkaufen. Er wird nicht so groß sein wie der, den die Stadt von mir haben wollte, mit diesem Erlös kann ich aber die verbleibenden Schulden völlig abzahlen. Und dann, wenn ich all das hinter mir habe, möchte ich mich endlich ganz um meine Kinder kümmern und um meine Tiere und meinen Hof. Für diese Ziele, für meinen Hof, den ich weiterführen will, für alle meine Vorfahren werde ich weiter kämpfen, solange ich lebe.